匠心

—— 叶守魁创业风云录

◎ 叶守魁 创作

阿兰 执笔

浙江工商大學出版社 | 杭州
ZHEJIANG GONGSHANG UNIVERSITY PRESS

图书在版编目(CIP)数据

　　匠心:叶守魁创业风云录 / 叶守魁创作;阿兰执笔.
—杭州:浙江工商大学出版社,2020.3
　　(新甬商丛书 / 曹云主编)
　　ISBN 978-7-5178-3391-8

　　Ⅰ.①匠… Ⅱ.①叶… ②阿… Ⅲ.①叶守魁–自传
Ⅳ.①K825.38

　　中国版本图书馆 CIP 数据核字(2019)第160574号

匠心——叶守魁创业风云录

JIANGXIN ——YESHOUKUI CHUANGYE FENGYUNLU

叶守魁 创作　阿　兰 执笔

责任编辑	唐慧慧　谭娟娟
封面设计	林朦朦
责任印制	包建辉
出版发行	浙江工商大学出版社
	(杭州市教工路198号　邮政编码310012)
	(E-mail:zjgsupress@163.com)
	(网址:http://www.zjgsupress.com)
	电话:0571-89995993,89991806(传真)
排　版	杭州朝曦图文设计有限公司
印　刷	杭州宏雅印刷有限公司
开　本	710mm×1000mm　1/16
印　张	78
字　数	1048千
版 印 次	2020年3月第1版　2020年3月第1次印刷
书　号	ISBN 978-7-5178-3391-8
定　价	268.00元(全五册)

浙江工商大学出版社营销部邮购电话　0571-88904970

总　序

甬商：做知行合一的践行者

宁波素有"儒商摇篮""商贾之乡"之称，是一个历史悠久、人文荟萃、工商发达的港口城市。商贸的发展需要天时地利人和，更离不开文化的滋润。宁波发达的商业文明既得益于得天独厚的地理环境，更受益于人杰地灵的地域文化。明清以来，宁波有开全国风气之先的浙东文化，其中最有代表性和影响力的便是阳明心学。

王阳明是宁波余姚人，知行合一、"致良知"是他的主要论述。在王阳明思想的基础上，黄宗羲又提出了"经世致用"学说，加上早在南宋时期发端于浙东大地的永嘉学派提出"工商皆本"的思想，这些都极大丰富和拓展了浙东人民对经济社会发展规律的认知，为宁波商帮的兴起奠定了重要的文化基础，为江南经济社会发展提供了重要的思想资源。

无论是主体自觉、致内在良知的根本方法，还是知行合一的实修工夫，都在倡导自主进取、务实诚信的文化价值取向。而对于王阳明出生地的宁波，更是近水楼台先得月，向阳花木易为春。在知行合一思想的影响下，诞生于这片土地上的商人逐渐成长为一支极其特殊的商业力量——既有商人的创新冒险精神，又不失儒生的道德理想追求。可以说，知行合一既为甬商精神特质的形成提供了最直接的营养，也成为始终流淌在甬商血液中最重要的基因。这正是甬商绵延300余年而不倒的关键所在。

　　300多年来,甬商代代传承。民谚曰:无宁不成市。有商贸繁荣之地,就有宁波人,就有甬商。明代末年至今,大批宁波人秉承知行合一的精神,怀着对美好未来的憧憬,从甬江口跨越杭州湾,从东海之滨驶向世界各地,背井离乡到万水千山的远方创业谋生。他们的身体力行不仅促进了各地的货物贸易,繁荣了当地经济,也把商业文明的种子撒向神州大地。300多年来,甬商经历了从形成、崛起、辉煌,到转折、复兴、传承的历史轨迹,书写下六代甬商不一样的商帮传奇。

　　在中华人民共和国成立70年的岁月里,甬商作为促进宁波发展的重要力量,在各自领域勇于开拓,不断创新,为经济社会发展做出了巨大贡献,谱写了辉煌的时代篇章。改革开放40年是中国经济步入世界经济版图的40年,甬商从全球卖到全球买,为中国制造赢得了世界性的荣誉,并留下了独一无二的宁波印记。一批批民营企业在宁波崛起,一批批工商领袖在宁波诞生。在知行合一思想的激励下,他们践行经世致用、实干兴邦的历史传承,无论是300年、70年还是40年,一直在我国工商业发展中走在前列、勇立潮头,始终屹立在中国商界,并不断传承向前发展。

　　浙江省委副书记、宁波市委书记郑栅洁用四个"知",即知行合一、知难而进、知书达礼、知恩图报,为宁波人和甬商画像。每一个宁波人,或许都能在"四知"中找到个体对于这个风云时代现实问题的思考答案,但对于甬商而言,"四知"却恰恰是最能体现300余年甬商精神的内涵所在。甬商的家国情怀、创业创新一直是推动宁波发展的重要力量,是展现宁波风采的亮丽名片。在他们身上,我们看到了宁波独特的精神气质。甬商的"四知"精神,已然成为所有宁波人干在实处、走在前列、勇立潮头、永无止境的新坐标。

　　为了把知行合一思想在甬商身上的体现进行归纳和梳理,我们从2012年开始就不间断地编撰和出版新甬商系列丛书,目前已出版三辑共12本。在这一辑"新甬商丛书",我们聚焦"四知"精神,通过对甬商人物的观察采访、生动曲折的创业故事、商帮工作的感悟,来展现甬商作为

"知行合一践行者"的风采。同时也将甬商精神和创业经验,通过图书的形式记录下来、传承下去,让年轻一代的甬商能够学习老一代甬商的创业精神,使甬商精神能够代代相传,发扬光大。

　　企业兴则国家兴,企业强则国家强。甬商以知行合一的实干精神,创造了许多商业传奇,造就了时代的风云变幻。站在新时代的起点,我们希望通过对甬商群像的描述,来记录作为"知行合一践行者"的甬商的不同侧面;让这些活生生的甬商人物、他们的创业故事和背后的精神世界,来展现知行合一的独特魅力,以及甬商的情怀、坚韧和智慧。

　　是为序。

范　谊

宁波市甬商发展研究会会长

第十、十一届全国人大代表

第十二、十三、十四届宁波市政协副主席

前　言

　　遇见过多位画家，印象中总是留着胡须、鬓发，还有过耳的长发。初次碰见的叶守魁，俨然就是一位画家。与他相熟的人，感觉也然。这似乎成了搞艺术的人特有的一种风度。叶守魁虽然不是画家，却是名扬京城的雕刻大师，完全称得上艺术大师。

　　中华民族历来有追本溯源的习俗，叶守魁也不例外，他对血脉传承有着很深的情结，谈起祖先的事，仿佛有说不完的话题，而且十分崇尚血脉传承一说。诚然，基因遗传具有科学性，血脉是代代相传的，无论多么古远，先祖的血脉总是与子孙相通。叶守魁说，祖先的事，该从"叶公好龙"说起。叶公是叶姓始祖。叶守魁有着深厚的恋祖情怀，虽然听到过不少远古的传说，但期盼能知道更多有关始祖的故事。本书在第一章中不仅着重写了他的始祖，还追溯了始祖的祖先，以了却叶守魁的心愿。

　　从小在一个充满浓厚传统文化的家庭里长大，叶守魁长期受到儒家文化的熏陶，长辈的往事给他打上了深深的烙印。尤其是父亲的言行举止，给作为儿子的他留下了难以磨灭的印记，本书第三章，从曾祖母开始，再写到爷爷、父亲，通过叶守魁的小叔戚领吾的口述，记载了叶守魁三代长辈的往事。

年少时期，叶守魁跟着父亲学过刻章，后来又学过木匠、雕刻。让他印象最深的是雕刻，他认为雕刻学得最到位，也是雕刻改变了他的人生走向。父亲的教导，让他深深地懂得做人要诚实，不能失信于人，要守住诚信；做事要认真，不论小事大事，事事要力求做得更好。拜了雕刻师傅之后，叶守魁领悟了工匠的真正含义。

经历了几多曲折、几多磨难之后，叶守魁终于踏上了创业的正道。是什么助他创业成功？是他的诚信，是他的高超技艺，更是他的工匠精神。匠心智造，可以说是叶守魁前半生的写照，是他人生的一个缩影。从第四章开始，这个缩影贯穿至全书的结束。

从孩提时期开始，叶守魁就产生了探索问题的兴趣，若是心里有疑问，他总想问个明白。读中学的时候，他特别喜欢钻研数学，因为数学中会有诸多难题。叶守魁从小好强，拜师学艺之后，只要遇上难题，可以三天三夜不睡觉，非攻克不可。在他的身上，始终能看到他父亲清晰的影子，学一项，就会去钻一项。好学求实是叶守魁从小逐渐形成的秉性。

屡次深入交谈之后，笔者越来越熟悉叶守魁是怎么样的一个人。他之所以能创业成功，不仅仅是因为拥有了高超的雕刻技艺，更重要的是因为有一颗工匠的心。当向他征求书名是否可以定为《匠心》的时候，叶守魁只想了一想，露出开心的笑脸，表示十分赞同。他是个思路非常敏捷的人，善于理性思考，特别注重理念，看待问题有自己独特的一面。叶守魁说过，如果没有学会围棋，也许就不会有现在的企业。这句话，也许会有很多人不理解，当你阅读到第七章第二节的时候，就会明白究竟是怎么一回事了。围棋是中华民族的国粹，围棋确实给叶守魁带来了深远的影响，围棋的理念，助推了他的事业成功。

叶守魁是企业家，更是一个工匠。他做任何事情都非常细心，注重每一个环节，甚至达到了吹毛求疵的地步。他说话耿直，个性鲜明，做事干练，谈论问题富有哲理，遭遇危机之时，不仅信心坚定，还会以自己特有的眼光去抓住机遇。他是个特立独行的人，有十分显明的与众不同的一面。

　　第一次见面的时候,叶守魁曾自嘲说,有时脾气不好。然而在几个月的接触中,笔者却从未遇见他发脾气。他对朋友真诚,对同事关心。笔者采访过他公司里的20多个员工,包括职业经理人、管理人员、一线工人,都说他是一个好人,为人真诚,乐于助人,是个与众不同的老板。临近采访结束时,他难得发了一次脾气。那是已经下班的时候,叶守魁实在太累,躺在办公室的椅子上休息,妻子进去想找他读EMBA的证书,结果吵醒了他,于是他发脾气了。说是发脾气,其实也没有大声嚷嚷,只是嘟嚷说了几句听不清楚的埋怨话。正像他的忘年交张国星所说,他脾气像小孩,很讲义气,很好说话。除了双休日,叶守魁每天都忙于各种事务,每天习惯下半夜睡觉。如果上午有事,他一天就只能睡上四五个小时,往往造成睡眠不足。与他最早打交道的职业经理人冯立平说,老板抓得很细,所以工作起来会特别费劲。

　　循着叶守魁的人生轨迹寻找,最大的亮点就是“匠心”两字。他做每一件事,即使做价值只有2美分的一个零件,也能做到一丝不苟。他虽然学的是工业雕刻,但把每件产品都当成艺术品,追求的是艺术的完美,只有自己觉得满意了,内心才会开心。当提起2016年李克强总理在政府工作报告中首次以国家的层面正式提出“工匠精神”的时候,叶守魁就会充满激情。

　　中国的工匠精神受到了美国商人的敬重。当初,美国的特斯拉之所以主动上门来找叶守魁,看重的就是他所具有的“工匠精神”,看重的就是他所创立的品牌。因为那个时候,他的声誉已经通过美国通用汽车公司打响。从一个家庭作坊发展成技术创新型企业,走过了曲曲折折的路,之所以能成功,靠的就是“匠心智造”。

　　倘若您有雅兴读完全书,就会感觉到匠心智造所带来的无穷力量。匠心是工匠精神的体现,匠心智造正是叶守魁奋斗终生的目标。

阿　兰

匠心

目　录

匠心

第一篇　血脉连根

中华姓氏,源于上古。追本溯源,寻根问祖,是中华民族的文化体现。中华文化顺着血脉在不断地延伸,在不断地沉淀。

我的祖先是谁,我来自何方,一探究竟是人的一种本性,也是深深地埋在每个人心底的一种情怀。基因是会遗传的,源自远古的血脉,究竟能带来怎样的传承,作为血脉传承的后裔,有着一种无以言表的盼望。

寻宗溯源

历史的车轮转动不滞,中华民族已积淀了5000多年的灿烂文化。揭开厚重的历史迷雾,探本溯源,总能感受家族血脉传承所带来的一种内在的澎湃,它虽然来自远古,但还是会有一种说不清道不明的激情。谈起姓氏起源,我们总会在冥冥之中产生一种深深的牵挂,这也许就是血脉传承的无形相牵。血脉源远流长,世世代代承继。寻宗溯源,那是中华民族流传已久的一种文化现象。

说起祖先,叶守魁的内心顿时就被触动,从他的表情上就能感受到一种激情的存在。通过一代代口传和史料记载,他大概知道自己的叶氏家族是如何演变而来。

"追寻我的祖先，还得从'叶公好龙'说起。"叶守魁说话十分简洁。

自懂事起，从奶奶和父亲的口传中，叶守魁时常会听到有关叶氏祖宗的一些事情。因为爷爷走得早，爷爷去世时是1951年，他还没有出生。1959年12月，叶守魁才来到人间，当时中国正处于"大跃进"时期。小时候，叶守魁听长辈谈论起祖先的事情，就像听遥远的故事，只觉得好奇。随着年龄的增长，他知道的事情越来越多。对于叶氏祖先的一些人与事，他知道的真的不少。

"有关'叶公好龙'的典故，现代人所知道的是，叶公很喜欢龙，看到真龙来了，却怕得逃走了。我听长辈说，其实不是这么回事。"叶守魁略有思索地说，叶公在家里墙上画龙，其实有另一番含意，他表示以后再作解释。

"我的始祖是叶公，但叶公不姓叶，真名叫沈诸梁，始祖第一个儿子姓沈，在第二个儿子出生前，他禀报君主，要求以后出生的儿子改姓叶，结果得到了君主的恩准。"父亲说过的有关祖先的事，叶守魁牢牢地记着。

《叶姓族谱》载，叶公的长子名重，为周楚邑令，叶重的儿子叶凝，为楚大夫。叶公次子名才，字芈骝凸，号璧英，袭父爵。叶才的儿子叶盼，后为司马。

至于叶公为何让第二个儿子改姓，这与典故"白公之乱"有关，此事叶守魁听长辈说起过。春秋时期，叶公率军队平定了"白公之乱"，曾救过君王，君王曾赐封疆土给他，那片疆土叫叶。大概在那个时候开始，叶氏家族就开始了长达2000多年的传承历史。

叶县今属河南省平顶山市，至于叶氏为何会繁衍至宁波慈溪，叶守魁说，叶氏家族后人来浙江做官，发展繁衍至今。

"从叶公第二个儿子作为叶氏一世算起，到我这一代已经有八十一世了。我就是叶公的第八十一代嫡孙。"叶守魁牢牢记得自己是叶氏的第几代传人。

史料记载,沈诸梁,字子高,是春秋末期的楚国大夫,沈尹戍之子。他是春秋时期著名的政治家、军事家、思想家。公元前524年,沈诸梁受封于叶,因楚国封君皆称公,故称叶公。叶公是全世界叶姓华人的始祖,也是中国历史上有文字记载以来的叶地第一任行政长官。

叶姓发源于河南叶县,至今全国叶氏人口约660万,主要集中分布在广东、浙江、福建、台湾、江苏、江西、四川、安徽、湖北、广西、河南和河北等地。

《慈东叶氏源流》一书有这样的记载:

叶姓发源于春秋时楚国叶地(今河南叶县),后在南阳发盛。叶公次子叶才有个儿子叫叶盼,做过司马。东汉末,叶盼的第五十三世孙叶望,字世贤,为雁门太守、光禄大夫。灵帝时(168—189),他弃官归隐,人称"楼舟先生"。东汉建安二年(197),他由青州渡江南下,侨居丹阳的句容(今江苏句容)。叶望的后裔不断向外发展,分别迁到了浙江、安徽等地。浙江松阳《卯峰广远叶氏宗谱》尊叶望为叶氏南迁之始祖。叶望的孙子叶琚(第五十五世)出任钱塘(今浙江杭州)令,举家迁居钱塘。叶琚做官清廉,爱民如子,深得百姓拥戴,有"叶父"之称。他致仕后,在当地百姓的一再挽留下,安家钱塘。后来,叶氏在钱塘繁衍成为当地望族。

叶望是叶氏南迁的一个重要里程碑,今南方一带叶氏大多是其后裔。故叶望也被认为是叶氏南迁之始祖。

北宋庆历年间,明州(今浙江宁波)推官叶祖俞之子江都县丞叶谨定居施公山,成为施公山叶氏之祖。其后裔聚居在复兴桥西南一带,繁衍成村,称施公山叶家。清时属镇海县灵绪乡西绪四都二图,民国时属镇海县窖湖乡,1950年为施山乡一、二村,1954年划归慈溪县。1961年为田央公社施山大队,1983年改制为施公山村。全村行政面积约2.84平方千米,有叶氏500多户1500余人。

这些记载与叶守魁听长辈说的慈溪叶氏的来历相吻合。叶氏后人在浙江做官,后在慈溪定居。

千百年来,施公山叶氏枝繁叶茂,分成黄杨岙叶氏、古窑叶氏、官庄叶氏等支系,今已衍至三十三世,人才辈出。

据叶守魁回忆,施公山一带曾建造了叶氏宗祠,占地面积有几万平方米,一眼望去,让人感觉规模很大。这个宗祠是民国三年(1914)由族人维奎、元丙、茂春、楚珩等筹建,在"文革"时期被拆。

叶姓出自芈姓沈氏,芈姓起自黄帝之孙颛顼。"我是楚庄王的子孙,有时脾气不好。"叶守魁自嘲地说。他的小叔戚领吾比他大13岁,看着他长大,亲昵地叫他"魁魁"。"魁魁从小很顽皮,很霸道,是个'小头头',在左邻右舍的同龄人中谁也不敢欺侮他。"从说话中能感受到,叶守魁是很信遗传一说的。当然,基因遗传是有科学依据的,不仅外貌会遗传,而且性格脾气也会遗传。虽然年代相隔久远,但血脉相连是难以更改的。

如此说来,楚庄王与叶公肯定有血缘关系了。叶公沈诸梁是沈尹戌的儿子,沈尹戌是楚庄王芈旅(熊旅)的曾孙,曾孙就是儿子的孙子,或者说是孙子的儿子,也就是三世孙,那么叶公就是楚庄王的四世孙了。

说起楚庄王,如果不考究历史,留给现代人的印象不深。但如果说起前段时间热播的电视连续剧《芈月传》中的芈月,一统六国的秦始皇,大家都印象深刻。那么,芈月、秦始皇与楚庄王究竟是什么血缘关系?

芈是楚国的国姓,古人的称谓分为姓、氏、名、字,跟现在的概念不太一样,现在姓和氏是一回事,字不用了。

电视剧中的芈月是经过艺术加工的人物,其原型是古代历史人物芈八子;楚庄王是楚穆王的儿子,楚穆王死后,由他继承君王位。楚庄王姓芈,是春秋时期楚国的君王,芈月是楚庄王的后裔,是战国时期秦国的摄政宣太后,两人虽前后相距300多年,但芈月与楚庄王有着血缘关系。

芈月是历史上的秦宣太后,这可是个牛气冲天的人物。为何说她牛?因为自她开始,掰着手指头往下数四代,她孙子的孙子(玄孙)就是我国帝王界著名的带头大哥——秦始皇嬴政。芈月正是大家众所周知的秦始皇的爷爷的奶奶。

公元前306年,17岁的嬴稷即位秦王,芈月成为太后。值得一提的是,她是中国历史上第一个使用"太后"尊号的女人,也是第一个以太后身份临朝摄政的女人,摄政时间长达41年,前无古人。85年之后,她的玄孙嬴政一统六国,成为中国历史上使用"皇帝"称号的第一人,与他高祖母芈月一样,前无古人。虽说基因肯定会遗传,但人的成功与人的秉性也有密切关系,更重要的是前辈所创造的外部环境对后辈的直接影响。

"前无古人"也有传承?有人不信,但肯定有人会信。至少叶守魁相信基因的传承。所以接下来,要说说叶守魁很感兴趣的叶氏祖先楚庄王的其人其事。

绝缨之宴

楚国"历代有名王",故能长久强大,虽然最终也逃不过灭亡,但这是历史规律使然。从史料上分析,楚庄王是开明的君主。他的确有做君主的才干,广纳众才,在治理国家中善于用人,而且十分注重君臣关系。这一点,从"绝缨之宴"的典故中就能窥一斑而知全豹。

公元前614年,楚穆王去世,嫡长子熊旅即位,即为楚庄王。这一年,楚庄王尚不足20岁。

楚庄王在位时正值晋国霸业中衰,但楚国内外也存在颇多困境。据史料记载,楚庄王即位三年,楚国发生大饥荒。巴国东部的山戎族趁机袭扰楚国西南边境,一直打到阜山(今湖北房县一带)。楚国组织防御,派部队在大林一带布防。东方的夷、越之族也趁机作乱,派兵入侵楚国的东南边境,攻占了阳丘,直接威胁訾枝(今湖北钟祥一带)。一直臣服于楚国的庸国也发动各蛮族部落造反,而前不久才被楚国征服的麇国人也集结各夷族部落,准备进攻楚国郢都。一时间,各地的告急文书雪片般飞往郢都,楚国各地弥漫着紧张的气氛。天灾人祸夹击,楚国几近崩溃。而楚庄王却一如既往地躲在深宫之中,整日田猎饮酒,不理政务,朝中之事交由成嘉、斗般、斗椒等若敖氏一族代理,他自己还在宫门口挂起一块大牌子,上书:"进谏者,杀毋赦"。

　　眼看内忧外患这么严重，大夫苏从忍受不住了，便来见庄王。他刚进宫门，便大哭起来。楚庄王说："先生，为何事这么伤心？"苏从答："我为自己伤心，还为楚国伤心。"楚庄王很吃惊，便问："说来详情听听。"苏从说："我想劝告君主，君主听不进去，肯定要杀死我。君主整天观赏歌舞，游玩打猎，不管朝政，楚国的灭亡不是在眼前吗？"楚庄王听完大怒，斥责苏从："你是想死吗？本王早已说过，谁来劝谏，便杀死谁。如今你明知故犯，难道傻得连死都不怕了？"苏从痛切地说："我是傻，可君主比我还傻。倘若君主将我杀了，我死后将得到忠臣的美名。君主若是再这样下去，楚国必亡。君主就当了亡国之君，不是比我还傻吗？"楚庄王忽然站起来，大为动情地说："大夫的话都是忠言，本王必定照你说的办。"随即，他便传令解散了乐队，打发了舞女，决心要大干一番事业。

　　其实，楚庄王强而示弱。当苏从前来劝谏的时候，也到了他该出手的时候。熊旅即位时，国内矛盾重重，爆发了公子燮与公子仪的叛乱。楚庄王看不清复杂的形势，只能以静观动，表现出沉湎于声色犬马、不问政事的样子。熊旅年纪轻轻，有如此心机，非一般人能为。3年后，他对楚国的政局和各类人物有了大概的了解后，重用伍举、苏从等忠直之臣，攻灭了前来进犯的庸国，使楚国的势力向西北扩展，任用孙叔敖为令尹，治理社会，大力发展经济，以充实国力。

　　当时，楚国想当霸主，晋国也想当霸主，两强相争，楚晋之间开始了长时间的战争。楚庄王十七年（前597），楚国在邲之战中大胜，声威大振，而晋国在中小国中威信下降，失去了支配能力。不久，楚庄王灭掉了萧国，又连续3年攻伐宋国，迫使宋国向楚求和。楚庄王饮马黄河，问鼎中原，实现了自己称霸的愿望。

　　"一鸣惊人"的典故就出自楚庄王，后世给予其较高评价。

　　楚庄王在位期间发现和使用了众多人才。"自静三年"，修炼成果。楚庄王除了重用伍举、苏从，还提拔和使用虞丘子、子孔、孙叔敖、子重、子反、蒍贾、伍参等一批文武人才。其中，孙叔敖是杰出的代表。孙叔敖是一个治国奇才，兴修水利，发展农业生产；注重法治，稳固国内；整顿军队,增强军事实力,助楚庄王成为霸主。作为一国之君,不仅自己要有治国的能力,而且要善于用人。

善于纳谏也是楚庄王成功的非常重要的因素。楚庄王一生有许多人给他众多谏言,他不以身份高低为标准,而以是否有道理为标准,发现做错了就立即改正。

对当时的治国理政来说,处理君臣关系也是十分重要的一环。历史上著名的"绝缨之宴",说的就是这一点。春秋时期,各诸侯国战乱不断。一次,楚国名将养由基平定叛乱后,楚庄王大宴群臣,宠姬嫔妃统统出席助兴。席间轻歌曼舞,美酒佳肴,觥筹交错,黄昏时分仍未尽兴。于是点烛夜宴,他还特别叫最宠爱的两位美人许姬和麦姬轮流向文臣武将敬酒。忽然一阵疾风吹过,筵席上的蜡烛都熄灭了。这时一个官员斗胆拉住许姬的手,拉扯中,许姬撕断衣袖得以挣脱,并且扯下了那人帽子上的缨带。许姬回到楚庄王面前告状,让楚王点亮蜡烛后查看众人的帽缨,以便找出刚才无礼之人。楚庄王听完,却传令暂不要点燃蜡烛,而且大声说:"寡人今日设宴,与诸位大臣尽兴而欢。现请诸位都去掉帽缨,以便更加尽兴饮酒。"听楚庄王这样说,大家都把帽缨取下,楚庄王这才下令点上蜡烛,最后直到君臣尽兴而散。席散回宫,许姬怪楚庄王不给她出气,楚庄王说:"此次君臣宴饮,旨在狂欢尽兴,融洽君臣关系。酒后失态乃人之常情,若要究其责任,加以责罚,岂不大煞风景?"许姬这才明白楚庄王的用意。

过了3年,晋国和楚国交战,有一武将总是冲锋陷阵,五度交锋五度带头击退敌人,最后终使楚国获胜。楚庄王讶异地问他:"本王不曾特别优待你,你为何毫不犹豫地为本王这样拼命?"那武将答:"我本就该死!从前喝醉而失去礼节,君王隐忍不诛我。我始终不敢因为君王庇荫的德行而不显扬地加以报答,常常希望自己能够肝脑涂地,把颈上的热血溅到敌人身上!我就是那天晚上帽缨被拉断的人哪!"

楚国有个善于相面的人,他从未失误,闻名全国。楚庄王召见他,问起这件事,他答:"我其实并不能给人看相,只是能详察人们的朋友。观察平民,如果他的朋友都孝顺老人,尊敬兄长,为人忠厚、恭谨,那么,这样的平民家里一定会日益富足,自身一定会日益显荣,这是所谓吉人。观察替君主做事的人,如果他的朋友都忠诚可靠,品德高尚,乐善好施,那么他就会每日有所进益,官职也会日益得到升迁,这是所谓吉臣。观察君主,如果他的朝臣多是贤能,侍从多是忠良,君主有过失都争相劝谏,这样的君主,其国家自然就会日益安定,君主自身就会日益尊贵,天下的人就会日益敬服这样的君主,这是所谓吉主。我并不能给人看相,只是能观察人们的朋友啊!"楚庄王称赞他说得好,于是加紧收罗贤士,日夜坚持不懈,从而称霸天下。

有关叶公祖先的具体情况多参考史料记载,叶守魁听长辈的口传就没有这么详细,但有个别情节史料叙述有误,在此已做修改。

叶公缘何画龙

说起叶氏始祖的祖先之事,叶守魁知晓的不多,但一提起叶公,他话匣子就打开了,最先提起的自然是"叶公好龙"这一千古成语。然而,听了叶守魁详细的讲解之后,叶公在自家的墙上画这么多龙头的真相才终于揭开。

"叶公在墙上画这么多龙头,并非好龙。在那个年代搞水利工程,竹简上画施工图实在不好画,画在墙上就容易多了,看上去也直观。为了祈求风调雨顺,他在每一个出水口都画了龙头。因为当时搞的水利工程规模很大,所以墙面上看到有很多龙头。"叶守魁是叶公的第八十一代嫡孙,有关始祖的事除了史料记载,多是听长辈一代一代口传下来的。

沈诸梁的父亲是沈尹戌,早年做过沈县尹,后来,做了楚国左司马,在征战中阵亡。沈诸梁生下的第一个儿子,取名叫沈重。他第二个儿子出生的时候,才改姓叶,取名叶才。叶守魁说,这改姓的事还是楚国君王恩准的。

沈诸梁奉君王之令,到叶邑官府上任,并开始做起体察民情的事。

他经过实地查看,不久便了解到该地水患严重,百姓苦不堪言,于是下决心首先要治好当地的水患,挖沟开渠。这样就有了后来的水利工程,也有了叶公家里墙上这么多的龙头。

"如果我的始祖沈诸梁真的喜欢龙的话,那肯定不是单单画个龙头了,该画出整条龙才是,还会画上云。龙可是会腾云驾雾的啊。"叶守魁说,"叶公好龙"的真相可不是典故上说的那样,叶公表面上这么喜欢龙,但真的看见龙来了,吓得逃走了,这是当时别有用心的人杜撰出来的。

"叶公怎么会怕龙,当他70多岁的时候,为了救君王,连命都顾不上,带兵上战场。他有如此的勇气,难道真的还会怕龙?"叶守魁说到这里,微微一笑,觉得不可思议。

沈诸梁做上地方官之后,采取养兵息民、发展农业的策略,以增强国力。为了治水,他制订了修建东西二陂的工程计划,发动叶邑百姓兴修水利工程。西陂主要用于拦洪,东陂主要用于蓄水。据史料记载,这东西二陂的修建,可以说是开创了我国古代小流域治理的先河。东西陂遗迹至今尚存。

在古代,龙王被看成行云降雨的神灵,叶公在墙上每个出水口画龙头,图的就是吉利,不是因为好龙才画上去的。

当时,前去叶公家拜访的客人络绎不绝。有的客人见到墙壁上画了这么多的龙头,不解其意,且又对叶公的地位、声誉暗生嫉妒,他们在出了叶公家的大门后,逢人便说:"人人皆知龙能腾云驾雾,而叶公画龙只画了个龙头,也没有云,可见他虚图其表,并不真的喜欢龙。"至汉朝时,文人刘向根据此事,在其所编的《新序·杂事》中,写下了"叶公见龙而走"的段子,成为后世"叶公好龙"之说的来源。此为"叶公好龙"一说。

"叶公好龙"还有另一说,与儒家学派创始人孔子有关。"叶公好龙"这个成语典故来自叶公儒派政敌后人贬低其所为。当时汉朝盛行儒家思想,但叶公信奉道家思想,所以被说成反面人物。叶公实际上是战绩辉煌、乐善好施的历史伟人。

叶公与孔子是同一年代的人。公元前489年,孔子率众弟子周游列国时,专程到叶地拜访叶公,希望能得到叶公的重用。孔子在叶期间,多次与叶公谈论为政之道,并称赞叶公治叶经验为"近者悦,远者来"。叶公和孔子还专门探讨了何谓忠诚。叶公说:"吾党有直躬者,其父攘羊,而子证之。"孔子却不赞同这一观点,不以为然地说:"吾党之直者异于是,父为子隐,子为父隐,直在其中。"于是叶公对孔子的学说产生了怀疑。有一天,叶公向孔子的弟子子路询问孔子的为人。子路没有回答。孔子知道后,即责怪子路说:"汝奚不对曰:'其为人也,发愤忘食,乐以忘忧,不知老之将至'云尔?"因两人观点不一致,孔子的叶邑之行并未得到所期望的结果,于是他离叶北返。孔子的门人大为不满。后来,一些儒士借用叶公墙上画龙的事,杜撰了《叶公好龙》的寓言,把叶公喻作伪君子。

其实,叶公是真君子,世人对叶公赞誉颇多。至于"叶公好龙"这个典故,只是以讹传讹而已。

白公之乱

"沈诸梁第二个儿子改姓叶,为何会得到君王的恩准,这与他率军平定'白公之乱'有密切关系。"叶守魁的奶奶对他说起的有关祖宗的事比较多,给他留下了难以磨灭的记忆。

"白公之乱"究竟是怎么一回事,还得从白公的爷爷辈楚平王说起。

楚平王,芈姓,熊氏,名弃疾,继位后改名居,是楚共王幼子,楚灵王的弟弟,春秋时期楚国国君,公元前528年至公元前516年,是他的在位时间。楚国灭陈、蔡两国之后,立他担任陈公、蔡公,后楚灵王过世,楚平王立。楚平王即位之后,为与各诸侯国和好,立陈哀公之太孙公孙吴为陈国君主,立蔡灵侯之太孙公孙庐为蔡国君主,这样陈、蔡两国得以恢复。他立大儿子建为太子,以伍奢为太子太傅,费无极为太子少傅。

楚平王派费无极替太子建到秦国去迎接秦女孟嬴来和太子结婚,孟赢甚美。后来,伍奢被费无极迫害而死,其子伍子胥逃至吴国,先后兴兵伐楚五次,屡次大败楚国,楚国国力日下,不但失去了与晋国争霸的强大实力,还屡屡被小国侵犯,诸侯国都叛楚归晋,楚平王郁郁而死。太子建居郑国之后,和晋人谋反被诛,其子胜流亡吴地。楚惠王执政后,想召胜回楚。就在此时,沈诸梁劝阻楚惠王和令尹子西,说胜奸诈而好乱,召回,楚必受其害。遗憾的是,楚惠王和子西不听劝告,把他安置在邻近吴境的楚邑白县(即汝阴,今安徽阜阳),胜被称为"白公"。此后,晋国伐郑国,楚救郑,并与郑结盟。白公因父死于郑人之手,曾屡次欲报杀父之仇,被子西阻拦,今见楚又和郑结盟,内心极为不满,遂迁怒于子西,起兵作乱,杀令尹子西及司马子期于朝,还劫持了楚惠王。当时,白公是身居吴楚边境的重臣。

这就是史称"白公之乱"的事件。

公元前479年,沈诸梁已年过古稀,但毅然不顾自身安危,率叶家军起兵平叛。叛军见叶家军兵强马壮,军纪严明,纷纷阵前倒戈。沈诸梁顺利地率军杀入城中。白公眼看走投无路,自缢而死,沈诸梁平定了楚乱,救出了楚惠王。

"沈诸梁既爱国,又爱民,他救驾之时,年事已高,但还是不管自身安危,挺身而出,担心的是国家会陷于动乱之中。"叶守魁说起始祖的事思路清晰,知道的真的不少。沈诸梁因此还被封为令尹与司马,掌控全国的文武大权。

沈诸梁在平定边夷,整肃朝政之后,为楚国的兴旺着想,主动让权于年轻一代。他把令尹一职让给公孙宁,把司马一职让给公孙宽,自己归隐于叶地。这就是史上著名的"叶公让贤"。

沈诸梁临终时留下遗言:"勿以小谋败大作,勿以嬖御人疾庄后,勿以嬖御士疾庄士、大夫、卿士。"从史料考证,沈诸梁一生为公为民,尽心尽责,他留下的这段遗言,至今仍有重要的现实意义。

沈诸梁以一生的行动,表达了对百姓的爱,对国家的忠,赢得了世人的敬慕。根据《周礼》规制,沈诸梁逝世后,即入祠享祭。

也许是血脉传承与长辈言传身教的关系,叶公在用人之道上,确有知人之鉴。这从他的先祖楚庄王继位后的"自静三年"与"绝缨之宴"中就可明鉴。楚庄王继位之时不到20岁,在"自静三年"中发现了有用之才,并善于用人。年纪轻轻,就有如此作为,楚庄王也因此被世人大加赞誉。沈诸梁作为楚庄王的后人,在用人之道上并不逊于前辈。他作为一方长官,善于治理地方政务,发展经济,富国富民,除了自身的治理能力之外,主要还是体现在善于用人这一点。沈诸梁确实是一位值得后人称道的古代伟人。

叶守魁说到自己的叶氏始祖沈诸梁,仿佛有说不完的感慨。尽管是远古的事,但他身上毕竟传承了始祖叶公的血脉。叶守魁坚信基因遗传,他认为自己的脾气以及做事的风格,也有遗传的因子。

第二篇　乡情

蔚蓝的天空,流淌的河水,阵阵清凉的海风吹来,吹醒了依恋的乡情。一方水土养育一方人。故乡啊,养育我的这一方土地,给我留下了难以忘怀的印象。那一山一水总是勾起人们心中的记忆。每一个人都有自己的一个根,看到至今尚存的旧时的一砖一瓦,我就会想起从小长大的这一方风土人情。

难忘故土

中国历来就是恋乡情结浓重的国家。每一个中华民族的子孙,都会对从小生活过的一方土地有深重的情感。这与中华民族的传统文化戚戚相关。从远古至今天,中国长时期处于农耕文化的氛围之中,有着强烈的地域依赖性。千百年以来,中国人的内心深处,都有一方魂牵梦萦的土地。不论你的生活富裕,还是困苦,不论你走到天涯海角,还是故乡近在咫尺,只要逢年过节,都会特别想念生你养你的这一方土地。

家乡的景致始终深深地刻在每个人的记忆里。老家的一瓦一砖,会唤起每个人小时候的美好记忆。每一方风土人情,都濡染着每个人生活中的点点滴滴,伴随着每个人的成长,在这一方土地上所留下的印记,将伴随每个人的一生一世。

"我的家乡在慈溪新浦,那是靠近东海海涂的一个镇。我的爷爷就是做水产生意的。"叶守魁说起家乡,顺便就提起爷爷的事。

"我的家在新浦老街边上,爷爷在世的时候,祖传下来的房子一共有11间。爷爷有一个弟弟,还有一个姐姐一个妹妹。旧时,儿子能分到祖传的房屋,而女儿是没有房子分的。因为爷爷是大儿子,分房时占优,沿街的6间房子都归了爷爷。这些房子都是老式砖木结构的平房,屋顶上盖的是瓦片。在朝南沿老街的6间房子中,2间大的加起来有160平方米,其余的4间就小得多了,每间大概只有30来平方米。后来,爷爷又造了两层楼房,一上一下2间房,总面积大概是60平方米。1988年,我靠雕刻和做模具赚来的钱,在爷爷造的两层楼房前的自留田上,又建了一幢三层楼房,面积有300平方米。"叶守魁拿着笔,在一张纸上边画边回忆着。

叶守魁的爷爷是个生意人,在2间面积大的街面房开过水产行,后来他父亲的一个妹妹因离异,住到了他家里。他的爷爷奶奶一共养育了一子四女,当时他的爷爷生意越做越大,赚到了一些钱,为改善居住条件,造起了一幢两层楼房,虽说面积不算大,却是新浦老街一带唯一的楼房。

新浦老街一带的房子都是老式平房,家家户户都是一户挨着一户,很少有围墙围起来的,只有一条条小巷相隔。爷爷一辈祖传的房子虽有11间,也没有围墙,只是前后左右相近建造在一起,房子与房子之间都有间距不大的走道。往北的5间房子,分给了爷爷的弟弟。爷爷的弟弟只有女儿,没有儿子,所以爷爷的姐姐的一个儿子过继给他做了儿子。

说起新浦老街,那是老少皆知的商业街,长大约有3千米,宽10来米,老街的北边都是店铺,一家挨着一家,卖酱油米醋的,卖河鲜海产的,卖布匹、衣服、棉花、木桶、锅子的……应有尽有,只要与生活沾上边的日常用品都能买到。这里是新浦镇最热闹的地方,人来人往,熙熙攘攘,运货物的手拉车、三轮车川流不息,生意的吆喝声此起彼伏。那时,看不到一辆汽车,最多的是挑着担子运货的,还有推着自行车在后座上放着一个方方的木箱卖棒冰的。

老街的南边紧贴着一条小河,河面宽约10米。河的两岸都是用石头驳的。叶家的街面房在老街东头附近,从此处沿着小河道往东20来米,就与新浦江相接。这条江原先是没有的,是清咸丰初年(1851)为接通老浦(破山浦)而开掘的,江面宽15至20米,名为新浦江。当时辖区在新浦江两岸,故名"新浦"。

新浦江是南北走向,沿着这条江往北4千米,就能来到海塘边,翻过下闸口,就是新浦镇的出海口。叶守魁的小叔戚领吾说:"这个下闸口成了新浦镇出海的码头,说是码头,其实除了这个闸口的设施,一道海堤,什么也没有,帆船是通过木板与堤坝连接的。下闸口这条堤坝所处的位置被称为七塘,老街所处的位置是五塘,再往南有一条329国道,那个位置被称为一塘。"所谓塘就是堤坝,最初是用来拦海水的。

新浦镇所处的这一方土地属冲积平原,是由潮汐冲击、泥沙沉积而形成,后开山造田,填田造房,居住的人越来越多,逐步成了集镇。全镇平均海拔高度在50米以下。这里四周没有山,如要登山砍柴,至少需要走18千米路。很多年前,新浦这块地方就是一片海涂。

新浦江靠海边的下闸口是用来调节水位的。每当雨季来临时,居民区水位一旦过高,就开闸向海里排水,新浦江若是水面过低,可打开闸门放海水进来。新浦江既是一个交通航道,又是一个调节水位的渠道。沿新浦江从北往南,再转到东西走向的老街前的小河,这条反向的L型水道是新浦生意人的黄金通道。外地的货物和本地的农副产品大多是通过这条水道进进出出。

"新浦位于杭州湾出口,与东海相连。它西与杭州湾工业区相邻,东接梅山镇。新浦的沿海海滩刚好处于圆弧形凸起的中间一段,与两边大不相同,其左边是杭州湾工业区,右边是龙山,因杭州湾潮汐的影响,新浦左右两边海涂上都有沙石沉积,而新浦的海滩沉积的都是富含营养的泥,有利于小海鲜的生长,所以小海鲜比两边多得多,吃起来特别鲜美,特别是贝壳之类的小海鲜。"叶守魁时下很讲究绿色食品,回忆家乡的往事时特意提起家乡特别鲜美的小海鲜。

如今,叶守魁虽已搬迁到了慈溪滨海开发区,但从小长大的这一方土地,给他留下了深刻的印象。他边回忆老家的情况,边画了一个杭州湾的示意图,让人一目了然。

新浦镇属亚热带季风气候,降水充沛,四季分明,冬夏稍长,春秋略短,夏秋季常受热带气旋影响。辖区总面积为53平方千米。据2011年底统计,新浦镇下辖1个社区和17个行政村,总人口9万多人,其中常住人口4万多人,流动人口5万多人。境内主要经济作物是葡萄。

新浦地处杭州湾南部,东海之滨,东南距宁波老城区65千米,离世界货物吞吐量最大的港口宁波-舟山港60多千米,西距杭州市130千米,北经杭州湾跨海大桥距上海170千米。

"一方水土养育一方人。"这是中华民族流传的一句俗语,其蕴含了地域文化对人的影响。19世纪法国史学家丹纳在《艺术哲学》一书中说:"物质文明与精神文明的性质面貌都取决于种族、环境和时代这三大因素。"丹纳所言的"环境"包括了自然环境(地理、气候等)和社会环境(风俗习惯、时代精神、社会结构等)。这里"环境"的实质内容就包含了地域文化。

新浦镇隶属于慈溪市(系宁波市属县级市),地处慈溪北郊。慈溪的地域文化影响着每个慈溪人。新浦是慈溪的一个镇,要了解其地域文化,有必要对慈溪的由来有一个大概了解。这可从"母慈子孝"说起。

母慈子孝

慈溪市因治南有溪和汉董黯"母慈子孝"的传说而得名。母亲慈祥爱子,子女孝顺父母,慈孝文化是慈溪最早也是最直观的城市名片。

说起慈溪的历史,就得追溯到远古的河姆渡文化时期。

　　河姆渡文化是中国长江流域下游地区古老而多姿的新石器时代(约公元前5000年)文化,主要分布于杭州湾南岸平原地区至舟山群岛一带,据出土文物测定,距今已有约7000年历史。河姆渡文化遗址最早是在1973年被发现,其中以宁波姚江两岸最密集,共有31处。近几年考古发掘的重要遗址有余姚市丈亭镇鲻山遗址、三七市镇田螺山遗址、宁波市江北区傅家遗址。这三处遗址位于河姆渡以北10千米之内,文化内涵和河姆渡遗址一致,仅有少量文物是首次发现。如田螺山遗址发现北方遗址经常出土的高达90厘米的深腹罐,这是南北文化交流还是自己创造发明,引起考古界的争论(河姆渡与田螺山在远古时期是连成一片的)。不管怎样,这些遗址的发掘,丰富了河姆渡文化内涵,说明河姆渡遗址并不是孤立的,早在7000年前,中华民族的祖先就在宁波这块富饶的土地上劳动生息,为中华民族的形成和发展做出了重大的贡献。

　　至于董黯"母慈子孝"的故事,叶守魁听说过,但知之不多。它的传说有多个版本,综合史书记载,作者偏向如下说法(在尊重史料的前提下做了改写):

　　西汉大儒董仲舒的六世孙董黯,自幼丧父,靠山吃山,以砍柴为生,与母亲黄氏相依为命。有个邻居叫王寄,虽家道殷富但秉性顽劣,不懂孝道。有一天,王寄的母亲见了黄氏说:"我家境比你好,身体却不如你,为何?"黄氏答:"虽然家贫,但儿子待我很好,心情好,身体自然就好了。"王母听了,回家责骂儿子,她希望儿子以董黯为榜样做个孝子。没想到王寄非但没有听进去,反而怀恨在心,趁董黯离家外出时,去董家辱骂并殴打了董母。

　　董黯知道后,跪在母亲床前痛哭:"儿子不孝,让母亲遭此大罪。"黄氏说:"不怪你,只怪我自己失言了。"董母由此卧病不起,不久而逝。董黯悲愤交加,想立即报仇,但想到王母只有王寄这一个儿子,如果杀了王寄,也等于要了王母的性命,他于心不忍。他给母亲守墓,想着报仇之事,便枕戈不言。董黯日夜痛哭,以至于积泪成潭,树上的乌鸦也被他的哭声感动,伴他哀鸣不止。

终于等到王母去世,董黯砍下王寄的脑袋,祭于母亲墓前,并写下《歼仇告母文》:"人子酬德,孝为至先。鞠我育我,诚然信然。父母之仇,不共戴天。今已杀寄,祭于墓前。昔仇已报,更无后冤。"随即去官府自首。官府认为"大其复仇,义其锡类,而杀人者死,国有常宪,持两不能决",只好上报朝廷。汉和帝闻悉董黯报仇之事,觉得他孝心可嘉,便下令免去他的杀人罪,并要他出来做官。董黯没有应诏,愿终老山林,活了80岁。

当初,黄氏得了一种难治的病,她想喝大隐溪的水,因为大隐是她的故乡。那时董黯母子住在慈湖以北的阚山脚下,距离大隐有30里路。董黯经常早出晚归,去大隐挑水给母亲喝,后来又干脆把母亲接到大隐溪边居住。终于黄氏的病好了,母子俩又返回慈城。有一天,董黯正在劳动,院子里忽然泉涌成渠,那泉水的味道丝毫不逊于大隐溪的水。乡里人都说董黯孝感天地,董黯却说"是吾母之慈所感也",于是将这条渠水取名"慈溪"。到了唐开元年间,县令房琯把句章县治从城山渡迁到慈城浮碧山,他望着不远处阚山脚下的那一条"慈溪",提议上报,将"句章县"改名为"慈溪县"。

母慈子孝的故事像山涧的溪水,川传不息,人们后来又用慈溪来命名县名,这就是慈溪的由来。

至于慈溪的概况,叶守魁能说上一些,比如地理位置、语言文化、经济状况及当地土特产等,这里提到的有关慈溪的内容主要采自中国宁波网上的史料。

1988年10月13日,经国务院批准,慈溪撤县建市,改设慈溪市(县级),仍属宁波市管辖。慈溪市地处东海之滨,杭州湾南岸。东南离宁波老城区60千米,北距上海148千米,西至杭州138千米,是长江三角洲南翼环杭州湾地区沪、杭、甬三大都市经济金三角的中心。中华人民共和国成立后,慈溪行政区划曾做过多次调整。

慈溪蕴藏着丰富的海涂资源,围垦开发的海涂10余万亩,是浙江省土地后备资源最富足的地区。慈溪拥有悠久的青瓷文化,号称"海上陶瓷之路"发祥地,奠定中国陶瓷"南青北白"格局。慈溪也被称为"家电之都",与青岛、顺德并称中国三大家电生产基地。慈溪文化属于吴越文化,慈溪人属江浙民系,使用吴语。

慈溪话是吴语的一种,吴语是汉语中历史悠久的方言,主要通行于江苏南部、上海、浙江、安徽南部和江西上饶地区,俗称"江南话""江浙话",使用人口将近8000万人,在中国方言中排第二位,在全球排第十位。

《慈溪县志》对吴方言在慈溪市的源流与分布有专门的记载。吴方言有5个次方言,慈溪方言属吴方言太湖片。吴方言太湖片又分6个小片,慈溪处古越州与古明州交会之区,慈溪方言占2个小片:东部观海卫及其以东原慈北、镇北部分,古属明州(今浙江宁波),为吴语区太湖片明州(甬江)小片;桥头及其以西原姚北部分,古属越州(今浙江绍兴),为吴语区太湖片临绍小片。

此外,观海卫镇内有一小块地区居民在家说闽东语,当地人俗称"燕话",对外则用慈溪方言,是600余年前观海卫初建卫时,与建宁卫(现福建霞浦)对调之卫卒后裔。初时卫内门卫森严,当系一方言岛。其后渐与当地居民通婚,清初废卫所事,子孙便长居其地。这样,他们在外用当地方言,在家仍用闽东语。

慈溪围海造田的历史可以追溯到公元10世纪以前,有文字记载的大规模筑塘则始于宋庆历七年(1047)始建的大古塘。大古塘全长80千米,经历340年完成,工程十分浩大。

此后的600多年中,百姓陆续修建新塘、八塘、九塘、十塘,有的地段已修筑至十一塘,海岸线也随之北移。慈溪百姓筑起巍巍480千米的新旧海塘,围垦出664平方千米土地,沧海终成桑田。

改革开放以来,慈溪作为沿海开放城市,又涌入了大量的外来人口。沿承千年的大量外来人口迁入,成就了慈溪的移民文化。

值得一提的是慈溪杨梅,闻名遐迩。每年的农历五月初五,是中国民间的传统节日——端午节。在慈溪,人们却普遍称这个节日为"冬红节"，而不叫端午节。有关冬红节的民间俗语：冬红花糕夏至面，吃之象格牛介健；冬红杨梅挂篮头，夏至杨梅满山红。

慈溪从1989年开始举办第一届杨梅节，杨梅节"以梅为媒、文化助兴、经济结果"，不仅成为慈溪市的一大节庆盛典，也吸引着来自中国各地和海外的客人。作为杨梅产地，杨梅采摘游是慈溪最具特色的旅游项目之一。

要了解叶守魁老家新浦镇，就得了解慈溪市。从大背景下看新浦，才能把新浦看得更透彻。如今叶守魁的家不在新浦，已搬迁至慈溪市滨海经济开发区，他创办的第二家公司——宁波市叶兴汽车零部件有限公司就坐落于此。这个地块以前也是海涂，后经开山造田变成了一片平原，已落户的不仅有企业，还有新建的学校、商店、宾馆、饭店等。叶守魁的新家是2015年建的，就建在公司的区内。这个新家，还与叶守魁尽孝道的故事有关，慈溪的孝道文化深深影响了他，这是"母慈子孝"内容的延续。这一故事，以后慢慢道来。

第三篇　长辈往事

曾祖母的仁慈,爷爷的好记性,父亲的好钻研,长辈一件件往事,给晚辈留下了难以磨灭的印记。

一个人自出娘胎,就开始受家庭的熏陶。长辈的故事,往往会让晚辈的心灵产生震荡,这一影响往往是潜移默化的。家庭是人生的第一课堂,长辈是晚辈最重要的启蒙老师,晚辈不仅在生理上遗传长辈的基因,长辈的人格品性,就像一面镜子,也会伴随着晚辈走向人生征程。

德行天下

《孔子家语·弟子行》曰:"孝,德之始也;悌,德之序也。"2000多年来,儒学对中国几十代人产生了深远影响。叶氏始祖叶公与孔子是同时代人,孔子曾拜访叶公,希望得到叶公重用,但两人深入交谈之后,叶公并不赞同当时孔子提出的为人之道,没有留用孔子。但叶公万万不会想到,孔子所创立的儒学后来逐渐形成了完整的思想体系,成为中国传统文化的主流,叶家的后代也深受孔子学说的影响。在近代,这要从叶守魁的曾祖母施氏说起。

"仁"是儒家学说的核心,对中华文化和社会的发展产生了重大影响。"我的曾祖母很重仁义,她做过的善事,我的爷爷、父亲都清楚,这些事深深地影响了下辈的人。为了不让人冤死,她不顾自己这双'三寸金莲',连夜急赶80里路,终于在开刀之前把人救了。"曾祖母的事,叶守魁的长辈都知道,他的小叔戚领吾甚至比他还清楚。

施氏救人的事,在叶守魁的父亲叶世安的一篇文章中有过记载(有删改):

新浦原先出过许多强盗,在新浦天主堂以西约100米,有条南北走向的小路,叫强盗路,原名十八丁,当年强盗们是从这里结伙下海的。他们劈开小毛竹的根部在石板路上拖动,借这种特殊的声音为信号,纠集同伙,经强盗路出发。这伙劫财杀人的强盗,绝大多数在清朝末期死于杭州湾的海浪中。

1912年,邵家爷爷主持余姚政局,决意肃清不法之徒。经过周密调查之后,委托刘某为主,王岑刘三人为副,再加兵丁若干,驻扎新浦。大堂设在新浦庙里。

单说其中有一小强盗,名岑某某,年龄与我父亲差不多。当年岑虽曾同行,但无杀人之事,某日下午,竟被擒获,按当时惯例,当在次日中午杀头。他家来人,请求我祖母设法营救。祖母考虑他虽有劣迹,毕竟年龄还小,不可能杀人,就动了怜悯心。要救他,须得邵家爷爷手令,但他远在余姚城内,当时还没有汽车,为了救人,祖母顾不得自己是缠了足的女人,也不考虑80里夜路的艰辛。待她赶到余姚,向邵家爷爷说明情况之后,邵家爷爷立即派人骑快马直奔新浦,将岑从死亡边缘救了下来。

县官老爷与叶守魁曾祖母到底有什么关系?说来也有不寻常的故事。据叶世安记载:"同治光绪年间,先祖父叶桂锡到余姚某南货店学生意来了,三年满师之时,余姚望族邵芝芳先生已与他相当熟悉,便对他说:'老叶,咱们结门亲吧,日后你有了儿子来继拜我,我等着。'

多承邵先生美意,说如是俯就的盛情话,但山间穷人想有儿子岂是容易的事,直到十多年后,先祖父从郭相桥搬到新浦之后,才得与施氏结婚,但第一胎是个女的,第二胎才是我的父亲,他于光绪二十年(1894)夏历十一月二十日出生。产妇满月之后,已贴近年关,继拜仪式,肯定在1895年举行。我的父亲是邵家爷爷等候和期盼了二十多年才出生的人。

邵芝芳先生,我现在要改叫邵家爷爷了。他办事认真负责,处世平易近人,虽是当地望族,却没有半点傲气,深得群众爱戴。他逆当时门当户对结亲的常规,而收贫穷人的儿子做义子的事,必然传得沸沸扬扬。"

如此,叶守魁的祖父就成了县官老爷的继拜儿子,叶守魁的曾祖母自然与县官大人成了亲戚了。

"后来我的曾祖母又奉信天主教了,我的爷爷、父亲也随之信崇。我的曾祖母还是新浦一带第一个在余姚天主教堂接受领洗的信徒。"叶守魁对前辈讲过的事记得很牢。

新浦后来也建了天主教堂,这个教堂是至今宁波地区最大的天主教堂,位于新浦镇樟新公路,离新浦车站很近。

叶守魁的曾祖母施氏信崇天主教,说来还真有一段来历。

"有一年,曾祖母去慈北东山头祭拜五都大帝的时候,看到卜刀门自动在慢慢开启。此时,认识的神父方志才刚好在附近,忙画着十字,门就不动了。她去问神父,这究竟是怎么回事。神父详细地给她做了解答。"叶守魁听说过曾祖母信崇天主教的一点事。要说详细经过,还得看他父亲所写的《我家信崇天主教的历史》一文。

这篇文章如是记载(略有改写):

　　与县官大人结下亲缘关系之后,做义子的必然常去余姚拜望长辈,先是我祖母抱着去,逐渐改成携着、带着去。新浦离余姚80里，必然一去数天。母子两人少不了逛街的时候，我父亲由二三岁走向八九岁。这时期，房屋全是砖木结构的余姚县城，突然营造洋房了，从未见过洋房的祖母，怎能不去一看。那洋房就是余姚天主堂，与邵家爷爷的府第相距不远。余姚天主堂的神父就是方志才，为人仁慈热情，祖母由此认识。

再说我祖父叶桂锡，有了儿子，何等喜欢，但我祖父肖鼠，我父肖马，子午逢冲，按照当时习俗，须将儿子出继，虽已继拜邵某，但他的生肖等情况是否相宜，我不了解。祖父再让他继拜慈北东山头五都大帝菩萨为子。新浦人多以大兴富盛叫他，殊不知富盛是法名，我祖父在家簿上写着：长子乳名松盛，后继慈北东山头五都大帝为子，法名改富顺。继拜菩萨之后，每年春季要做祭祀，1906年祖父谢世后，由我祖母做了。

公元1913年，早春，祖母施氏又去东山头祭祀五都大帝了。见一戳着的卜刀门在移动，观城的神父正巧在东山头，便对着它画十字，卜刀门立即停止。祖母见到这类无法解说的怪事，又去余姚和方志才神父谈论。方神父必然因之宣讲天主教基本要理，如：世间万物都是天主造的，天主也曾造了天神，天神中有的犯了错误，被罚变成魔鬼，万恶的魔鬼又常常变七变八迷惑人，又这样那样引诱人犯罪，卜刀门无缘无故移动，定是魔鬼作怪，但在信德坚定的人面前，又有十字圣架的威力，魔鬼自然慑服……。祖母乃信崇天主教，由方神父领洗，圣名玛利亚。祖母回到新浦，又向我父亲、母亲谈此奇迹，父母亲从此信崇天主教。

祖母是1945年去世的，我17岁了。我慈爱的祖母从未谈及她不理非义之财和救人的事。天主对于义人，最好的赏报是让他认识圣教会，确信天主。我认为，对新遇事物的辨析能力，我父亲总比祖母强。我父亲从认识圣教会到领洗要八九个月，母亲要一足年多了。至于祖母从慕道到领洗的正确天数，家簿里虽没有明确记载,但祖母在新浦家中当时开着一小小山货店,而领洗的地点在余姚,更兼见到了十字架镇服卜刀门的奇迹,我敢断言,祖母从慕道到领洗,不会超出三五天。

长辈的言行对下代人的影响是深远的,甚至会伴随着他们的一生。家庭文化的熏陶,会改变人的思维。对叶守魁的父亲叶世安来说,卜刀门的事深深地刻在他脑海里,以至于他在读中学的时候碰到一个奇怪的现象,就会与祖母说的事联系起来。

"我读初中是在宁波疏才中学住宿的,某日下午(不是上课日),我在打篮球玩,眼看天要变了,我和两三个同学去了盥洗室,边擦洗,边谈笑。突然,一道白光从铁条窗口窜了进来。那白光先在较高的空间绕了两圈,后又沿着墙壁斜地下来,在我胸背部缠绕了五到七圈后,又从原窗口飞出,一会儿后,轰隆隆一声巨响,三层洋房正屋的左前方一角,被雷电击落在地。洋房屋角被雷电击落并不奇怪,奇怪的是白光在室内缠绕的事,它和卜刀门会走一样奇怪。"叶世安在文章中是这样写的。

叶守魁的曾祖母圣洗礼仪是由圣堂门口开始。当时领洗的施洗者就是方志才神父,领洗时有这样一段对话,施洗者问受洗者:"你向教会求什么?"受洗者答:"求信德。"

无论是儒家思想、佛教文化,还是天主教,感化人都离不开一个"德"字。做人有德才能行天下,不论远古时代,还是当今社会,德行天下,历来就是中华民族所弘扬的传统文化。

"我的曾祖母是信德坚定的人。她的德行深深地影响着下辈的人。她的一生养育了两男两女,生活是艰难的,但对不义之财,无论多少,都会不理。"

长辈的言行,给叶守魁留下了难以磨灭的印记。不论是父母的言行,还是听到的上代又上代的事情,都或多或少影响着他的为人处事。这从叶守魁的人生轨迹上能找到明显的痕迹。

记忆力超强

人一生下来,家庭就成了最早接触的生活环境。一个人除了受到父母遗传基因的影响外,家庭里的人和事,不论是接触到的,还是听长辈说的,都会在内心产生潜移默化的影响,或大或小。

叶守魁出生于1959年,当时他爷爷过世已经有9个年头,当孙子长到懂事以后,奶奶时常会给他讲起爷爷的往事,有时父亲也会跟他说起爷爷。平时,小叔(实为表叔,"小叔"为慈溪人表示亲近的叫法)戚领吾经常来家里看奶奶,因为小叔的家离他家不足百米,也会聊起他爷爷的事。

"爷爷一生做生意的,既识字,也很会算账,肯定读过书,特别是记忆力非常的好。"叶守魁所知的爷爷的事,都是听长辈说起的,只是知道一个大概,具体的事情就说不上了。但他说起爷爷的时候,脸上会明显地流露出自豪的神情。他的爷爷故事很多,有趣事,也有令人悲痛的事,叶守魁听他的小叔戚领吾说起过不少爷爷的故事,他知道小叔详细知道爷爷和奶奶的事。爷爷的故事孙子具体说不上来,但很想知道详细,于是叶守魁特意把小叔请到了自己的家里。

戚领吾是叶守魁奶奶的弟弟的儿子,1946年出生,从小在新浦长大。小叔刚读中学的时候,就遇上了"大跃进"过后的"三年困难时期"。那时家里的生活十分困苦,一个月的生活费只有3元,连吃饭都成问题。实在没钱读书,小叔只能辍学。那年,他16岁(宁波人记年讲虚岁),进了生产队,做了6年农民。后来,他当上了生产大队的团支部书记,因为他一向积极上进,是一个先进青年。21岁的时候,也就是1966年,戚领吾入了党,成了村党支部委员。1967年做了亦工亦农投递员,与浙江省邮电管理局签了用工合同,在新浦邮电所工作,2年多后转正,每月工资27元。由于各方面能力强,转正之前,戚领吾就已经成为新浦邮电所主任,退休前做过慈溪市邮电局纪检干部。他的一生献给了邮电事业,他也一直没离开过慈溪。

当年,戚领吾在邮电所工作的时候,每天上下班都要经过叶守魁的家,所以他到叶守魁家,不说每天,但也是"家常便饭"。因此,叶守魁爷爷奶奶的事及其父母亲的事,戚领吾知道的很多。别看戚领吾已过古稀之年,头发虽花白,但精神饱满,脸上泛着红光,像个学者,与人谈话甚是亲切。他随手点燃了一支烟,谈起叶守魁爷爷的事,思路清晰,谈兴很浓。

"魁魁(小叔对叶守魁的昵称)的爷爷叫叶富盛,字亨镛,做生意很会想点子。当年,在新浦老街开了一个水产行,叫'叶大兴',开了好多年,在镇里很有名气。卖本地的水产,也卖舟山运过来的海鲜。姑夫是个文化人,经常在水产行里讲'三国演义'故事,周边围着老老少少一群人,津津有味地听他慢慢道来。"如今,戚领吾是在世人当中最清楚叶守魁爷爷的事的人。

当年,叶守魁的老家沿新浦老街共有6间房子,其中2间大的店面房开起了"叶大兴"水产行,面积有160平方米。写着"叶大兴"3个黑色大字的木牌高挂在屋檐下,这"叶大兴"3个字还是浮雕出来的,立体感很强,十分醒目。"叶大兴"生意好,叶富盛带着好几个徒弟,忙前忙后。

"魁魁的爷爷对徒弟的要求很严格,称水产要一次到位,秤砣用手拉过去,秤杆要平,只允许略微高一点,才算过关,如果秤砣还要左右调整,徒弟就得挨打了。"戚领吾接着说,老板对徒弟高要求,当然自己技术也得过硬。叶富盛不但自己完全做得到这一点,还有令人惊讶的记忆力。

"黄鱼几斤几两,多少钱,带鱼几斤几两,多少钱,是谁买的,几十笔甚至上百笔的生意,魁魁的爷爷都记得住,不会有一笔差错。"戚领吾对姑夫的记忆力十分佩服。当然,也有人不相信,不服气。

有关爷爷记忆力惊人的事,叶守魁也知道一点。

"有一天,县衙在新浦老街刚刚贴出一张告示,有100多字,就有人与爷爷打赌,如果读一遍能背出来就算赢,但不能背错一个字。结果爷爷赢了,当场把赢来的10斤绿豆糕分给了在场看热闹的穿着破衣服的人。"叶守魁提起这件事,眼里充满了自豪的神情,对爷爷的超强记忆力由衷敬佩。

这次打赌的事,叶守魁的父亲手写的一篇文章里也有提及。那是戚领吾聊叶富盛的事从家里特意带来的。这篇文章有一个标题是《我家信崇天主教的历史》,是2003年叶世安左手拿钢笔写成的。那年,叶世安右手会发抖,已经不能拿笔写字,但改用左手写出来的字仍十分方正,肯定是苦练出来的,笔锋刚中带柔。作为叶富盛的儿子,叶世安是这样记载父亲打赌的事:

"到现在我父亲叶富盛已去世半个世纪多了,新浦人还时有谈起他的(事),多说他既聪明,记忆力(又)强,聪明我不敢说,记忆力强,可用我堂舅戚仁新与他打赌的事为证。

"大概是1954年吧,仁新舅舅和我漫谈,他说:'那时候,你爹二十五六岁,新浦来了一张告示,才贴上,糨糊还没有干,我想,别的可能看过,浆糊未干的告示肯定没有看过,便和他打赌,先对着告示朗读一遍,然后转身背诵,若能一字无误,便为胜者。结果,我输了。赌注是十斤绿豆糕,你爹满街分送,分剩自吃的,只是少数。'"

叶守魁只知道爷爷曾与人打赌,但不清楚与爷爷打赌的人是自己父亲的堂舅,父亲写下这篇文章,由小叔保管着,他没看到过,所以不清楚具体情况。

"爷爷创慈溪外运之先河,是第一个把慈溪的杨梅运到上海的人,可有一年因杨梅运到上海烂掉了,不但赔了本钱,拉到吴淞口倒掉,还得花费一笔钱。"叶守魁知道爷爷做生意脑筋很灵活,通过物流转运赚取差价,养育了一子四女,还建造了一幢小楼房,但做生意毕竟不是稳赚不赔,他还遭遇了两次大的劫难,差一点无法翻身。

杨梅确实是慈溪地方特产,但叶守魁所述说的爷爷这次劫难与他小叔所述说的有差异,事情经过是相同的,但货物不一样。

"魁魁的爷爷做生意确实有一手,但有两次劫难使他元气大伤。上海算是一次。他在慈溪本地收购鲜大蒜,用船运到上海,卖了好价钱,大赚了一票。第二年,几乎把三北和新浦的大蒜都采购到手,运到上海后行情大变,卖不出去了。眼看鲜大蒜烂掉,却无计可施。烂掉的大蒜只能花钱运到吴淞口倒掉。这是第一批运往上海的鲜大蒜,就倒了大霉,可想而知,这次生意不知要亏损多少钱。"戚领吾吸了一口烟深沉地回忆着。这次遭遇算是叶富盛人生中一次大劫难。当时运输货物的出海船都是用木头建造的,比内河运输的载重量只有两三吨的木船大得多,靠风帆作为动力,整整一船的大蒜,还有没装运的大蒜,花费了大量的银两,几乎都化为乌有。资金链发生断裂,经营再也无法正常运作。

这么多年下来,"叶大兴"经营范围越来越广,他生意越做越大,眼下遭遇劫难,难道就心甘情愿地关门了? 不甘心又能咋办,没有资金还怎么经营? 已经到了火烧眉毛的紧要关头,最后还是靠叶守魁奶奶出面求助她的舅舅。

"魁魁的奶奶,也就是我姑姑出身书香门第,她父亲是清时秀才,是慈溪逍林镇人,她家算不上富裕,但她的舅舅家底殷实,在横河拥有400亩良田,是个大地主。我是听二舅舅说的。后来姑姑的舅舅专门来到新浦,由他出面,召集新浦所有的经营户,成立一个帮会,缓解了'叶大兴'的燃眉之急,也解决了经营户遭遇一时困难所面临的资金短缺问题。魁魁爷爷经商头脑灵活得很,有一次在家乡收购棉花,用大帆船运到山东,做成大生意。用火油箱藏钱,可以想象生意做得多大。当时,因为慈溪一带海盗出没频繁,为了防身,随身还带着枪械。"戚领吾侃侃而谈。

上海与宁波历来渊源深厚。老上海就有传闻,四分之一上海人都是宁波人,意思是说,这些上海定居的市民都是从宁波过去的。以前上海每一个胡同里,几乎都能听到有人说着一口地道的宁波话。慈溪是属于宁波地区的一个县,当地人去上海做生意的也为数不少。叶守魁的爷爷当年去上海做生意也不是一次两次了。有一次,在上海差点闹出一个笑话。

"爷爷去上海做生意,在一家饭店旁边,听到有人卖美人羹。听名字很吸引人,这么好听的名字,东西一定不会差吧。但爷爷不知是什么东西，没问清楚就要了一银元的美人羹，结果摆摊的小老板拿上来的美人羹摆满了圆圆一大桌。这怎么吃得完？'乡下'来的大老板要在上海滩上出洋相了。怎么办？爷爷一碗一碗地把美人羹分给了马路边乞讨的人。"叶守魁听说的这个故事，长辈们都知道，都把这件事当成一个笑话来讲。其实美人羹是南瓜做的，一个人吃不了多少。叶守魁认为，爷爷遇到发窘的事，随机应变的能力强。孙子看爷爷，总会从正面去看待。

做生意有赚有赔，生意场上谁可以断言没有风险，就像是大海中行驶的一条船，有顺风顺水的时候，但一旦遭遇恶劣天气，船就会激烈颠簸，面临颠覆的危险。叶守魁的爷爷做生意从小到大，从无到有，赚的钱越多，面临的风险也越大。而且有的风险令人无法预料，因为这个风险往往是从来没有遇到过的。

叶富盛出海做生意不知有多少次了，去舟山沈家门进海鲜，把慈溪的土特产运往舟山，来来回回十分频繁。可谁会想到，有一次却遭遇了前所未有的海难。

戚领吾详细讲述了这次海难的经过，他也是听他的二舅舅说起的。

从慈溪的出海口经东海绕一个弯往东南方向行驶就能抵达舟山，海路距离100多千米，路途与去山东比起来根本不可比，可是，就这么一段海路，却遭遇了强台风，发生了海难。

每年8月至10月，是宁波一带的台风季节，但正面遭遇强台风或超强台风还是不多见的。在叶守魁爷爷出海的那个时代，根本没有如今的气象预报，出海只能看天凭经验。可是一旦遇上强台风，那是暴风骤雨说来就来，强台风的最大风速达每秒50米，如果说是超强台风，那最大风速就超过每秒50米。

"那是1945年的一天，魁魁的爷爷在慈溪本地收购了雪里蕻，知道舟山人爱吃腌过的这种菜，让随船的人在海上行驶时腌制，用脚踏一层，放一层盐，再踏一层，再放一层盐。我的小舅舅孙文水是与魁魁的爷爷合股做生意的，占20%股份，这次出海是他领头。途中，船至嵊山，小舅舅上岸想再采购一些雪里蕻，一看菜价太高，不仅没买到便宜货，还遇上了台风。那次随行出海的还有一条船，因小舅舅中途要买菜，就先行了。"戚领吾说，"当时，风高浪急，大雨倾盆，木船在激烈摇晃上下颠簸，翻船的危险随时会发生。抛锚根本锚不住，锚在海底随船滑动，只能想法往岸边靠。好不容易靠到岸，舟山人逃上了岸，船老大也跳了上去。正在这时，三表姐叶夏英（叶富盛的三女儿）大喊：'快拉我一把！'于是船老大又跳回船上拉我表姐的手。就这么一点时间，船被台风刮离了岸……"船上唯一逃生的舟山人，站在岸上，眼看木船被狂啸的台风越刮越远，心急如焚却无可奈何，木船在倾盆大雨中逐渐淡出，再也没有回来。此事距今虽然已有70多年，但戚领吾复述起他二舅舅说起的这次海难，心情仍略显沉重，此时，他沉默了一会，深深地吸了几口烟。

"这次海难死了4个人，我的小舅舅孙文水，那天，他儿子出生才105天；我的表姐叶夏英，她是负责记账的，那年年仅16岁；还有周成林、许以盛两位船老大。本来许以盛是不会死的，为了救我表姐，他不管自身安危，当跳上摇摆不停的船头后，结果却……"戚领吾此时语气沉闷，眼眶略有泪光，他虽没有亲身经历过，时隔久远，但说到这里难免会感到一丝悲哀。

这次海难中逃生的舟山人，随即报了信，戚领吾的二舅舅所知道的详细海难情况，也是听舟山人说的。谁能想到会遭遇这么大的难？假如途中没有停顿，假如台风之前早就到了舟山。可是世上没有假如，残酷的事实已经发生，只能面对现实。亲人遭遇海难，亲戚们都悲痛万分，为了安抚两位船老大的家族，叶家卖掉了家门口的10亩田，加上叶富盛多年生意积累的银两，赔付了一大笔钱，此外木船也是租来的，也得赔偿，这也不是一笔小数目。这次海难真的让魁魁的爷爷"伤筋动骨"了。

"姑夫是个爱动脑子的生意人，点子特别多，要不是遭遇两场大劫难，早就发了大财。这也许是命运的安排吧。可惜的是，他因健康原因，过早地离开了人世，离开时还不到花甲之年。"戚领吾感叹地说，思绪还沉浸于深深的回忆之中。

关于爷爷的故事,叶守魁听说过不少。虽然没有亲眼看到过爷爷,但爷爷的故事给他的人生带来或多或少的影响。因为血脉关系是无法割裂的,长辈与后代必定是有基因遗传的。爷爷做生意点子多,叶守魁听了长辈说的往事,自然在心里留下一些印象。

酷爱钻研

父亲不论做什么事,都能做好。榜样的力量是无穷的,父亲给叶守魁带来了很大的鼓励。父亲为何做什么事都能尽心?就因为一个"钻"字。叶守魁的几多创业经历中,都能看到他父亲的影子。

谈起父亲,叶守魁一脸自豪:"我父亲读书喜欢钻研,成绩突出,民国时期考入了大学。"

他所说的父亲考入的大学,是1912年中国人自己创办的浙江医学专门学校,这所学校后与1945年创设的浙江大学医学院于1952年合并而成浙江医学院,1960年改名为浙江医科大学。

戚领吾称叶守魁的父亲为大哥,聊起大哥,甚至比他的儿子叶守魁更清楚底细。他不假思索地说:"大哥叫叶世安,肖蛇,1929年出生。人非常聪明,做什么事,都爱动脑筋。他读了大学后,返乡在胜北卫生院当了10年医生,后得了一场大病,回家休养,病好了之后,养蜂养了20年。"

据戚领吾回忆,叶世安奶奶因遇见一件离奇的事,与天主教结了缘,入了教,由此叶家成了信崇天主教的家庭。叶世安像他的父母亲一样,接受了领洗。

"大哥读书成绩交关(宁波方言:非常)好,因信崇天主教,他读高中选择了宁波教会学校。那个时候,教会办学现象比较多。"

叶世安以优异的成绩高中毕业后,考上了大学,毕业后曾在慈溪胜北卫生院做过10年针灸医生。后来他遭遇了一次人生劫难,不知什么原因,患上了肺结核。当时,这个病属于疑难杂症,没有特效药就治不好,又是咳嗽,又是发烧,如果病情拖久,甚至有生命危险。得了病之后,医生是做不成了,他只能回家养病,为了治病没少花钱。当时,家里的经济条件只能算是一般,他做医生收入不高,妻子陈爱雪在慈溪手工业局(逍林)做会计,工资也不多,家里还有两个儿子要吃饭,在家的母亲也要照顾。他的父亲以前生意虽然做得不小,但遭遇了两次大劫难之后,元气大伤,也没有给下一代留下多少家底,只是养育了一子四女,并把子女都培育成才,也算是一件不易的事。叶世安得了这病后,花钱似流水,家里钱真的不够用了,为了保命,只能想到卖祖传的房子了。家里靠近新浦老街的4间店面房,就全部卖了,用来治病。当时的房子不像现在值钱,一间三四十平方米的店面房值不了多少钱,地处城镇,最多只有几百元而已。幸运的是,他的一个定居台湾的姐姐,得知他患了重病,想方设法用重金从香港购来了治病的药和针剂,最终治好了他的病。

叶世安病好了以后,没有再去做医生了,而是在家养起了蜜蜂。开始养蜂的时候,叶守魁已经读小学了。当时,新浦镇还没人养蜂。一年两年很快就过去了,村里的人见他养蜂能赚钱,也跟着他学起了养蜂,后来养蜂的人一年比一年多,最多的时候甚至占到了新浦镇劳动力的10%。他读书读得好,与他好钻研的性格有直接关系。如今养起了蜂,同样又开始了钻研。那时,大概是20世纪60年代初期,城乡百姓正处于最艰苦的"三年困难时期"。

为了繁殖好蜜蜂,让养殖的规模大起来,让酿出来的蜜更好,叶世安开始找门路了。经过多方打探,他得知广东、广西还有东北一带有养蜂的好地方,特别是东北吉林、黑龙江更是酿蜜、繁殖蜜蜂的好去处,因为那里有非常适合蜜蜂采集的槐花和椴树花。在东北吉林,椴树花在树枝上密密麻麻整齐排列着,绽放着雪白的花朵,槐花也洁白如雪,远眺只能从花的分布上区分。这两种花都是能入药的花,蜜蜂采这种花酿出来的蜜更能养身健体,不仅好卖,而且能卖个好价钱。那边的花好,很有利于蜜蜂繁殖。叶世安的蜜蜂越养越多,规模从开始的几箱十几箱,不快不慢地扩展到四五十箱。就像他父亲开"叶大兴"水产行一样,他的生意也越做越大。也许做生意也有遗传,上辈的言行举止给下辈留下了难以磨

灭的印记。

父亲叶世安在儿子叶守魁的眼里也是一个特别喜欢钻研的人。谈到养蜂的事,叶守魁敬佩地说:"父亲还学会了看云识天气,在外地放养蜜蜂时,会观察当地的天气状况、雨水情况怎样,温度、湿度有什么变化。"

叶守魁的小叔戚领吾佩服大哥,作为儿子的叶守魁同样也看在眼里,记在心里。叶世安爱读书、爱钻研的个性,不说他的亲戚,连熟知他的朋友都有同感。

生意大了,一个人自然忙不过来。叶世安要找帮手,妻子陈爱雪不做会计,辞职与丈夫一起"共度蜜月"去了,先把装箱的蜜蜂运到余姚火车站,走南闯北,带着几十箱的蜜蜂去采花酿蜜。

叶守魁父母的婚姻,按中国的传统说法,该说得上门当户对,因为两人从小都生活在生意人的家庭。叶世安父亲从做水产开始,经营范围越来越广,陈爱雪的父亲也是生意人,在象山石浦开了一家中医诊所中药房,经营了好多年,他们从小都对生意上的事耳濡目染,或多或少接受着生意经的熏陶。如今夫唱妇随,也走上了这条路,这难道仅仅是生活所逼?其实或多或小受家庭环境的影响。

人生的轨迹究竟是怎样画出来的,这条人生轨迹线,除了外部因素的影响外,家庭的生活环境起着无法替代的作用。这只能去细细地琢磨,去深深地思索。

养蜂成了叶世安的主业,虽然发不了大财,但至少能养活一家人。当大儿子叶守魁(乳名叶伯鸿)4岁的时候,小儿子叶伯罡出生了。为了让家里的生活越过越好,叶世安搞起了副业,在家里养起了长毛兔。

"大哥脑筋交关好,专门请师傅做方方正正的大木框,再自己动手用铁丝围住,做得很考究。还用铅皮做成一个个罐,固定在笼子边,专门放饲料,排列整整齐齐,几十只长毛兔养在笼子里,像当今现代化养殖场一样。"戚领吾经常去姑姑家,姑姑也就是叶世安的母亲,表哥的生活情况,作为表弟自然清楚得很。

叶世安就喜欢做别人没有做过的事情。当时在新浦镇里没有人养长毛兔,生意就怕有竞争,别人没有,缺少了竞争,兔毛就能卖上好价钱了。

叶世安有自己的一套生意经,除了生意经,业余生活方面要说的事还真不少。

"父亲是象棋高手,在慈溪参加了10年比赛,没输过一盘棋。"叶守魁说。在慈溪本地已经找不到对手,但会有高手慕名而来。

"当时全国排名第三的刘忆慈会专门来慈溪找父亲对局,我父亲老是被刘说'臭棋'。"叶守魁知道父亲遇到真正的高手了。

说起刘忆慈这个人,那可了不得,他是现代江南象棋名家,20世纪30年代起崛起于浙江杭州的棋坛"喜雨台",50年代中期,参加全国象棋锦标赛,获得两次全国季军和一次全国第五名,并以"仙人指路"的开局,创辟富有特色的新棋路,被棋界称为"刘仙人"。至1982年逝世,他驰誉沪、浙、苏、穗、京、津等省市棋坛40余年,成为中华人民共和国成立初期的象棋国手之一。

1956年,全国首届象棋锦标赛在北京开幕,这不但是中华人民共和国成立后的首次全国象棋比赛,也是中华民族历史上的首次,对于名棋手们的鼓舞可想而知。依据当时的条件,国家决定以城市为单位推举代表,杭州作为省会城市自然名列其中,但名额只有一个。这年初秋,经过初赛和复赛,由刘忆慈对陈选源、卫森坤对金虎城争夺决赛权,结果刘胜陈,卫胜金,最后刘又胜卫,取得出席全国赛的资格。

叶世安喜欢一样东西就会去钻研,迷上象棋之后,没对手下棋,就在桌子上摆好棋,自己一个人下,红方走一步,黑方走一步,一步步地一个人在棋盘上鏖战,一坐就是几个小时。叶世安喜欢象棋已经到了痴迷的程度,但反对儿子学棋。

"父亲说,中国象棋高手没有一个教孩子下象棋的,除了一个高手为了一个约定教儿子学棋之外。父亲认为,下象棋不能当饭吃。"叶守魁说,母亲反对父亲下棋,说他不务正业。但父亲总归是父亲,孩子总要听大人的话,尤其是在一个深受儒家思想影响的家庭里。这就是父亲与儿子的区别。

关于父亲与象棋的事,叶守魁记得很清楚。"山西大同市冠军每年会来我家,与父亲下三盘棋,但水平比父亲差一点。有一次,父亲与宁波市象棋第一名在宁波棋院下两盘棋,挂牌卖票,那观战的人山人海,凳子都要踩塌了。"叶守魁知道父亲下象棋厉害,在慈溪本地已经找不到对手,名声在外。叶世安下象棋这么厉害,不是长辈教的,完全是靠自己平时钻研出来的,他可以下盲棋与三四个人同时对战。

叶守魁从小对父亲留下了深刻印象,他知道父亲是一个爱一行"钻"一行的人,他不管做什么,一旦"钻"了进去,总能做得比一般人要好。这是父亲留给儿子印象中最深刻的一点,在叶守魁日后开创自己的事业中,能很清楚地看到他父亲的这一点"影子"。

叶世安还练就了一手好书法,父亲叶富盛(字亨镛)的碑文就是叶世安写的。

看碑文中的字体,刚中带柔,呈现出他独有的风格,很有书法家的味道。他曾用左手写过《我家信崇天主教的历史》的回忆录,这在前面已有提及。那是2003年,叶世安已有75岁,因得过中风右手会发抖,只能用左手写字,当你看到回忆录中用钢笔写就的字体,如果不说,绝对没人能猜出来这方正有力的字是用左手写的。这也是叶世安自从右手不能写字后练出来的。

字写得漂亮,这全都靠练的。有书法的基础,叶守魁的父亲学刻印章也很快。

因为书法好,逢年过节,当地会有人找上门来请叶世安写对联,后来他学会刻印章,慕名而来的人更是络绎不绝。这与写对联不一样,刻章没有写对联快,需要花工夫的,但收取的费用不高。一来二往,上门来做印章的人越来越多,他有时还忙不过来。叶守魁有时会盯着父亲刻章,渐渐地爱上了这一项手艺。父亲手把手地把自己学会的刻章技术传授给叶守魁,儿子的悟性也不亚于父亲,而且是青出于蓝而胜于蓝,这从叶守魁学会雕刻,并创业做模具,又成为模具高手中就可见一斑。

图上的碑文是按照叶世安写好的字雕琢出来的

　　叶世安近50岁的时候，不再养蜂了，曾在公社办的一麻纺厂做过两年多会计，因工作关系结识了食堂员工蔡雅凤。食堂每天由蔡雅凤买菜，什么菜多少钱由叶世安做账。刚认识的那一年，蔡雅凤30岁，两人年龄相差近20岁，但很谈得来。蔡雅凤每天会把蒸好的饭和做好的菜给叶世安送去，而叶世安近似女儿一样看待她。蔡雅凤会笑称叶世安为老太公，当然，叶世安还不算老。他们彼此之间说话很随便，成了忘年之交。那时候，叶守魁尚未成家，母亲有点胖，也上年纪了，家里缺少人洗洗刷刷，蔡雅凤会经常去叶家走动，帮助叶家做一些洗衣服之类的家务。蔡雅凤家离叶家500多米。每逢过春节，蔡雅凤几岁大的女儿都会得到叶世安送上的压岁钱。在谈论到压岁钱的时候，如今已有女儿的蔡雅凤女儿说："是的，压岁钱每年都有。"

　　"老太公老是做好事。有一次，一邻居生病急需用钱，向叶家借3万元，老太公毫不犹豫；连邻居想办厂借10万元，也会同意。至于这些钱以后是否拿得回，不会去计较。叶家兄弟都赚钱了，罡罡也会给家里寄钱来，那时，叶家的经济状况比别人家好。"蔡雅凤经常在叶家走动，知道

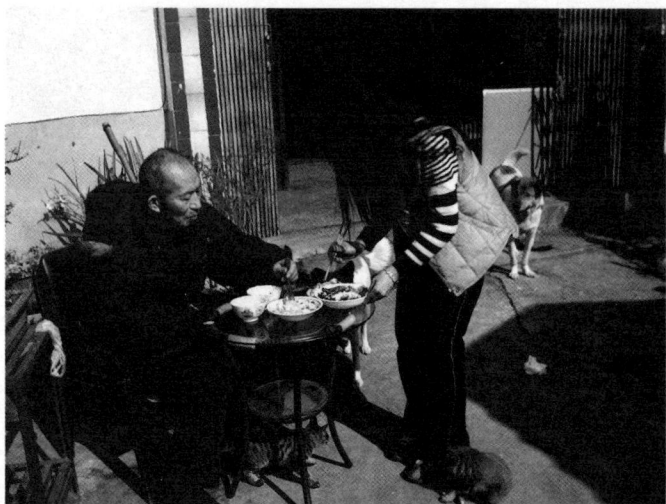

这是留存至今的叶守魁父亲唯一的照片

一些这方面的事。蔡雅凤把叶家当成亲戚家,两家人经常走动。她还记得之前送叶守魁的弟弟叶伯罡去加拿大读书的时候,她与叶家人一样,一个晚上没睡,一直到清晨五点多,把叶伯罡送上早班的客车为止。

在蔡雅凤的眼里,叶世安是个乐于助人的人。

第四篇　青春年少

懵懂年少之时留下的记忆,令人难忘。在一个有着浓厚文化氛围的家庭中成长起来的人,长辈的教导会伴随着他的一生。重教重学的氛围,能练就人求学好强的品性。一个人要立足社会,就得学会本领。拜师学艺是一条路,只要不怕吃苦,不言放弃,反复磨砺,总会有学成的那一天。

童年记忆

叶守魁记得小时候,家里的墙上挂着一副格言:静坐常思己过,闲谈莫论人非。对成人来说,一看这副格言就能明白意思,但看似简单的一句话,却蕴藏着深刻哲理,从中透出浓厚的儒家文化气息。那时,叶守魁还没上学,每天都会看到,已经认识了其中的几个字,但不懂其意。读书之后,他把格言上的字一个个慢慢认全了,父亲也给他讲了这副格言的道理,但他仍混混沌沌,还不懂其中蕴含的哲理。

叶家的始祖叶公与孔子的为人观点不合,没留用孔子,但孔子后来创立的儒家思想体系深深地影响着叶家一代又一代的人。很多年以来,叶家的子孙十分崇尚儒家思想，叶守魁作为当今叶家的一员，也从小受到儒家思想的熏陶。"万般皆下品，唯有读书高。"从小时候识字起，叶守魁就记住了这句出自《神童诗》的诗句。相传《神童诗》的作者是汪洙，宁波人，北宋年间著名学者。叶守魁的父亲让他记住这句诗，就是让他从小牢记读书的重要性，让他懂得，只有书读好了，才能学到更多的本事，将来才能有立身之本。

在家庭重教环境的熏陶下，叶守魁从小养成了独立思考的习惯。

叶守魁很早就开始懂事。他记起一件事，那年他才5岁，看见父亲在锯木头，木头老是滑动，他就过去用一双小手用力抓住木头，父亲问他为何这样做，他说担心父亲的手划破。小小年纪已经知道怎样帮助父亲做事了。

"有一天，父亲带我来到海边，看见有一条鲨鱼搁浅在海滩上。当时有人经过说，鲨鱼犯了错，遭海龙王惩罚。我后来问父亲，海里是否存在有毒的鱼。父亲说：'有的。'我当时在想，鲨鱼可能吃了有毒的鱼。"叶守魁看到鲨鱼搁浅的那一年才8岁，该是上小学一年级的时候，但他已经习惯独立思考，所见所闻如有疑问，总想弄个明白。眼见鲨鱼搁浅，他就会联想到相关问题，对眼前的环境产生探索的兴趣。

"父亲知道怎么回事，但没有反驳别人的观点。其实父亲是深受儒家思想的影响。"叶守魁知道父亲是读书人，能解释这一自然现象。那年，我虽然年纪尚小，但后来父亲还是详细地给我做了解释。

儒家思想对中华文化和社会发展产生了深远的影响。"仁"是儒家学说的核心，儒家学者看重的是"仁义"，特别是对人或对事，重视的就是"仁义"两字。孔夫子讲究的六德就是：智、信、圣、仁、义、忠。叶守魁的父亲不与人争辩，讲究的就是与人"和为贵"。

叶守魁至今还记得在上小学一年级前的一段时间里发生的三件事，这给善于思考的叶守魁带来了困惑，但在困惑中，经过奶奶的耐心教导，他朦胧地懂得了如何"识大体"。

1966年夏天，史无前例的"文化大革命"开始不久，叶守魁就遇上了几件事,至今记忆犹新。有一天,几十个戴着红袖章、挥着红旗的人冲进了他家的二层楼房里,房间里一下子挤满了人。叶守魁人小胆大,很想挤进去看个究竟,但人实在太多,他只能站在门口看着这些人翻箱倒柜,像是在查找什么东西。一会儿工夫,楼上楼下都被搜查了一遍,待"红袖章"走了之后,奶奶才对他说:"魁魁你还小,现在对你讲你可能不懂,以后会明白。但要记住,做人从小就要懂得如何识大体。"

"阿婆(慈溪人称奶奶为阿婆),识大体是什么意思?"他好奇地问。

"识大体,就是遇上大事不能犯糊涂,要能把握住,不要做错事。"奶奶没有给孙子多解释。因为说来话长,8岁的小孩怎能听明白。

叶家遭此"待遇",也许与这幢两层楼房及家史有关系。那时,新浦老街一带除了这一幢两层楼房外,其余的都是平房,"鹤立鸡群"自然醒目。"红袖章"知道叶家爷爷早年做生意的,有钱造得起楼房,叶家想必有上代传下来的旧东西。他爷爷叶富盛做生意是赚了不少钱,但经历了两次劫难后,几乎淘空了家底,没有给家里带来多少财富。奶奶怕在搜查的时候丢失压箱钱,预先把10多个银圆分开藏在灶头的灰堆里,以及煲粥铁器具的木灰堆里。

旧时,有来历的大户人家一般有两个灶间,每个灶间有一个大灶和一个小灶,大灶并排放两个大铁锅,一般是用稻草烧火的,灶肚里积下的灰厚厚的,里面若藏50个银元也难以被人发现。但叶家房屋外围没有围墙,算不上大户人家。那年,爷爷因健康原因,离世已有10多个年头,奶奶尚健在,父母亲加上叶守魁兄弟俩,还有一个嬷嬷及她的两个儿女,一大家子吃饭有8个人;再说祖传房子里,还住着爷爷的4个堂兄弟各自的家庭,亲戚之间平时也少不了串串门。爷爷奶奶一家三代,吃饭的时候,不算旁边的亲戚,也能坐上一桌子。平时烧菜做饭,也少不了一个大灶。被烟气熏得漆黑一片的灶肚里藏宝贝是难以被人察觉的。奶奶早有准备,为了躲避搜查,想得够细心的。

奶奶还告诉叶守魁,一只上代传下来的金戒指戴在奶奶的大脚趾上,不事先藏起来,"红袖章"一搜查,万一丢失了问谁去要?

叶守魁怎么会晓得"破四旧"是什么意思，奶奶没有跟他详细说，说了他也可能听不明白。也许大人都不理解为什么要这样，更何况小孩。但奶奶既然要他识大体，从小善于思考的叶守魁想到，这些"红袖章"应该在做"识大体"的事。

这是叶守魁上小学前的一些记忆。虽然当时人小好多事情看不懂，也理解不了，但随着年龄的增长，慢慢理解当年为何有人这么做了。

童年的往事，深深地镌刻于叶守魁的脑海里，如今像电影一样一幕幕地涌现在他眼前。但留在他心里最深刻的还是长辈的教导，不论是奶奶还是父亲说的做人的道理，叶守魁都牢牢地记在脑子里，这些为人之道伴随着他的成长。

读书生涯

从叶富盛算起，也就是说，自从叶守魁的爷爷这一代开始，叶家一向看重读书育人。家里高挂着重教的对联和格言，让人深感浓重的读书氛围。叶富盛虽然是个生意人，但小时候也读了不少书，否则怎么认识告示上的100多个字。叶守魁不清楚爷爷究竟读了几年书，但从待人处事上来看，他的爷爷是一个懂文化的人。叶富盛教育儿子要读好书，把儿子叶世安培养成民国时期的大学生；叶世安用父亲身上传下来的家训，再教育儿子，让叶守魁从小懂得"万般皆下品，唯有读书高"的道理。

8岁那年，叶守魁进入当地的一所小学——新浦小学。论入学年龄，按当时这个年代，叶守魁算是比较早的。因为他生日在12月初，赶不上9月份的开学时间，这样从入学年龄上相应要多加一年。那个年代，9岁上学的也不在少数。

"魁魁小时候很顽皮，在同龄人当中算是一个小头头。他从小爱动脑筋，感到好奇的事总想问个透。受他父亲的影响，他喜欢钻研，习惯独立思考。"叶守魁的小叔戚领吾说起他，印象很深刻。

叶守魁上小学的那一年，刚好掀起"文化大革命"。他从小受到重教思想的影响,渴望学习,渴望知识,然而在当时的大环境下,正常的教育秩序受到了严重干扰。当然,学校的老师还是按时间上课的,爱学习的学生还是在认真听课,但总体的读书氛围大不如前。

挖防空洞的事,叶守魁还历历在目。至于是哪一年,叶守魁已经淡忘了,只记得是读到小学高年级了。小学三至五年级的学生必须参加学校组织的备战运动,在学校的一个坡度较高的地方用铁锹挖一个洞,能让人藏到里面;还有挖地道,那是在学校的操场上。挖地道就不像挖防空洞这么简单了。叶守魁谈起此事时,还用笔在一张白纸上画起了草图,把地道的走向画了出来。当然,不论防空洞有没有防空作用,但至少增强了学生的国防意识。参加这样的活动,占去了一些正常上课的时间,但影响不算大。

读初中的时候,叶守魁作为积极分子,天天写大字报,毛笔字倒是写得越来越好,但功课却落下了。他文科成绩不怎么好,数学却特别突出,连续两年全班第一。

"我喜欢动脑子,会花时间去'钻牛角尖',难解的数学题一旦被解开,就会觉得很有趣。"叶守魁偏爱数学,喜欢钻研难题,这也许关乎遗传基因,他的父亲不是学一样钻一样吗,现在从儿子身上,看到了他父亲的影子。这也关乎家庭文化的熏陶,人或多或少会受从小生活的环境的感染。当然,外界的大环境同样会对一个人造成间接或直接的干扰。

由于外界大环境发生了翻天覆地的变化,叶守魁是不可能做数学家了,于是他在创业路上迈出了第一步。时势毕竟能造英雄,时势不仅会改变一个人的思维,也会改变一个人的人生轨迹。在大环境及家庭文化的双重影响下,叶守魁选择了"拜师学艺"这条道。

戚领吾说"魁魁从小聪明",这句话一点不为过。读初中的时候,叶守魁文科成绩不怎么样,但理科成绩还是比较突出的,他如愿考入了高中,虽然这个读书名额还是小叔托关系拿到的。戚领吾说:"按家庭成分,魁魁高中没法读的,那时,贫下中农读高中优先,后来我托一个老干部,才搞到读书名额。"就在那时,深受"白卷英雄"张铁生所带来的影响,叶守魁彻底改变了对人生的思考，感觉找不到读书的出路在哪里，人生的希望一片渺茫。这个时候，父亲也对叶守魁说，让弟弟将来好好读书，你作为哥哥来赚钱养家。叶守魁听从父亲的教导，选择"拜师学艺"这条路，与当时家庭的艰苦生活状况也有直接关系，不能说全是外界形势逼出来的。

父母主要靠养蜂来养家糊口，一起生活的奶奶没有经济来源，叶守魁兄弟俩都要读书，家里生活状况不尽人意，叶守魁作为长子，需要承担"男大当家"的责任。这既是形势所迫，也是生活所迫。

1973年的"高考"，是"文革"中唯一的一次高考。这次高考中，"白卷英雄"张铁生的出现影响了当年大学招生的路线，导致学生考分越高越是没有学校敢要，被录取者多是成绩平平甚或中下者。当时，据此事件的主题还改编出一部电影，片名是《决裂》，在全国放映，给一代学子及家长带来的记忆至今难以磨灭，"白卷英雄"给全国人民造成的影响可谓翻天覆地，它改变了一代人的人生轨迹。

"张铁生交白卷的事，对我的人生选择影响很深。虽然不能说是他改变了我的人生，但我所遭受的影响绝对挥之不去。"叶守魁对"白卷英雄"这件事的印象，深及肺腑。此事不得不提。

其实，张铁生交的不是"白卷"。张铁生从兴城县初中毕业后，来到该县白塔公社枣山大队。凭借一向突出的表现，张铁生当上了生产队小队长，也赢得了那一年参加高考的机会。然而，在最后一场理化考试中，整张试卷的题他只会做3道小题。他最终的成绩是：语文38分，数学61分，理化6分。这说明他当时并未交白卷。因为他自知理化成绩不好，就在考卷背面给"尊敬的领导"写了一封信，时任辽宁省委书记毛远新得知这一情况后，将原信做了删改，指令《辽宁日报》发表，并在编者按中说："张铁生对物理化学这门课的考试，似乎交了'白卷'，然而对整个大学招生的路线，交了一份颇有见解、发人深省的答卷。"1973年8月10日，《人民日报》转载了这封信，其后，《红旗》杂志等也纷纷转载，"白卷事件"在全国引起轰动效应。

在如此大背景下,不仅学生读书甚感希望渺茫,连大人也感觉不到孩子读书会有多大前途。那个时候,叶守魁有一嬷嬷因离异住在他家,平时靠开一爿烟店谋生,这还是搭上"造反派"的关系才默许的。叶守魁的父亲虽不忘对儿子的教导,但养蜂毕竟要耗去大量精力,逢时要去广东、广西或东北放蜂,一走至少就是一个多月,姑妈作为长辈,免不了照顾叶守魁兄弟俩的日常生活。叶守魁从小就十分敬重长辈,长辈说的话,他都会听从,按长辈的意思行事。

叶守魁至今还记得嬷嬷要他照看小烟店的事。学校与嬷嬷的小烟店有一段距离,要走半个小时。嬷嬷要他夜晚卖烟,他没有二话,只能放弃夜自修的时间。在学校里,叶守魁因为对数学产生了浓厚兴趣,吃好晚饭后,经常与四五个同学一起学习、讨论。但自从接了嬷嬷的活儿后,他就再也没时间与同学一起钻研数学难题了。在嬷嬷眼里,小孩子读那么多书干吗,还是趁早多赚点钱实在。这也怪不得她,在那个年代,有这样想法的大有人在。

其实,嬷嬷早有心思让侄儿早点做事了。叶守魁想起中考的事,就知道嬷嬷有这个想法,但碍于他父亲的面子不好说出来。考中学时,叶守魁差点迟到,家里的小闹钟慢了整整一个小时。早上醒来时,叶守魁一看天色觉得时间不早了,结果发现闹钟慢了,心急火燎地跑至考场,已经迟到了,幸好只迟了5分钟,老师同意他参加考试。最终中学还是考上了。嬷嬷当时也许是这样想的:如果中学没考上,侄儿就可以做些实事,赚钱补贴家用,至少让家里的生活改善一点。那个时候,虽然父母养蜂赚钱养家,但生活的确比较艰苦。嬷嬷作为叶守魁父亲的姐姐,住在弟弟的家里,看到家里这么困苦,自然会有自己的盘算,总想着让叶家生活好起来。叶守魁知道小闹钟时间慢了整整一个小时,可能是被嬷嬷拨过了,目的是让他早点挑起男人的担子。也许她怕叶父不同意儿子放弃读书,哪怕家里再苦,也要让儿子读书成才。这是兄妹俩对培育下一代不同的看法,但后来发生的事,让姐弟几乎达成了共识。

受外界以及家庭的双重影响,父亲叶世安终于同意他放弃学业,走上拜师学艺这条路。1975年,高中一个学期没读完,叶守魁就离开了校园,17岁那年就过早地进入了社会。叶守魁确实担起了"男大当家"的角色,他当时没说出来,只是心里默默地想着,家里条件不好,我做哥哥的来赚钱,让弟弟认认真真地读好书。

拜师学艺

"人有一技之长,不愁家里无粮。"叶世安作为民国时期的大学生,当时完全算得上高学历的人。作为过来人,他知道怎样把两个儿子打造成才。但当时环境和政策的使然,叶世安让两个儿子走了两条不同的人生道路。

"三百六十行,行行出状元。"叶守魁的儿子叶清锐说,这是爷爷从小就灌输给他的一个道理。叶世安既然对孙子如此教导,自然早就已经应用到了儿子身上。与叶守魁交谈的时候,虽然没有谈及这个,但从他儿子的话里,能感悟到叶世安的人生观和世界观。一个人可以不是才高八斗学富五车,但不能没有一技之长。一技之长,那可是一个人的立身之本。

叶守魁从小在充满儒家思想的家庭中长大的,深受家庭文化的熏陶,父亲的安排,他绝对是言听计从的,父亲说一,儿子是不能说二。哪怕心里不愿意,他也只能服从长辈的愿望。

"老爸是很听爷爷话的,爷爷叫他什么时候结婚,老爸就什么时候结婚。"这是叶守魁的宝贝女儿叶阳听爷爷说的。

说起叶守魁学雕刻手艺,师傅还是父亲介绍的。事实上,叶世安给儿子选择的道路没有错,雕刻技术给叶守魁今后的人生道路带来了决定性的影响,也直接影响了他今后的创业人生。

叶守魁拜了技艺高超的雕刻工匠为师傅,说来也是缘分。雕刻师傅姓高,名伯乐,祖籍绍兴,后在慈溪定居。他与叶世安相识,缘于中国象棋。叶世安与高伯乐平时接触不是太多,但每年的比赛肯定会碰面。"师傅是直接参加浒山比赛,父亲开始是在新浦参加比赛的。那时,慈溪是一个县,县城就在浒山,浒山是慈溪的代名词。我师傅很敬佩父亲的棋艺,他说过,乡下来的人象棋下得这么好,每次比赛总能得第一。其实我师傅也是象棋高手,只是水平还是我父亲好点。"叶守魁一说到师傅,脸部表情显得十分敬重,就像见到自己的父亲,让人从内心里能感受到他与师傅之间的深厚情感。

多年的往来使高伯乐与叶世安从棋友慢慢地成了挚友。高伯乐不仅敬佩叶世安的棋艺,也敬重他的为人。高伯乐与叶世安接触多了,知道叶世安做人很诚实。正因为这一层关系,高伯乐才收了叶守魁这个徒弟。叶守魁说,那时高伯乐本来是不想收徒弟的。令高伯乐意想不到的是,这个徒弟后来给师傅争来了不小的名气,让他这个不想收徒弟的雕刻大师此后又收了徒弟。

"我学的是工业雕刻,师傅水平很高,当时在慈溪,若师傅称第二,没有人称第一。"叶守魁对师傅的雕刻技艺十分敬佩。

无论学哪一门技术,第一步都得从基本功开始,学雕刻也不例外,没有捷径可走。叶守魁高一辍学以后,就做了一名知青,除了农忙季节在知青农场劳动,空闲时就去浒山找师傅学雕刻。做知青的时候,空闲时间还是很多的,一年当中的大部分时间还是可以由自己支配的,这给叶守魁学雕刻带来了便利。

开始学雕刻的时候,高伯乐教叶守魁怎么写字,他不仅要学各种字体怎么写好,还要学会写反面字。

2018年1月18日深夜,叶守魁与作者谈起学雕刻的往事时,只用了差不多一秒钟多一点的时间,就在一张白纸上写了一个字。当他拿起白纸让作者从纸的背面看的时候,一个"蔡"字写得十分工整,笔锋清晰。

"雕刻要学会写反面字。以前正面写还是反面写,速度差不多,现在已经有点生疏了。"叶守魁记得学雕刻的时候是1976年,距今已有40多年了。现在生疏了,写一个有14个笔画的反面字还这么快,可见当年他写字的熟练程度。

雕刻使用的各类刀具很多,这些刀具怎么使用,后期怎样用油石、细砂皮或锉刀打磨等等,作为师傅的高伯乐事无巨细地一一给徒弟讲解,手把手地教怎么用刀。叶守魁用心听师傅的教导,也很刻苦努力,再说他从小就习惯独立思考,像他父亲一样,学一项钻一项,对复杂的雕刻细节把握力很强,师傅看在眼里,喜在心里。逢农忙的时候,他也不间断学习,就在晚上练,甚至通宵达旦。那时候,叶守魁年轻气盛,身体健壮,用他自己的话说,三天三夜不睡觉也不当一回事。在这之前,叶守魁为了强壮自己,不被人欺侮,有一段时间去了杭州萧山的一个农场,因为他的一个表哥在那里,表哥在学武术,他与表哥一起跟武术教练学武术。

从叶守魁学雕刻起,叶世安作为父亲一直在默默地关注着儿子的进步。有一天,叶守魁没赶上班车,去不了浒山,想轻松一天,没想到就被父亲训斥:"汽车没赶上,你不会骑自行车去啊!"父亲要求儿子既然已经决定学技术就一天也不能松懈。事实上,叶世安不仅对儿子要求严格,他自己也以身作则。他大学毕业之后,仍在不停地自学,而且无论学什么,都很用心,很会钻研。既然看到儿子已经在学雕刻了,他当然会督促儿子不能松懈下来,要持之以恒。

当时,从新浦到浒山有20千米路,来往班车不多,错过了一趟,间隔时间很长。叶守魁听父亲这么说,二话没说就骑上自行车,去找师傅了。从此以后,叶守魁就很少再坐班车了,骑车虽然需要1个多小时,但这个耗体力的运动,对当时的叶守魁这个小伙子来说,根本不算事,毕竟骑车比乘班车来得自由。于是他每天早出晚归,拜师学艺,只是来回路上得花费2个多小时。

叶守魁从师傅那里学会了浮雕,知道银元是怎么雕出来的。"银元上面不是有'通宝'两个字,这个'宝'字是刻成繁体字'寶',我能在两平方毫米上刻这个字。当时,除了我和师傅,浙江省只有长江雕刻社能刻这个字。在我的记忆里,还有两个人能刻这么小的'寶'字,上海有一个,香港有一个。我的水平不亚于长江雕刻社,如果要复制银元,完全可以做到。"叶守魁对自己学成的雕刻技艺信心十足。通过近2年的刻苦磨砺,叶守魁终于达到了师傅所要求的水平。

学雕刻一般需要3年,叶守魁学了2年还不到,高伯乐就让他回家了。师傅的意思很明显,该教的都教会了,他可以回家单干了。比人家少学1年多,叶守魁就可以单飞了,这除了刻苦用功,肯动脑筋外,与他之前学过刻章有很大关系。

刻章与雕刻虽然不是一回事,细节上有很大不同,但技艺上有类似之处。叶守魁在读小学的时候已经在父亲那里学会了刻章。父亲教他怎么写字,木头怎么刻,石头怎么刻,牛角又怎么刻,不同的材质,细节上都一一给他讲清楚。刻章有不同的材质,硬度也不一样,现在学工业雕刻,虽然材质都是金属,但硬度也不一样,这一点,刻章与雕刻还是有相通之处的。叶守魁学会了刻章的基本功,在学雕刻的基本功时就能触类旁通。叶守魁说:"刻章不是一件非常难的事情。但字要刻得好,也得苦练。如果要让自己觉得对模具的零件雕刻得满意,那就更难了。"

叶守魁至今还清楚地记得师傅高伯乐说过的话:"工业雕刻一定要学会浮雕,特别是要雕好立体的人物,就要清楚人物的形体长相。"比如说要雕刻关羽这个历史人物,高伯乐要徒弟看《三国演义》,要知道关羽是一个身高九尺,长脸,体态魁梧的汉子,雕刻前要在脑子里有人物形象。

"最好的师傅,白天教徒弟学手艺,晚上给徒弟讲故事。"高伯乐曾对叶守魁说过这句话。

叶守魁虽然满师了,但高伯乐告诉徒弟,在雕刻这一行要做得好,做得精,需要不断磨砺,不断积累,要用追求艺术的心态,去雕刻每一个细节。

做学徒的那一年,叶守魁为了掌握基本功,在细节上做得更好,宁可多花几天时间,甚至十几天,学会怎么去磨平。哪怕是很平常的一个细节,叶守魁也舍得花时间去做好,尽自己最大的努力做到最好。"这个东西我自己觉得做得很漂亮,心里才会感到欣慰。"叶守魁很听从师傅的话,并牢记在心里,认认真真地落实到每一个雕刻的细节中。

雕刻要雕得好，往往体现在刀法运用上。叶守魁学的虽然是工业雕刻，但工业雕刻同样需要熟练掌握刀法的运用。"三百六十行，行行出状元"，可状元没那么好当的，不花功夫，肯定做不了状元。要成为雕刻大师，需要下苦功学好刀法。刀法是雕刻家用来体现自己创作构思的技术手法，对工业雕刻来说，也是形象地揭示技术水平的手段。运刀的转折、顿挫、凹凸、起伏，充分体现了一个雕刻师的技术水平。刀法好比书法和绘画中的笔触，工业雕刻虽然不像艺术雕刻那样追求艺术效果，但技术上的要求往往超过艺术雕刻。工业雕刻重在技术要求，有时甚至不能差之毫厘，这是搞艺术雕刻的人所体会不到的。

雕刻的刀法实在多，使用的刀具也实在多。要配齐这些刀具也是一件费脑筋的事。因为这些刀具当时在市面上买不到，只能靠自己打造。那时，叶守魁不会做这种刀具，还是他父亲做好的。为了让儿子在雕刻上成就自己，叶世安翻阅资料，选购材料，然后精心打造出了儿子学雕刻所需要的各类刀具。

师傅的精心教导，父亲的监督协助，叶守魁不算长的拜师学艺之路走完了，若干年后，慈溪、浙江乃至中国，又诞生了一个雕刻大师。他的成功不仅取决于个人和家庭的因素，在某种程度上离不开中国象棋这个媒介。两个中国象棋高手成就了一个中国雕刻大师。

踏上社会

叶守魁学雕刻之前已经学会了做木匠，那是他高中辍学后的事。叶守魁拜师学雕刻，是听从了父亲的安排。开始学雕刻的那一年，刚好是"文革"结束的那一年。说起这事，叶守魁至今仍记得清清楚楚。他说，父亲当着两个儿子的面说，现在社会只有有了本领，才能生存，一定要学到本领，才能在社会上立足。

叶守魁是大儿子，理应"男大当家"，以后如果有了读书机会，也只能让给弟弟了。

"我学会雕刻的那一年,刚好中国开始改革开放,工业建设出现前所未有的发展势头。我爸要求我学工业技术,但具体学什么呢？那个时代,大量的产品都离不开模具,而制作模具需要雕刻技术。那时,我也不知道学什么好,我也知道爸很会动脑筋,对爸提出的想法没有意见。我觉得爸的思维是准确的。"叶守魁回忆着当时父亲对他说起的事。

高一辍学的那一年,叶守魁才17岁,论周岁才15岁,还不到"上山下乡"的年龄。就在那一年,他不经意间对木匠产生了兴趣。

"我家隔壁是做木桶的,是一个林业社。我学了2个星期就会做桶了,学木匠学了两三个月。"叶守魁说,当时的生活环境使他学会了这个手工活。

叶家隔壁的林业社有一个师傅,带了几个徒弟,每天在做各种各样的木桶,叶守魁看着看着,觉得好奇,就对这位师傅说："做这样的桶不难,让我来做做看可以吗？"那个时候,做木桶的虽然离不开木工活,但不叫木匠,而是叫圆桶师傅。叶守魁一空闲,就去看他们做桶,林业社的圆桶师傅知道他家就在隔壁,看他年纪轻轻,说话口气倒不小,虽然这个活比起木匠的活要简单,但要做好也不那么容易。

圆桶师傅不相信他能做好,但同意让他试试。

做一个木桶所需的材料都已经加工好了,有三堆木板放在一起,让叶守魁拼成一个木桶。看着这一堆材料,叶守魁没急着做,而是开始拿起笔和纸算了起来,对每一块木板的尺寸做了计算。叶守魁读书的时候就习惯钻研数字,木桶是圆形的,完全可以通过"π"计算出每一块木板的弧度是多少,结果他发现其中一块板的尺寸小了。

圆桶师傅听他这么一说,知道眼前这个小伙子聪明,爱动脑筋,于是一本正经地对叶守魁说："你是对的,我们对木料加工的时候只是一个大概的尺寸,只要拼拢就行了,没有像你这样精确计算。"

得到师傅的肯定,叶守魁来了兴趣,说："你的帮手有活,我来帮你做做看好吗？"师傅高兴地答应了。此后一个礼拜,叶守魁不要工钱地做起了木桶,其中当然离不开圆桶师傅的教导,叶守魁也把圆桶师傅看成自己的师傅,师傅也乐意收他为徒。师傅看他做成的一个个大小不一的木桶,连连称赞做得好,对着正在干活的几个徒弟说:"你们来看看,你们学了半年了,还比不上他刚学的。"

圆桶师傅对这个聪明小伙青睐有加,开始教他哪里要紧一点,怎么处理细节。第二个礼拜,叶守魁越做越快,做了很多木桶,而且都做得很好。圆桶师傅刮目相看了,对正在干活的三个徒弟说:"他能做成这样,你们能做到这样吗?"就这样,半个月以后,圆桶师傅对叶守魁说:"你不用再来做了。如果你想赚钱,自己搞一套工具就可以了。你水平已经比他们高了。"半个月时间,圆桶师傅很意外地带出了一个徒弟。

叶守魁之所以技术提高这么快,原因很简单,除了心细,就是会计算,材料尺寸算得准,拼起来就容易了。

圆桶的技术与木匠相比容易得多,但木匠的活,同样难不倒叶守魁。他有一个姑夫是当地有名的木匠,他做活的时候,叶守魁喜欢在旁边看,没多长时间就开始学着做,很快学会了木匠的技术,当然这也离不开姑夫手把手的教导。

叶守魁学什么会什么,而且还比一般的人学得快。他很看重血缘关系,他的父亲叶世安学一项钻一项,难道真应验了一句俗语"有其父必有其子"?父亲的优良基因传到了儿子身上。

"他带了两三年的徒弟都没有我做得好,姑夫对我说,技术学得这么快,还是去学模具好,模具比木匠的技术含量要高得多。"叶守魁说起往事,还笑呵呵的,很自信。

此后一两年,叶守魁真的做起了木匠。那个时候,做大的家具,一般到人家家里去做,比如箱橱、床柜之类的东西。那时候做木匠活,不用一枚铁钉,做得好的老师傅被尊称为样子木匠,做出来的家具严丝合缝。叶守魁至今还没有忘记做一天工钱是1.64元,小的东西就在家门口做。他说,做木匠虽然时间不长,大概一年多时间,但相比赚工资的,赚的钱还不算少。

那个时候,圆桶师傅已经留意叶守魁这个小伙子,有意做红娘,把他姑姑的女儿介绍给叶守魁,后来两个人真的见了一面,只可惜叶守魁没眼缘,但又不好直接回绝,只能对师傅说,父亲要我24岁以后才能找对象,现在太早了,家里不会同意。虽然当时没做成亲戚,但后来叶守魁与这个圈桶师傅真的结上了亲。不为别的,因为他是叶守魁的夫人余云菊的亲伯伯余文淼,叶守魁人生之路上第一个师傅的一次无意的安排,让叶守魁与余云菊彼此之间认识了。此是后话。

至于叶守魁后来为何选择学雕刻,与学木工也有一点关系。做木匠的姑夫见到叶守魁父亲的时候,说起他学木工学得快,很有天赋,应该让他去学模具。叶世安知道儿子这一情况后,考虑再三,还是决定应该从基础学起,先学雕刻。那个时候雕刻与模具没分得像现在这样清楚,但叶世安习惯做一件事之前,首先要弄明白其中的门道,会去看相关书籍,了解相关知识。

叶世安告诉儿子,做任何事情必须从基础学起,做模具也一样,学会了雕刻,以后做模具就会得心应手。

"我父亲看事情有远见,当时给我选择的路是非常正确的。"叶守魁谈起父亲,从表情和语气上往往会很自然地流露出敬佩之情。不论当时还是现在,做模具的人会雕刻的很少。叶守魁学会雕刻技术,为他日后创业成功打下了必不可少的扎实基础。

第五篇　匠心智造

中华民族工匠技艺的传承已有几千年的历史,时至当下,工匠精神依然没有褪色。作为一个工匠,追求的就是完美,工业雕刻也要与艺术雕刻一样,把每一个产品看成艺术作品,对每一个细节进行精雕细刻,这正是当今大力提倡的工匠精神的生动体现。

工匠精神

中华民族自古就有"匠文化"传统,"技进乎道"的文化源远流长,工匠技艺世代相传已有几千年历史。叶守魁的雕刻师傅高伯乐传承了上辈的手艺,如今终于收了第一个徒弟,雕刻技艺又往下传承了一代人。

跟着师傅学了近2年的雕刻技术,叶守魁终于可以回家自立门户了。当年,爷爷曾在新浦老街的2间街面房创办了"叶大兴"水产行,事过30年,也就是1979年,孙子在祖传下来的靠东边的其中一间街面房开起了雕刻社。爷爷创办的"叶大兴"的牌匾没有了,30年后新添了"锦云轩"这个牌子。叶世安的书法在当地名气比较大,但为了更能显示气势,他请了比自己的书法还好的一位书法家写下了有"锦云轩"这三个大字的帖子。这位书法家是父亲的好友，有了这个帖子，父亲再在街面房的屋檐下描写上去。往门楣上一看，三个大字潇洒大气，笔锋犀利，十分醒目。父亲为儿子的雕刻社取这个名称，着实经过了一番思考。"锦"字，含襄邑织文之意，泛指具有多种彩色花纹的丝织物。锦的生产工艺要求高，织造难度大，属古代最贵重的织物。"锦，金也，作之用功重，其价如金。"古人把锦看成和黄金等价。叶世安要儿子牢记"锦"字的深刻含意，要求儿子在雕刻这一行也要钻研，要像"锦"一样，以最高境界作为自己的追求目标，精益求精。叶守魁自然知道父亲的用意。

任何品牌都是靠品质打造出来的，没有品质就没有品牌。叶守魁跟师傅学雕刻那两年，学到了扎实的雕刻技艺，这既与师傅的技艺高超有关，也与他自己的刻苦磨砺有关，也许还存在着遗传基因的因素。听戚领吾说："我的姑夫脑筋灵活，做生意很会钻研，是创慈溪外运之先河的人。要不是遭遇两次大劫难，早就发大财了。"戚领吾的姑夫就是叶守魁的爷爷，而叶守魁的父亲也是传承了上一辈的优良基因，大学毕业后无论做医生，还是养蜂、养兔，都酷爱钻研。叶世安眼看儿子开起了雕刻社，就要求儿子也像长辈一样，做一项钻一项，要么不做，要做就要做到最好。

叶守魁也确实没有辜负父亲的期望，"锦云轩"自从开张以后，没到一年，首先在慈溪一带打出了名声。此后，慈溪之外的地方也有人慕名而来请他雕刻。叶守魁说，有时候忙都忙不过来。有一天，余姚来人请叶守魁帮忙解决模具上的雕刻难题，来的人说："我在周边找不到师傅解决问题，只能跑到慈溪的'锦云轩'来碰碰运气了。"当然，叶守魁没有让余姚的模具师傅失望。

"我做的东西比人家贵。人家一天能做好的东西，我也许要花两天做好。我追求的不是速度，是品质。无论雕刻什么，自己满意，才会把货交出去，这样心里才会觉得高兴。"

戚领吾也曾提到过这样的事："魁魁雕刻交关好，人家800元，他说1000元就是1000元，没有讨价还价，说好是20天，人家说是否15天，就不行,一口价,不赶工期,但品质绝对可以保证。"

遇见叶守魁父亲的时候,戚领吾会把在外界听到的事情说出来:"大哥,人家说你们'锦云轩'的生意做得欠灵活,现在是市场经济啊!"

"精雕,很少有人会做,你可能不晓得具体情况。"叶世安清楚做精工细雕的活,是不能赶时间的,要实打实地从细节上做到最好。"锦云轩"的响亮品牌就是这样打造出来的。

2016年,李克强总理在政府工作报告中首次以国家的层面正式提出"工匠精神"。中国经过40年的改革开放,已经跨入了新时代,中国要继续向更高的目标迈进,弘扬工匠精神已经被提到新的高度。

其实,叶守魁自从跟高伯乐学雕刻起,就已经慢慢体会到了什么是工匠精神,那是40年前的事了。

"师傅曾对我说过,你雕刻得再好,也不过是一个匠,追求的是一丝不苟。工业和商业可以快速发财,但我们只是一个匠,追求的是艺术。"叶守魁虽然学的是工业雕刻,但师傅的教导是,工业雕刻同样要追求艺术品质。他没有随着年轮的转动而遗忘师傅的教导,反而对工匠精神的感悟越来越深。

"现在中国提倡大国工匠精神,让我看到了希望。"叶守魁说出这句话的时候,语气甚为激动而坚定,他现在虽然开创了自己的事业,做了企业家,但深知自己仍然是一名雕刻工匠。如今国家提倡工匠精神,开创新时代,叶守魁作为工匠的一员,从内心深处激发出这么一句朴实的话。从面部表情和说话的语气上可以感悟到,叶守魁此时的心情不平静。

有人给叶守魁取了一个外号,叫"万能铣床",机器做不了的,他都能做。叶守魁经过多年的磨砺,技艺不断长进,如今让他刻一条2米长的直线,公差不会超过2根头发的粗细。当然,一条直线现在机器可以代替人做,然而不管科技怎么发达,有的雕刻是机器永远无法做到的。

"现在电脑打出来的字很工整,在雕刻工匠的眼里,电脑打出来的字是有缺陷的。比如说,'宁波'两个字,'宁'字笔画少,电脑打出来,'宁'字会显得比'波'字小,人工雕刻的时候,就要考虑到这一点。怎样去弥补这一缺陷？在刻'宁'字的时候，就要稍稍地把'宁'字刻得比'波'字大一点点，以弥补视觉上的差异。这个尺度上的把握，雕刻师就得凭经验了。繁体字同样也存在这种情况。"叶守魁谈到人与机器的时候打了一个比方。

叶守魁说着说着，拿出来一张纸，在纸上画了一个"十"字，他用笔指着这个"十"字说："一横一直都是直线，就会显得单调，如果在交叉点上刻成圆角，看上去会觉得这个'十'字凝重一些。别看增加几个小小的圆角，工作量会增加一倍还不止。我做雕刻，追求的就是完美。雕刻好了，还要打磨，以保证平整度，也很花费时间。"

叶守魁雕刻学得这么好，也许有天赋，但更重要的是人为因素。用叶守魁的话说，那是非常简单的一句话："师傅教得厉害，我学得厉害。"

叶守魁学过刻章，学过做木匠，也学过做模具，他自认为雕刻学得最到位。

"师傅是一个很真诚的人。他曾对我说，每做成一个雕刻作品，首先得到的不是金钱，而是艺术的成功，艺术的追求。并不是这个雕刻赚了多少钱就高兴，雕得不太好，钱赚到了，心里会不舒服。如果雕得很成功，心里才会觉得开心。"叶守魁说，"这就是追求艺术的快乐。我首先追求的是艺术。"

"现在机器能做出来，但手工雕刻还能精益求精，我们的工匠精神没有退化。美国人不相信一些中国的企业，但对我还是相信的，因为我从不偷工减料。"叶守魁对自己的为人处世还是充满自信的。

随着科技的发展，机器已经能代替人做很多事，但仍有很多雕刻上的细节是机器无法替代人工的。叶守魁不仅从高伯乐师傅身上学到了高超的雕刻技术，还懂得了怎样去看待这门艺术，怎样去领悟"匠"这个字的深刻含意。

中国改革开放之后，市场上出现了台式电脑。叶守魁说："那个时候，做电脑键盘的模具也是需要雕刻的，机器做不了。电脑是引进日本的，我就得学日语的音标是怎么写的。雕刻要雕得好，需要不断地学习。

这些键盘上的字面是凹进去的,而且要刻得很平,只能靠人工刻出来。在慈溪,只有师傅和我能刻。"叶守魁说,雕刻追求的是完美,要在实践中不断提高自己,要不停地磨砺,不停地充实自己。

同行知道"锦云轩"有不少专业书,时常会有人来借书。既是同行,肯定会有往来,叶守魁不好意思不借,借了又怕书借没了。叶世安在每本书的页面外侧用毛笔写了"锦云轩"三个字,这样人家借了书,就不会忘了还书。

叶守魁为了让自己的浮雕技术更精湛,收集了很多资料。学浮雕,叶守魁前面提到的银元就是一个代表,为此,他收藏了一套中国历朝以来所有银元的图片资料,仔细研究从古至今的浮雕艺术。

叶守魁还清楚记得雕刻十二生肖纽扣模具。那是在1980年前后,生肖纽扣很流行,模具雕刻采用的都是浮雕工艺,包括图案上的纹理也是用手工雕出来的。别看一个小小的纽扣,里面雕刻的细节多着呢。

这里还得提一提他学木匠的事。学木匠虽然与他的雕刻没有关系,却对他今后开创事业起着不可或缺的作用。因为叶守魁找到了一位贤内助,与他一起吃苦,把一个小小的家庭作坊,发展成如今颇具规模的创新技术型生产企业。此是后话。

既然提到了学木匠,在此也不妨再说说叶守魁遇到的木匠师傅。其实这个师傅不能叫木匠师傅,按当地习惯称为圆桶师傅或木工师傅。叶守魁说起这个师傅,还笑着说起了师傅不想让他做木工的趣事。

叶守魁一开始学木工,具体是做各种各样的木桶,结果学得很快,只做了一个礼拜下手,就学会怎么做了。读中学的时候,他喜欢钻研数学,初中2年数学成绩一直是年级第一,现在学做木桶居然能通过计算,把木桶做得严丝合缝。

"我会算,通过'π'计算每一块木板的弧度,学了3个礼拜,做出来比学了2年的人还好。自己用的也做一点,当时做的锅盖,到现在还没坏。"叶守魁谈起学木工的事,重视的还是品质,不是速度。毕竟人不是神仙,既然要精工细作,自然要多花工夫,就像雕刻一样。难怪圆桶师傅让他不要做木匠了:"我们一天做好了,你还要修正,你这样做,还怎么赚钱?你干脆不要做木桶了,还是去做模具吧。"可叶守魁当时是这样想的:只要自己认为还可以做得更好,就得再花一点时间。圈桶师傅想到的是赚钱,而徒弟心里想的是能否做得更满意。

当今,工匠已经淡出现代人的生活,木匠、瓦匠、铁匠、石匠、鞋匠这些手工匠不再是社会上引人关注的"一族",但工匠所代表的精湛技艺、专注敬业、推陈出新的精神是不会过时的。正像叶守魁所说的:"工匠精神没有退化。"

不论科技如何高速发展,广大劳动者身上的工匠精神都是必不可少的"软件",缺少软件支撑的硬件,犹如断弦之弓。如今,工匠精神重新被国家唤起,工匠精神在中国的新时代被赋予了新的含意。

习近平总书记曾经提出"推动中国制造向中国创造转变,中国速度向中国质量转变,中国产品向中国品牌转变",在这些转变中,工匠精神绝对不能少。工匠精神拥有强大的创造力,推动着人类社会向着更高的层次挺进。

如今广泛提倡"匠心智造",所谓匠心,就是工匠用智慧打造品牌的精神力量,这些不仅包含着智慧,还包含着一颗孜孜以求、一丝不苟追求完美的心。匠心独运,所要追求的就是至高无上的境界。叶守魁是一名技术高超的雕刻工匠,从他的一言一行中,我们看到,他心里想的具体做的也正是这样的。

开办工厂

所谓雕刻,通常来说是雕、刻、塑三种创制方法的总称,人们常见的雕刻是在木、石、骨之上,金属上刻镂较为少见。

北魏郦道元《水经注·湍水》中有这样一句话:"说者言,初开金银铜锡之器,朱漆雕刻之饰烂然。"雕刻之功用,就是为物件装饰,让物件显得更加美观、高雅。南朝梁刘孝标《广绝交论》中也有关于雕刻的论述:"雕刻百工,炉锤万物。"说明古时候,雕刻的应用已经相当广泛。古代的雕刻往往与艺术品关联,而现代的雕刻不仅与艺术品相关,随着现代科技的发展,雕刻较早应用到工业生产之中。于是雕刻很自然地区分为艺术雕刻和工业雕刻。

叶守魁拜师高伯乐,所学的雕刻技法,注重的是工业雕刻技法。叶守魁说到师傅,印象最深的是师傅不但讲究技术,更讲究艺术。高伯乐不止一次对徒弟说,雕刻师首先要知道自己是一个工匠,作为一个匠,就要懂得追求,那就是追求完美,不仅要追求技术的完美,更要懂得追求艺术的完美。叶守魁深深地感悟到,这一点就是师傅与众不同的地方。如果说师傅与他人有什么不同,那就是艺术理念不同,师傅的教导徒弟牢记在心里,所以叶守魁至今还对40年前学雕刻留存深刻的印象,用叶守魁的话说,就是"师傅教得厉害,我学得厉害"。这句话听上去太平淡了,其实蕴藏着太多太多的内容。想当初,叶守魁为了尽快掌握雕刻技法,在斗室里埋头磨砺,不知晨昏,也不知春夏秋冬的冷暖。

说到工业雕刻与艺术雕刻的不同,叶守魁脱口而出:"工业雕刻有严格的尺寸要求,达不到要求就是不合格,技术上比艺术雕刻要求高得多。"叶守魁刚学雕刻时认为,铁这么硬怎么雕啊,这与家里帮父亲刻章可不是一回事。叶世安对儿子说:"铁是很硬,但铁也能雕刻,不同的铁硬度也不同,如果刻刀比铁硬得多,铁上雕刻就不成问题,这就是硬度差异的关系。"

艺术雕刻以美观为主,工业雕刻只要达到技术要求就行,是否可以不讲究艺术效果?提到这个问题,叶守魁立即做出了否定,这也与他师傅对他的教导有关。师傅说过,工业雕刻要做得好,首先要把每一个雕刻品当成一个艺术品去对待,自己不满意不可交货,不能让自己作品留下遗憾。虽然是工业雕刻,但叶守魁始终不放弃对艺术效果的追求,以艺术雕刻的手法,来追求工业雕刻的效果,花的功夫要比一般的工业雕刻多得多。他把每一次的工业雕刻业务都看成一个作品的创作,雕好后,用蜡浇出来,看哪个细节还有瑕疵,需要修改。有时,一个细节的修改会花上一周的时间。

"雕刻动物最讲究艺术效果。比如雕一个鹤,我会请美术老师指点。这位老师是我爸的好友,中央美术学院毕业的,我认识以后,他就成为我雕动物的指导老师,会耐心地给我讲解,哪个地方还能修改,动感怎样表现。"叶守魁指着照片侃侃而谈,这位老师让他受益匪浅。

无论是雕刻师傅还是美术老师,前辈的教导,牢记于心,时至今日,叶守魁还严守着追求细节完美的习惯。

叶守魁记得那时有一个客户上门,要他刻一排字,看了整体布局,他觉得还可以做得更好,就提出了建议。他说,刻字要讲究重心,要与整个图案的布局协调,要考虑直观的效果,如果采用"缺角圆法",效果可能会更好。当然,在雕刻上客户没法与雕刻师比,之所以会找上门来,也是听了人家传说,叶家雕刻靠得住,技术过硬。既然雕刻师提出了改进意见,客户往往是很乐意采纳的。叶守魁为客户不厌其烦地说出自己的观点,为的就是追求艺术的完美。从学雕刻起,叶守魁读了不少的书,向客户提出的"缺角圆法"也是从书上看来的,是一位很有名望的雕刻家说的。

叶守魁学雕刻是在"上山下乡"的时候学的,他是一个不称职的知青,当时一个农民师傅带三个知青徒弟,人家一年能拿到2000个工分,而他一年下来只有390个工分。当然,农忙季节叶守魁都是参加劳动的。下乡的那几年,他把绝大部分时间都花到了学技艺上,有时一天花在雕刻上的时间有12个小时。

"我学雕刻时有两个小锤,柄都是用竹片做的。这样敲下去,力度更容易控制。学了一年不到,基本学会了,可以接活了,接着又跟着师傅学了一年,让自己的技术更加纯熟。师傅忙不过来的时候,往往会把一些业务让我来做。"叶守魁说,"跟着师傅学了近两年,师傅同意我单干了,回家后仍在惦记着我,关心着我。比如开发票的事。"

那是改革开放初期,叶守魁已经在做模具了,一个月里,他花在雕刻上的时间已减少到10多天,按当时的规定,开票不能超过120元。"记得那是1980—1981年,其实我一个月能做500元。名气大了,生意好了。

超过部分,都是跟客户讲好,要我做可以,但不开发票。师傅跟我说,票开得多,可能以后会遇麻烦,人家每个月工资才36元,你120元还不够啊。"叶守魁虽然已经单干了,但师傅一直在默默地关心着他。有一句俗话是"一日为师,终身为父"。师傅说的话,作为徒弟还是很听从的。

那个时候,叶守魁还帮新浦镇的农具厂免费做模具。后来,他做模具做出了名气,生意越来越好。叶守魁心里当然很清楚,生意会这么好,是因为师傅的雕刻技术教得好,自己学技术学得好。有了扎实的雕刻基本功,何愁做不好模具。有时,模具来不及做,要叫别人帮忙。但交货要及时,失约是影响信誉的。那时,叶世安对儿子说,做生意一定要讲信誉,来不及做,出钱叫人来帮忙。父亲要求他,该什么时候交货,就什么时候交货,哪怕晚上不睡觉也要赶出来,一定要讲究信誉,交货一定要及时。然而,老是临时叫人家帮忙,也不是长久之计,有点难为情,要做另外打算。那个时候他还没成立工厂,是1982年到1984年之间。但为了能保质保量地完成模具制造业务,他还是出钱聘请了一个模具师傅。

就在那个时候,叶守魁遇到了一个好气又好笑的事。有一个客户来叶家,说他要做一个圆盘,盘子上要刻一些字,但听了报价太高,立马就走了。过了一段时间,这个客户又来了,说字没刻好,请求叶守魁帮忙修一修。

"可以,按要求把字修好,180元。"叶守魁知道是回头客,虽然心里有看法,但也没有为难他。

"我做雕刻才花了240元,你修一下字要180元,这么贵啊!"客户感到惊讶。

"那你不做算了。"叶守魁淡淡地作答。

叶守魁心里知道,圆盘上一圈的字,一格一格的,有20来个,很难刻,是凸出来的,这些字没刻好,怪要怪技术要求太高,现在如果他不修,附近没人能接这个活。他的师傅忙都忙不过来,肯定不会接修字的活。

此时,旁边刚好是上次他来时遇见的那个邻居,说出来的话也许很气人:"你原来说这里贵不来做,现在拿来要求修,180元算是便宜了。

如果我是老板,偏不给你做。"旁人一听就知道这是赌气话。

客户觉得实在没办法,只好退一步:"不说了,不说了,你还是给我做吧。"

和气生财,叶守魁倒是不计较,但有一个要求:先付钱。就当时来说,这180元也不是小钱,相当于普通工人5个月的工资。可见,技术好,钱真得容易赚。说起此事,叶守魁至今仍觉得很搞笑,先有气后开心,毕竟一下子能赚这么多钱。

叶守魁靠自己的刻苦磨砺,雕刻技术提升很快。当然,这也离不开他善于钻研的秉性。雕刻能赚钱,但此时他觉得做模具更来钱,于是,他产生了开实体厂的冲动。他跟父亲说,自己打算开一家模具厂。父亲得知他有这个打算,心里自然很高兴,觉得他在向更高的层次去努力,这是家里的一件大好事。于是,叶世安心甘情愿地为儿子当起了采购经理,跑到上海,买了车床、铣床、刨床、磨床,为儿子扩大模具业务做好了应有的准备。当时,为了省钱,买来的所有设备都是二手货。

1984年,慈溪新浦镇又多了一个制造厂——新浦锦艺模具制造厂,祖传下来的2间房,成了当时的厂房,就是当时叶守魁的爷爷开"叶大兴"水产行的一部分房子。

高校深造

古代伟大的思想家、教育家,儒家学派的代表人物孟子曰:"君子深造之以道,欲其自得之也。自得之,则居之安;居之安,则资之深;资之深,则取之左右逢其原。"

倘若一个人走在人生的分岔路口,前面有两条路:一条是一眼望去就看得到尽头,另一条是深不可测却在遥远处闪着一点光芒。面对这两条路,有理想的人肯定会选择走闪着光芒的那条。道理很简单,因为那条路有盼头,哪怕路上充满着风险。

《素书》里有一句话富有哲理:"君子当潜居抱道,以待其时。"当一个人有了追求理想的才能，却没有实现的机会时，就"潜居抱道"，但这种"潜居抱道"并不是原地踏步，无所事事，而是要不断充实自己，积累经验，提升自己能力，如此才能厚积薄发。不少成功的企业家都有这样的人生经历。创业成功不是偶然的，需要企业家平时的积累。20世纪80年代的叶守魁，正处于"潜居抱道"的阶段。

叶守魁清楚地知道，自己不能光吃老本混日子，必须要有更高的奋斗目标。自己现在是一个工匠了，凭现在的本事过日子是没问题的，但这不是叶守魁想要的，他要求自己今后要超越师傅，达到青出于蓝胜于蓝的水平。

有一天，叶守魁听到姑妈的儿子准备报考电大，进入高校深造。那时，他每天忙于做模具，当时又没有电话，更不要说网络了，信息闭塞，一听到国家开办电大，不禁动了心思。过去的几年，他失去了读书的机会，现在机会来了，他再也不能放弃了。1982年，叶守魁决定报名参加北京电大的远程教育，一边学理论，一边把学到的知识应用到模具制造上。叶世安得知儿子有这么个愿望，非常赞成。

叶守魁说起电大的事时，还以为自己是电大的第一批学生。其实不是，这是因为信息闭塞，也与他平时忙于做模具有关系。

1976年10月，历时10年的"文化大革命"宣告结束。百业待兴，关键在于人才。国民经济发展要走上正道，首先要解决的一个最关键的问题就是人才问题。

1977年，刚刚复出的邓小平自告奋勇分管科技和教育工作。为了解决人才问题，他建议立即恢复高考制度，加速培养人才。于是，停止了10年的高考招生制度重新启动（这不包括张铁生参加的"文革"时期唯一的一次高考）。当年，570万考生报名高考，由于高校太少，招生规模受到极大限制，最后只招收了27万余人。数以百万计渴望接受高等教育的年轻人被挡在了大学门外。

1977年底，邓小平会见来华访问的英国前首相爱德华·希斯，对希斯介绍的英国利用现代化手段举办开放大学，让更多人可以上大学的经验大感兴趣,并表示中国也要利用电视手段来加快教育事业的发展。之后,中央相关部门根据邓小平的有关指示精神,迅速成立专门领导小组,着手筹办广播电视大学。由于邓小平的大力倡导和推动,广播电视大学筹办工作进展神速。1979年1月,国务院正式下发文件指出,"举办广播电视大学,是我国高等教育事业发展中的新事物,对于扩大高等教育的规模,提高广大群众的科学文化水平,加速培养大量又红又专的人才,将会起重大作用",并要求各省、市、自治区和中央有关部门"大力支持广播电视大学的筹办工作,切实解决工作中的问题,注意总结经验,努力把广播电视大学办好"。1979年2月6日,经过一年多的高效筹办,中央广播电视大学和28所省级广播电视大学同时宣告成立。是日,标志着打破常规,从无到有,充满创新精神的广播电视大学横空出世,面向在职人员大力发展高等学历教育,促进高等教育招生规模的扩大,解决因10年"文革"耽搁、积压的数以千万计的青年上大学,以及各类人才青黄不接的问题。历史证明,邓小平倡导、创立广播电视大学的决策是英明正确的,是我国高等教育发展史上的一个伟大创造;广播电视大学为中国的经济建设和社会发展培养了大批专门人才,为广大求学者提供了更多接受高等教育的机会,为广大劳动者素质和能力的提高等做出了巨大贡献。

邓小平的创举,给了叶守魁去高校深造的机会。就在1982年,他报考了北京电大机械制造专业。3年来,叶守魁边接受远程教育,边开发模具,夜以继日地工作与学习,日子过得既充实,又忙碌。回过头来看,当年选择电大学习,真的选对了路。"学了理论知识,对我来说真的帮助很大。"叶守魁说话不带修饰,对自己当年的选择感到十分自豪。

"学之前,选模具材料不太注重标准,学了之后,懂得了怎样选材料,看图纸也学会了。有一年,天津做消防机械的一个厂家,拿来一沓厚厚的图纸……"说到这里,叶守魁用手示意了一下,大概10厘米厚,然后接着说,"我只用半个小时,就看完了,还从中挑出了一张画反了的图纸。学过跟没学过,大不一样,现在看图纸非常敏感。"

叶守魁谈起电大的事滔滔不绝。他说,他不光学会了看图纸,也掌握了很多材料的性能,什么材料有什么性能,用到什么地方,他都清楚。以前只知道几种常用材料的性能,现在知道了有的材料抗热性能强,耐磨的性能一般。那个时候,模具常碰到因材料使用不当,老是断的问题,自从学了材料性能的知识,他做的模具从来没发生过零件断裂的问题。客户碰到这类问题都会慕名到他那里去。比如38铬钼铝这一材料,当时慈溪没有人用,他是第一个。

叶守魁不仅懂得了材料性能,还学会了材料处理。"大的材料,我用45号钢做底板,我要求锻压,锻压以后,回火,硬度会在10度左右。那时候,没像现在这样要求高。锻打的时候,我发现有一个角的材料特别硬,知道这一角可能在处理过程中遇水了,知道怎样去回火处理。"叶守魁说的是专业上的事,但说得比较通俗,让不懂专业的人能听懂一个大概。

说起"21金维他"的事,叶守魁还记忆犹新。当时"21金维他"的广告铺天盖地,名气叫得很响。他的一个朋友在邻近村也是开模具厂的,接了这个厂家的业务,做一个包装瓶生产的模具,但要求生产瓶盖的模具是全自动的,朋友不会做,只能请叶守魁帮忙,由他来做模具。

"这就是读书的好处,那时候慈溪没人会做全自动模具,我是运用齿轮齿条的原理做出来的。"叶守魁说,那时候,做模具像他这样读远程教育的人很少,大都忙于赚钱。

叶守魁还谈起了杭州一家单位进口机器的事。进口机器是专门用来生产电熨斗的一个底板的,必须有热固性注塑模具配套,由于不知道哪家模具厂会做这样的模具,所以这家单位不敢盲目购买机器,当时这台机器的性能是世界一流的,全国正在使用的只有6台。于是,这家单位开始寻找模具厂,找来找去最后来到慈溪,找到叶守魁那里。当时,这类模具会做的人很少,有些模具师傅甚至连听都没听说过。他说,没有在电大学习,他也肯定不懂。后到上海试模,结果一次就成了。叶守魁再次说起读书真的太重要了,让他在专业上实现了腾飞。

叶守魁手工雕刻技术特别好,加上在电大学到的理论知识,结合做模具的实际经验,做模具的技术大幅度提高。

1990年许,叶守魁做模具的名气一直传到了北京。叶守魁说,当时社会上有一批不拿任何单位工资的供销员,可以说是专职的社会供销员,他们专门在全国各地跑业务赚钱,互相之间有信息共享。那时候,他的厂业务多,做模具的七八个人,一天就能做好一副模具,从做模具起至最后结束这个业务,做过的模具就有几千副,所以一传十,十传百,传到了北京。北京做水果榨汁机、日用品的不少厂家找上门来要他做模具,这些厂家看到他做的模具质量好,价格也公道,有了第一次生意之后,就与他挂上了关系。叶守魁记得清楚,天津的一个消防机械厂也找过他,做过生产设备上的模具,特别是河南郑州,在他这里做的模具那比天津多得多。叶守魁做过的模具实在是太多了,真不知道他的名气究竟是怎么传到北京的,但他自己认为,这与南京工学院(现更名为东南大学)也有关系。

叶守魁的弟弟有一个大学同学在那里工作,有时会与叶守魁联系。当年,生产厂家采用的聚乙烯材料都是从日本进口的,后来,南京工学院研究出了这种材料的生产工艺,因为这种材料模具上用得到,学校想通过模具厂推广这种材料。

自从去高校深造后,实践经验结合理论知识,叶守魁的技术进步很快,以突飞猛进来形容也不为过。到了20世纪90年代初期,不说在浙江,就算在中国,在模具这一行业中,他也已经占据了相当高的地位,担当着重要角色。大概是在1991年,连航空航天工业部都要请他去修模具。

叶守魁善于把学到的知识应用于实践,在创业的过程中,遇上难题总习惯于去翻阅相关书籍,一路走来,不知碰到过多少难题,也不知阅读了多少书籍。他早已养成了钻研难题的习惯,求知欲望很强。2004年9月,他报名参加了浙江大学的EMBA课程,读了2年高级管理人员的相关课程,通过理论学习,再次提升了自己管理企业的水平,这为他日后的创业打下了理论基础。

北京挽留

叶守魁通过多种渠道在北京打出了名气,航空航天工业部一研究所所长张大慕经人介绍,邀请他去车间修理一个不合格的模具。叶守魁记得那年儿子4岁,是1991年。

叶守魁至今还清楚记得,这是北京第五小学校长介绍的。北京五小是北京市的重点小学,地处现在的北京三环,校内有个校办厂,该厂与叶守魁有业务往来。校长知道叶守魁做模具水平很高,早就有意挽留他。有一次,学校请他做模具,试模后,感觉非常满意,很想挽留他,特意通过教育部门请来一个魔术师,教他变魔术,希望引起他的兴趣,能留他在北京做事,或是多留他在北京一段时间也好。叶守魁已经为这个学校做过几副模具,学校对他做的模具每次都非常满意。后来,只要是他做的模具,试模的环节都省了,可见学校对他无比信任。校长获悉航空航天工业部需要技术高超的模具师傅,就把叶守魁介绍了过去。

经过校长介绍,叶守魁认识了张大慕。在见面的时候,他还闹了一个笑话。张大慕递给叶守魁一张名片,上面写着"研究员"三个字。

"你怎么是研究员,不是工程师啊?"叶守魁觉得有点惊讶。他到底是小地方出来的,平时忙于业务,从来没接触过研究员,对研究员到底是什么角色不清楚。

"研究员比工程师厉害多了,职称与大学里的教授是一个档次的,研究员也可以搞工程研究的。"这时,张大慕也不好谦虚了,只能做一个简单解释。在交谈中,叶守魁得知,他曾发明过一个东西,叫心阀,在他研发这个东西之前,中国都是进口的。这个东西是调节人体的血液流量的。那时候,进口一个这样的心阀需要7000元,而他研发出来的只要3000元。这个东西要安装到心脏里,需要工具。而制作这类工具需要模具,现在请叶守魁来,就是为了解决模具上的问题。那时天津廊坊模具比较出名,制造这些工具的模具是廊坊做的,但做出来的模具老是有废边,模具精度不够,修也修不好。于是,北京第五小学的校长介绍叶守魁给航空航天工业部研究所帮个忙。

叶守魁由此来到了航空航天工业部的生产车间,因为研究所自己是没有车间的。一到现场,叶守魁仔细看了模具说:"这是小问题,能修好。"在别人眼里是一个难题,在叶守魁眼里成了小问题,区别在于叶守魁掌握了高超的雕刻技术。接下来,叶守魁埋头修了两三个小时就完工了,产品一试做,张大慕一看就非常高兴地喊了起来:"好了!"当即要给钱。有业务联系的校长介绍的,再说花的时间也不多,叶守魁怎么好意思要钱,赶紧说:"不要钱,不要钱。"

叶守魁说,这个模具要修理,其实与雕刻有关系,之前修不好是因为模具工基本功不够,他一看模具就知道哪里存在问题,模具的平面不平,做出来的产品怎么会好。也怪,那时候没有加工的先进设备,要修好完全靠手工。

"我做的模具放在玻璃上,水一点也不会进去,可以做到比玻璃还平。"叶守魁很自信地说。

大难题解决了,张大慕一脸喜气,非要请叶守魁吃饭不可。按约定时间,叶守魁来到了航空航天工业部所在地西直门外东高地。在大门口,他被站岗的解放军拦住,问他有没有介绍信或工作证。张大慕闻讯后赶紧到大门口来迎接,然后一起到食堂吃大餐。饭后,去了生产车间参观。

就这样,叶守魁在北京又多了一个朋友。后来,张大慕请叶守魁做了两三个模具,他在慈溪的厂里做好后寄到北京,张大慕非常满意。此时张大慕完全信任了叶守魁,邀请他去北京,把航空航天工业部的模具车间承包下来。叶守魁知道那里的车间设备齐全,但对一些规定有想法,比如说,晚上不能加班,实行8小时工作制,下班前半小时做卫生,要把设备擦得干干净净,一点杂质都不能有。叶守魁心里想,这样做模具的时间没多少,做模具做到一半要下班了,对他来说,接受不了。但仔细想了想后,叶守魁觉得这样的规定也容易解决,人多几个好了,加工设备这么多，干活就爽了。于是双方谈条件了，最后基本谈拢，承包车间8万元一年，所有的活交给他。那时叶守魁的老婆是支持的。就在准备去北京时，发生了一件事。"老婆与老妈从来不发生吵架的，为了小孩子的事情，我老婆赌气了。我儿子刚好5岁。我想想，事业重要，但总还是家庭重要。"

说好了的事不去了，从谈话中叶守魁感觉到张所长不开心，后来他们的联系慢慢地少了。但张所长遇到疑难的模具问题，还是会与他联系。

有一年，张大慕联系叶守魁，希望他接一个模具，叶守魁同意了。那时，叶守魁的一个朋友在北仑也有一家模具厂，他也了解这个朋友水平不错，完全能做好这个模具，再说朋友之前与他说过，他的模具业务不怎么好，请他介绍一些业务做做。叶守魁便把这次北京的业务转给了他做。可是没想到的是，半年过去了，模具还没做好。这个朋友原来是叫徒弟在做，后来他向叶守魁道歉了，决定自己做，3个月过去了，还是做不好。后来朋友对叶守魁说，模具没做，要把钱还给他。叶守魁对朋友是很真诚的，知道朋友已经尽力了，没做好也无可责备，朋友既然为了这套模具花了大量精力，钱就不用退了。

就在那时，北京催急了，叶守魁只得给北京道歉，答应由他来做。

"我真的不好意思再拖了。张所长看得起我让我做，结果拖了那么长时间。后来我答应亲自做，他终于开心了。"叶守魁对当时的情形还记忆犹新。

为了尽快做好这个模具，叶守魁跟老婆说，从现在开始你给我帮忙，每天晚上加班。于是，白天夜里夫妻两人忙开了。

"我一个人做，老婆做助手。这个模具非常复杂，我设计了2天，模具结构及加工细节都得考虑，每个环节怎么加工，才能达到精度要求。"叶守魁感到时间很紧迫，有时一个人用三台机床，他老婆专门磨光，要什么东西，老婆帮他拿。

叶守魁对穿着没什么讲究，很随便，如今做了董事长，看上去也是这个样,但对模板的清洁度要求却很高,老婆提过来的模板只要留有一个铁屑,他就会说上面怎么有铁屑呢。21 天过去了,这个模具完工了,连模具都安装好了。

朋友为何做不好这个模具,其实叶守魁心里清楚,凭技术朋友完全做得好,做不好的原因就是不擅长计算,一个弧线都算不准。

1990 年前后,叶守魁在北京的业务确实很多,有时一个月就要去北京两三趟,一年去十多次。北京模具协会邀请他加入,当时他认为加入协会没什么用。记得那次协会上门拜访,虽然叶守魁婉拒了协会,但对方还是很客气地送了他一本关于模具标准的书。

第六篇　和谐人生

美好的婚姻对一个创业者来说,是开创事业的助推剂。

家庭和睦是人生幸福的基石,虽然家庭里难免会出现不和谐的音符,但只要宽容理解,就会奏响美妙的乐章。

中华民族提倡尊老尽孝的传统美德,孝道要靠行动来体现,才会感染下一代的人,这样才能让传统美德传承下去。

圆桶姻缘

因内容相互关联,上一章节不得不提前说到了叶守魁婚后的事情。现在回过头来看一看他人生之中的重要一页,那就是他在创业期间如何听从父母安排,成家立业的故事。

叶守魁拜雕刻高手高伯乐为师,勤学苦练近2年满师,回家自立门户开办了"锦云轩"雕刻社。那年是1979年。在学雕刻之前,也就是说叶守魁在"上山下乡"做知青之前,跟着圆桶师傅学过木工,后又跟着姑夫学过木匠,他不仅学会了做木桶,也学会了做家具,还意外地结识了一个如花似玉的姑娘。更想不到的是,这个花样女子吃苦耐劳,伴随着他一路走来，从模具走向汽车零部件，从一个小小的家庭作坊，走向颇具规模的创新技术型生产企业，成了他创业的好帮手。她，就是叶守魁的结发妻子余云菊。

说起两人相识的过程，还真是有缘。余云菊的父亲有一个弟弟，是做木桶的，而叶守魁看着看着，对做木桶产生了兴趣，学起了做木桶，当时那个圈桶师傅就是余云菊的伯伯。木桶做着做着，他就拜圈桶师傅为木工师傅了。多一门手艺多一条赚钱的门路。叶守魁从小就是一个好强的人，学起手艺来也是很拼的，而且学起来很顶真，一是一，二是二，从来不偷工马虎，总喜欢钻研，就像他读中学的时候，总喜欢钻研数学上的难题。这个习惯，从他跟父亲学刻章开始，一直延续到跟着高伯乐学雕刻，早已成了他做事的习惯。

余云菊认识叶守魁是在伯伯家里。那是1981年，叶守魁还是一个地地道道的小伙子，年仅23岁，余云菊更小，高中刚刚毕业，正值花样年华，18岁姑娘一朵花，人见人爱。一个是朝气蓬勃的帅小伙，一个是如花似玉的大姑娘。这对帅哥靓女第一次相遇，说不上一见钟情，但彼此间都留下了好感。这也许就是世上所说的情缘吧。

"我家原来是大户人家，我爸有三个兄弟，房子前后有三排，每个兄弟一排房，做木桶的是我的小伯伯，他家离我家只有200米。慈溪人有一个习惯，每年正月初一是拜师傅的日子，小伯伯只有儿子没有女儿，徒弟看望师傅，请客需要帮手，就把我叫去了，那时我虽然不会做菜，但能帮小婶婶洗菜上菜，后一起吃饭，就这样认识了他。"余云菊说，两人相识不是特意安排的，纯属偶然。

两个年轻人相识，彼此之间还是颇有眼缘的，双方心里已经留下了好感。叶守魁留给余云菊的第一印象是不错的，用她自己的话说："印象蛮好的，很能干。"那时候，没有现在的通信工具，虽然两个人相识了，但如果想约个时间谈谈，靠的只能是两条腿。事实上，俊男靓女虽然相识了，但接触的时间不算多，他们从相识到结婚整整走过了5个年头。这5年中，两人除了在余云菊小伯伯家相聚之外，偶尔在晒谷场上一起观看露天电影,专门到电影院的次数很少。那个时候,特别是在城镇,浪漫的场所真的不多。过年过节的时候,叶守魁去师傅家拜访,这是两人难得相聚的机会。余云菊至今还记得,有一次去胜北镇五姐家时路上遇见过他。过去,两个人想见上一面真的不方便。

"我俩从相识到结婚,其实没有像模像样地谈过恋爱,只是彼此心里有对方。"余云菊说话很直爽,谈起自己并不浪漫的浪漫史,毫不隐瞒,喜欢直来直去。双方只是暗暗地关注着,叶守魁作为男子汉,肯定要主动一点,外露一点。

"我家有10个兄弟姐妹,3个哥哥,6个姐姐,我最小。四姐教我绣花。那时,四姐在桥头镇绣花厂。"余云菊说绣花是高中毕业之后的事。她学绣花不是用手工的,是用缝纫机,用机器绣花的速度比手工快得多。余云菊清楚记得,她跟着四姐学绣花,20多天后就会了。此后整整6年,她都在绣花做衣。

"后来,父亲朋友的女儿结婚,叫我去上海帮忙。"余云菊说,她到了上海,最要紧的一件事就是给新娘做婚礼上穿的衣服。可让她想不到的是,这次上海之行,一去就是整整2年。

余云菊四姐在桥头镇绣花厂做师傅,经常跑上海,那时绣花厂是上海一家大厂的外协生产单位,四姐因业务关系,在上海熟悉了不少人,小妹去上海的时候,与四姐的熟人都有交往。去上海的那年,是余云菊与叶守魁相识的第四个年头。没想到,余云菊在上海帮忙帮出了名气。新娘婚衣上的绣花这么好看,衣服又做得这么好,很多人打听是谁做的。于是有人委托新娘牵线,也要做这样的衣服。朋友的朋友介绍,同事的同事相传,余云菊手头上的活一下子多了起来,业余来帮忙,没想到真的成了"专业户",她开始专门帮朋友,以及朋友的朋友做起了嫁衣,有时忙都忙不过来。她还去过芦湾区的一个外国语学院裁缝店,给老师们做衣服。余云菊还记得这个学院在天主教堂旁边,是通过熟人介绍的,在那里差不多做了半年。日语、英语老师都争着与她交朋友,老师说,你给我做衣服,我教你外语。在上海一个家庭上门做衣服时,一个老婆婆称她为"摇钱树",说她衣服做得这么好,钱来得这么快。

如此一来,余云菊在上海一住就住了两年。这可急坏了暗恋着她的那个小伙子——不是别人,正是年轻气盛的叶守魁。那时谈恋爱,不像现在这么浪漫。叶守魁心里有余云菊,余云菊心里也有叶守魁,但毕竟两人没有明确关系。暗恋的滋味是煎熬的,这么长时间没见到心里的那个她,叶守魁不止一次地托熟人传话,请余云菊早点回来,见上一面。

那个年代,婚姻很大程度上取决于父母,特别是住在农村的人。当然,两个人也要对上眼才行。再说叶守魁是很听从自己父母的。"爷爷在父亲眼里是很有威望的,叫他什么时候结婚,父亲就会在什么时候结婚。"这是叶守魁的女儿叶阳之前谈到家庭的一些往事的时候说起过的。

"正式确认关系,是在我23岁那年的春节,3月份结婚。因为结婚的事,我从上海回来了。"

余云菊嫁到叶家似乎是高攀了。叶守魁的家虽然在农村,但户口属城镇户口,口粮由国家定量供应,不用愁没饭吃,而余云菊的户口在农村,按世俗的眼光看,属于乡下人。叶守魁说:"当时,我没有这样的想法。"毕竟,情人眼里出西施,更何况余云菊就是一个美女,不是西施胜似西施。如果论家庭经济条件,余云菊说不上高攀,两家可以说是门当户对。叶守魁的爷爷做生意出身,赚到过大钱,但也赔过大钱,除了养家糊口,没留下多少家底,算不上富裕人家。叶守魁的父亲搞过副业,同样除了让两个儿子长大成才,也没有给家里带来多少钱财,倒是叶守魁学会了手艺,赚了不少钱。总体来看,叶家只能算是一个普通的城镇家庭。还是余云菊的家庭来得殷实,只是她的家庭成分不好,属于富农,曾经属于被批斗的对象。

"我家有田有房,房子造得多,每幢排房中间有天井。本来富农家庭的子女是不允许读高中的,我上高中的时候,恰好遇上通过考试入学的机会,谁的成绩好,谁就能上高中。当时,逍林红星学校考进两个,我是其中之一。"余云菊不仅绣花绣得好,读书也很会读,是一个爱学能干的聪明女孩。

余云菊去上海的那一年,刚好是20岁出头,也是与叶守魁相识的第三个年头。那时,余云菊往前面一站,一看就是一个亭亭玉立的美丽姑娘,个子高挑,一双忽闪忽闪的大眼睛,笔挺的小鼻梁,两片薄薄的嘴唇。现今看到余云菊,她虽已过知天命之年,但仍能依稀看出当年的风韵。

"在上海的时候,有不少老外都想与我交朋友。"余云菊确实是一个很好交往的人,性格十分坦率。

往后看,这个小伙子还真是蛮有眼光的。日后,他成为富有成就的企业家,可少不了当时这位美丽姑娘的功劳。

昔日的圆桶师傅正坐在阿魁哥与师妹中间

直至当下,朋友聚会的时候,熟悉他俩的人仍会开玩笑说,你们俩怎么走在一起的? 意思是说余云菊怎么会看上叶守魁的。

叶守魁谈起当时对余云菊的印象,也很直率地说:"第一次遇到师妹的时候,就觉得她活泼、漂亮,聊得很开心。每到在晒谷场上放露天电影的时候,请他的一个表兄叫她一起看,我和她表兄是一起玩的哥们。"叶守魁第一次见到余云菊的时候,一时不知道叫她什么好,直呼其名觉得生疏又拗口,既然她是师傅家里的人,那干脆叫师妹来得亲近又顺口。他们俩虽然从相识到结婚走过了漫长的5年,但一起看电影总共只有几场,具体次数记不清了,但肯定不会超过10场。虽然他们一起聊天一起看电影次数不多,但每见一次,他们对彼此的印象就会加深一次,因为谈得来,彼此的好感也慢慢地在加深。有段时间,余云菊在上海,叶守魁也特别忙,两个人接触的时间算不上长。记得有一次去绍兴试模,余云菊是跟着去的。

"那时与阿魁哥已经确定关系了,否则我是不会跟去的。"两个人初次见面的时候,余云菊按照当地的习惯称呼,叫他阿魁哥,既亲近又觉得很自然。

开始几年,叶守魁每年总有至少四个节日去师傅家,如果余云菊在家,总会见上一面,但次数实在不多,这可能与彼此没说破关系有关。有时,他们两三个月才能见上一面。

叶守魁谈起找对象的事也很坦率。他说,那个时候看上他的女孩子不少,但没有一个令他心动的。24岁以后,他爸问他到底什么时候结婚,他觉得中国走向了工业发展之路,当时正是创业的时候,想先立业后结婚。但他爸还是下达了一个父令,28岁必须结婚生子。他同意了。当时他想,父母有这个要求,如果他讨价还价有意义吗?父母说28岁结婚生子,儿子说要29岁,没意义。

他家在新浦名气很大,如果有人问,这个小伙子是谁家的,当得知是"叶大兴"的孙子,就会另眼相看。叶守魁的爷爷叶富盛开办"叶大兴"水产行的几十年,在当地可谓家喻户晓,名气大得很,如今虽然70多年过去了,但"叶大兴"的名声口口相传,传给了后辈的人,至今还留在新浦人的脑海里。作为"叶大兴"的孙子,父亲还是民国时期的名牌大学生,书香门第,又是居民户口,这样家庭出来的人,被当地人高看一眼是理所当然的,大多数人都会觉得女孩子嫁到这样的家庭是福气。

虽然喜欢叶守魁的女孩子比较多,但他跟谁都没有确立恋爱关系,只是彼此见面笑笑，打个招呼而已。

"那个时候，我爸的一个朋友，18岁参军，做过师长的秘书，后来划成右派，转到了家乡。我做雕刻的时候，去请教的美术老师也是他的朋友。这个人很看得起我，后来给我介绍对象，接触以后，这个女孩就像花仙姑，态度有点冷，好像我要求她一样。那时，我对穿着不讲究，可能我穿得土里土气的，见了面，她不吭声，我一看她不对我说话，我心里想，既然你不吭声，我想那就算了，转身就走了。后来又见过她一两面。"叶守魁还记得起当时的情景。

媒人文化程度很高，来了一封信，信中的一副对联叶守魁至今还能随口说出："择婿择媒翁，看女看家风。"那个时候，正是叶守魁结婚的前一年。过年之后，也就是1986年，叶世安马上对儿子说："你结婚的事是否忘了，今年你必须结婚生子。"

"我没有忘。"叶守魁淡淡地说。

"那你到底打算什么时候结婚。"父亲用质问的口气对儿子说。

"一个月之后。"儿子被逼问得没办法，只能随口说了一句。听口气都明白，叶守魁真的不想马上结婚，只是父亲的意愿难违，毕竟是传统家庭里成长的人。

刚过春节。叶世安认为，余云菊不错，但他觉得朋友介绍的那个女孩也不差。在叶守魁的眼里，两个人当中，他还是对余云菊比较熟悉，对另一个不熟悉，心里还是偏向余云菊。但他心里有矛盾，他被信中的这副对联打动了心，认为他爸的这个朋友从来不给人做媒，他看得起我，介绍的女孩肯定不会差。当时，这位媒人回乡后，考出了律师证，在律师事务所工作。叶守魁从小就有独立思考的习惯，在对象的选择上同样有自己的思路。

"我爸说，你从两个人当中选一个。媒人看得起我，给我介绍，这个人肯定有价值。正当我左右为难的时候，我说，抛硬币，结果就选上了师妹。"叶守魁谈起此事，至今还觉得很搞笑。

结婚翌日，叶守魁毫无隐瞒地对余云菊说："喏，这个5分硬币给你，你是我抛硬币抛来的。"当作者向余云菊证实是否有这么一回事的时候，余云菊咯咯地笑出声来："是的，确实有这么一回事。"

叶守魁为何用抛硬币的方式来选择对象？他说："我是这样认为的，老婆不是我一个人的，70%是老婆，30%是儿媳，我是父母的儿子，因为我要尊重父母。以后有孩子的时候，30%是老婆，30%是儿媳，40%是孩子他妈。所以老婆不是我一个人的。所以我就抛硬币。"

谈起提亲的事，还有一段插曲。按照当地的风俗，提亲必须与媒人一起去，可叶守魁选择了余云菊，而余云菊是他在师傅家自己认识的，没有媒人，那只能去找一个媒人来。叶守魁至今还记得，与媒人一起去师妹家提亲的时候，差一点与她的大姐夫吵起来。

遵照父亲的意思，他要28岁结婚生子。现在过了年，叶守魁刚好28岁，如不马上结婚，生孩子来不及了。所以当时的阿魁哥到了师妹的家直接说了一个月内结婚，并说了结婚的具体日期。

这时余云菊的大姐夫未等岳父说话，心直口快地说出了不太友好的话："挑日子也不跟我们商量商量，怎么这么快？"大姐夫也许没想到自己的身份不该这样责问，立即遭到叶守魁的反击："我跟岳父商量还有道理，跟你商量算什么道理？岳父还没说话，现在轮不到你来说话。幸好还在家庭里面，如果在外面，信不信马上把你扔到河里。"此时岳父大人说话了："自古以来，结婚的日子是由男方来定的，但是时间确实有点紧，如果备嫁妆有不够周全的地方，请你们谅解。""按照父母的意思定的日子确实紧了一点，但我家没有其他要求，只有一个要求，我家可以不要嫁妆，只要把马桶带过来就行。"叶守魁与准岳父沟通得蛮好。他知道，准岳父是个高中生，按那一辈的人来说，完全算得上有文化的人。在协商婚事的时候，叶守魁觉得准岳父说话说得客气，沟通得很好。

慈溪人所说的马桶实为子孙宝桶，是旧时南方地区民间嫁妆中的必备物之一。其含意是保佑子孙万代。子孙宝桶有三件：马桶、脚盆、水桶。又有称其为子孙三宝的。马桶亦称子孙宝桶，寓意是早生儿女健康;脚盆亦称聚福宝盆,寓意健康富足;水桶亦称财势宝桶,寓意勤奋上进事业有成。桶里面放枣子,期盼"早得贵子";长生果(带壳花生,节数越多越好),寓意长生不老和多子多福;桂圆、荔枝、百合、莲子等干果和五只红鸡蛋,象征"五子登科";等等。

媒人与叶守魁去提亲的时候,余云菊也在场,大姐夫与这个阿魁哥差一点吵起来,她心里明白,因为她的哥姐了解阿魁哥很讲江湖义气,朋友受人欺侮,乐意助朋友打抱不平,所以不支持这门亲事。倒是她经常外出,对此事不了解。她总觉得,阿魁哥字写得很漂亮,又很能干,算得上是一个才子,心里还是喜欢的,再说父母只要她喜欢就行。所以这个师妹最后还是看上了阿魁哥,认同这桩亲事。

虽然婚姻上还传承了一些旧时的习俗,但毕竟时代不同了,结婚最主要是两个人的事,既然俊男靓女互相喜欢,那么这场婚礼将会如期进行。

家庭氛围

叶守魁与余云菊喜结伉俪的第三年,也就是1988年,儿子出生了。爷爷给孙子取名:叶清锐。如今叶守魁的儿子已长成了地道的男子汉。

"我的排号属'清'字辈,爸妈从小就习惯叫我'清清'。"叶清锐记得,他从开始记事起,看到父亲总是在忙忙碌碌,没时间搭理他,大多时候都是爷爷管着他。那时,叶守魁还在忙于做模具,一旦碰到了难题,可以三天三夜不睡觉,直到难题被解。

清清读小学的时候,慢慢读懂了长辈的一些事情,知道晚辈应该懂得如何尊敬长辈。儒家文化深深地影响着叶家一代又一代的人,千百年来,让叶氏家族形成了一种传统的家庭文化氛围,尤其是继承了优秀的慈孝文化。清清小时候就已感知到家里长辈很注重家教礼仪,但那时年龄太小,不会有太深的感悟。

作为叶家的儿媳妇,余云菊刚结婚的一段时间,还一时难以适应新的生活环境。叶世安刻印章被认为是搞资本主义,必须取缔,家庭收入一下子少了一大块。因婆婆陈爱雪深深地感受过艰辛的日子,生活上非常的节俭,曾从事会计工作的她,持家十分精打细算,对家务事管得面面俱到,晚辈做事时不时地会叮嘱上几句。余云菊虽然从小在农村长大,但出身大户人家,怎么说也算是大小姐,嫁到叶家后,也免不了听到婆婆的教导,一时间还习惯不过来。

婆婆很会操持家务,事多话语自然会多一点。虽然她出身于大资本家家庭,小时候生活条件优越,可眼前生活条件变了,她深感持家的压力,为让生活好起来,除了努力做事,也不能忘记节俭。

婆婆与媳妇相处在一处,抬头不见低头见,平时接触自然多。婆婆作为上一辈人,把持着整个大家,自然少不了对媳妇的指点。而余云菊嫁到叶家之后,不仅要打理家务事,还经常要到车间去帮忙。老公创业,作为妻子,车间里的事也成了她的家务事,每天也是忙这忙那的,很少有空闲的时候。

余云菊性格耿直,是一个很好说话的人。婆婆传统思想较重,又到了一定的年龄,生活经验自然多了一些,习惯了对晚辈的教导。她到了叶家之后,难免会觉得不习惯,但不会计较,总觉得婆婆管着这个大家庭也不容易,自己虽然一时不习惯,也只能慢慢地去适应。的确,叶家的媳妇在待人处世上有自己独到的一面。

叶守魁忙于做模具,根本不过问家务事,婆媳相处和谐是看在眼里的,却不清楚老婆心里有情绪。当然,余云菊不想对老公说,以免他造成心理负担,影响他创业。所以,叶守魁想起家庭的往事时说,听邻里的口碑,老婆名声很好,婆媳之间几乎没有发生不和的事。那时,阿魁哥与师妹结了良缘,一直与父母一起生活,家里造的两层楼房上面就是他俩的新房。

中国曾经历了漫长的封建社会,反映在婆媳关系上,就是媳妇该俯首听命于婆婆。多年的媳妇熬成婆,婆婆是长辈,作为下一辈的儿媳妇理所当然地服从长辈的安排,听从长辈的话。不像当今,儿媳妇有固定工作,婆媳又不住在一起,平时见面多说一些客套话,婆媳关系基本成了一种平等的人际关系。当下,相处融洽的婆媳关系不是没有,但也并不十分普遍。婆媳关系可以说是中国家庭内部人际关系中的一个传统难题。虽说婆婆是从儿媳妇过来的,但这么多年来,婆媳始终走不出难以调和的怪圈。从叶家的婆媳关系看,余云菊似乎突破了这个怪圈。看来叶家的新媳妇确实很会处理家庭关系。

中国的传统文化底蕴实在是太深厚了。仁者见仁,智者见智。在平常人的眼里,儿媳妇不是婆婆生的,不像女儿和母亲彼此有血缘关系,婆婆不是儿媳妇的亲妈,彼此之间隔了一层膜,虽说是一大家子人,但婆媳之间有距离。如何缩短这个距离,那就要看婆婆与儿媳妇怎么去处理了。叶家婆媳,虽然在开始相处的时候有一些隔阂,但经过一段时间相处,彼此之间就融洽了。这自然离不开婆婆和儿媳妇的相互理解。

人与人之间,为何有了血缘关系,彼此之间就亲近了,没有血缘关系,哪怕是一大家子人,似乎彼此也会产生一层隔膜,缺少手心手背都是肉的感觉?这些看似简单的问题为何这么难解?绕来绕去,总是与传统文化脱离不了干系。中国的传统文化毕竟流传了几千年。人与人之间不仅仅有血脉传承,而且每个人都或多或少受传统思想的束缚。假如一个人能开阔心胸,想得开一点,也许会有不一样的心理感受,不被传统的思想所束缚,或许多少能提升人与人之间的和谐关系。

婆媳究竟如何相处才能做到融洽,看似简单的问题,但随着漫长的历史流转,始终还存在于普通的家庭之中。

近来,看到一篇由孙琴安写的报载文章《学会欣赏人》,细读之后,深有感触。此文中有一个观点,对于艺术,会欣赏的人很多,但对于人的欣赏,有此意识或观念的人并不多。

暂且不论欣赏人的意识与观念,要真正学会欣赏人,难度确实不小。作为一个人,不仅受传统文化思想的影响,而且会随着生活和工作环境的变化而受到潜移默化的影响。人在变化,社会在变化,在种种变化之中寻求和谐,讲究的就是做人的艺术。

在中国古代,诸葛亮与司马懿曾是老对手,两人足智多谋,旗鼓相当,诸葛亮唱空城计,司马懿上当,非但不恼火记恨,还自叹不如;当知道诸葛亮将不久离开人世,非但不幸灾乐祸,还赞其为"天下奇才也"。

都说"文人相轻",实际上也有许多文人相重的例子。如李商隐与杜牧,李商隐写离愁别绪的诗最为擅长,但他在给杜牧的诗中偏说:"刻意伤春复伤别,人间唯有杜司勋。"

连对手之间都能够互相欣赏,文人之间也能相重,那么,作为夫妻、妯娌、师生、朋友、同事,甚至是上下级、前后辈,就更应该互相欣赏了。

《学会欣赏人》一文中还有一个观点就是,要欣赏别人和被别人欣赏,首先应具备两个条件。第一是理解。你要欣赏别人,就先得理解别人。第二得有胸襟。欣赏人与利益无关。要学会欣赏人,就要包容别人的缺点。有人说:"别人对你做了九件坏事,只做了一件好事,那我就记住他做的这一件好事!"有这等胸襟与情怀,何愁不会欣赏人?可是有多少人能做到这一点?这句话也许有人认为说得有点过,但细细一想,还是富含哲理的。看人得从正面看,多想想他好的一面。

文中的观点会有人赞同,也会有人反对。因为真要学会欣赏人,难度确实很大。人可以看成一个"变数",这个"变数"会随着生活环境及其给予的变化而变化,要对这个"变数"一探究竟,需要多角度去综合考量。

人的情感交流是一个复杂的过程,哪怕夫妻之间也难以避免争吵。一切的一切,随着时间的流逝,肯定会产生变化。俗话说:"家和万事兴。"一个家庭的内部成员少了隔阂,生活的品质自然会有提升。其实,哪一个家庭不希望和和睦睦,共享天伦之乐?

家庭琐事不必太过于放在心上,因为一点儿小事多愁善感,其实没有必要,多给自己一点空间,装个糊涂,也许能换来好心境。毕竟彼此都是家庭的成员。

家庭里的隔阂总是会有办法消除的。余云菊任劳任怨,不仅要帮丈夫打理模具厂的事务,也少不了做些杂七杂八的家务活,婆婆看在眼里,记在心里。媳妇贤惠能干,婆婆看在眼里,赞在心里。婆婆不习惯当面夸人，但婆婆过世前一段时间，还是憋不住心里想说的话，称赞媳妇既贤惠又会做事。

经常在叶家走动的蔡雅凤说："余云菊十分尊重老人，她公公婆婆对媳妇的评价很好很好。婆婆老是讲媳妇很聪明，公公讲媳妇很贤惠、孝敬。公公婆婆喜欢吃什么菜，就会买什么菜，有什么好东西先给公公婆婆吃。罡罡回国探亲来了，她总会买他喜欢吃的菜。"

在前面已提及过，蔡雅凤曾与叶世安在一个厂里共事2年多，常帮叶家洗衣服做些家务，她称叶世安为老太公，称余云菊的婆婆陈爱雪为老太婆，说话很是亲近，也清楚他们与儿媳妇的关系，她连用了两个"很好"，说明婆媳之间关系融洽。她说，这样的媳妇现在难找了。

"现在我们当媳妇，媳妇当婆婆了。媳妇大了，社会变了，婆婆权威没了。早些时候，媳妇做菜给婆婆吃，现在婆婆做菜给媳妇吃。"蔡雅凤已过花甲之年，说话还很幽默。她说，叶家媳妇是个很勤快的人，1988年，叶家建造三层楼房的时候，她挺着大肚子，忙里忙外，还为两桌子的人做菜呢。

以前，余云菊一直生活在大户人家，虽然也出去做过事，但基本上是在父母的呵护下长大的，再说她是10个兄弟姐妹中最小的一个。自从嫁到叶家，她根本没有一点娇气，勤勤恳恳、默默无闻地做着老公创业的贤内助，做过出纳、车工，也抢着做家庭洗洗刷刷的事。就在新婚的那一年，因为不注意休息，怀孕3个月的时候流产了。后来结婚第三年才生了第一个孩子。那时，她很勤劳，也很节约。因为她知道婆婆平时非常节约，比如电啊水啊，非常心痛浪费。为了省水，家里有什么东西要洗，余云菊总是去河埠头。婆婆虽然出身富裕人家，但艰苦的经历时常会提醒她该注重节约。

"老太婆确实很节俭，以前在家里纺纱、织布，留下来的一个个纱筒舍不得扔掉，现在还在。婆婆管事细，多说几句，媳妇肚量大，也不会计较。"蔡雅凤说起叶家的事，很是熟悉。

婆婆管起家务事，确实很细心，连洗海鲜看到做法不对也会说上几句。比如说,家里人无论是谁在洗带鱼,用刀在刮鱼表上的白鳞,看到后就会立即上前阻止:"白鳞可不要刮掉,这是带鱼上营养价值最高的。"管事细了,自然平时说的话就多了一点。余云菊在叶家时间长了,自然知道婆婆的个性脾气了,婆媳之间的关系越来越融洽。

叶清锐作为叶家的孙子,从小就做起了"小皇帝",奶奶疼爱,爷爷更是做起了孙子的家庭老师。叶守魁虽然做了父亲,因为忙于做模具,负责赚钱养家,很少有时间照顾儿子。余云菊是丈夫少不了的帮手,一旦忙起来,就少了亲近儿子的时间,倒是爷爷与孙子接触得最多。

"老爸不管我读书,我的爷爷管。"叶清锐说起家里的事,总是一口一个爷爷,显得非常的亲近。

"爷爷是大学生,可用英语与外国人交流,还懂法语、德语,爷爷会教我数学、语文,还有英语。"孙子对爷爷的印象很深刻。

叶清锐说起自己读书的事很耿直。他说,从小学到初中,大多数时间是当"学渣",因为太爱玩,但也做过3年的"学霸"。用他自己的话说:"我小时候比较顽皮,小学一到四年级是'学渣',成绩倒数10名,因为我爱玩;六年级奋发了一下,全校前10名。那时新浦中心小学一个年级有3个班,150个学生。新浦镇读初中,第一年玩网络游戏,变'学渣',初二、初三的时候,又奋发了一下,变成了'学霸'。读高中又变'学渣',原因不仅仅是爱玩,还有就是情窦初开。老师说不能这么早找女朋友,父母也说不能过早想此事,但我内心还是想找。后来,我把找对象和学习的两大压力,转化到音乐上,来逃避压力,来释放压力。所以我高中的时候就玩起音乐了。"叶清锐说起自己时毫不隐瞒,性格上很像母亲,有什么事就说什么事,曾经是这样就不会说成那样,说话直来直去,让人感觉性格很耿直,就算是第一次交谈,也让作者觉得彼此之间没有距离,很有亲近感。

从上两代长辈看,叶家不乏会读书的人,叶清锐通过突击努力,能让自己从"学渣"变为"学霸",也许遗传了长辈优良的基因,对新知识有着很强的理解力。

叶清锐读小学的时候,余云菊每当晚上空闲,就习惯盯着儿子做作业,倒是做父亲的叶守魁几乎不管儿子读书,只是平时交谈时会教导儿子要读好书,学到本领将来能受用。父亲作为过来人,经历自然是下一辈人无法比拟的,这也是书本上无法学到的,就算是儿子读到硕士博士,也是如此。知识就是知识,经验就是经验,这是两码事。

叶世安叶守魁父子俩,一个看孙子,一个看儿子,看到叶清锐不务正业,自然心里有盘算。

高中毕业之后,叶清锐考上了宁波大学城市学院(现该学院已被合并,统称为宁波大学)。读大学的时候,长辈就管不了他了。这样读大学的时候叶清锐不受约束,课余时间基本投入对音乐的钻研上,对音乐有着自己独特的见解。当他说起什么调怎么调,头头是道,说的都是专业术语,俨然成了音乐教师。

叶世安曾对儿子说,学象棋不能当饭吃,如今孙子学音乐,叶世安自然也不会赞同学音乐就能当饭吃。叶家几代人传承下来的重教思想一直没有退化过。叶守魁原先给儿子定的目标是大学考上本科,但这个目标眼下没有实现。

"如果我考音乐学院,当年就能考上上海音乐学院,是一本。后来,我听从父母的安排,只考上自己不怎么喜欢的工商企业管理专业。专科毕业之后,我去了美国加州的大学进修,学习学术英语和项目管理。"叶清锐清楚长辈为何舍得花大钱送他去美国学习,这不仅是爷爷对孙子的期望,更是父亲对儿子的期望。不学无术,庸庸一生。只有学有所长,才能成就一番事业。爷爷没有硬逼孙子一定要达到什么学位,但要做到的是,一定得学一些有用的知识,充实自己。父亲的希望也是一样,总想看到今后有一天,儿子是个能做大事的人。

"爷爷曾跟我说,老爸为了把读书的名额让给弟弟,高一第一学期没读完就辍学了。爷爷说,当时国家有政策,家里如果有两个子女,只能是'一工一农',读书名额只能拿一个。"叶清锐对长辈的事情知道得真是不少。他平时与爷爷接触最多,爷爷经常会给他讲起一些往事。

叶世安书法好，画画也好。叶清锐小时候，爷爷曾教他学画画，后发现他耐心不够，不是画画的料，才放弃教学。

叶守魁会拉二胡，吹口琴，吃了饭后，会拉一会儿二胡。或多或少受老爸的影响，叶清锐从小对音乐产生了兴趣，渐渐地发现自己在音乐上有天赋，自从高中起，大量精力给了音乐，大学毕业后还曾赴国际顶尖的音乐学府——伯克利音乐学院进修，如今，叶清锐说起什么音调，这个音那个音怎么调，侃侃而谈，非专业人士还真听不懂。

"老爸认为，音乐只能作为爱好，不能当主业。爷爷虽然认为行行出状元，但也不太赞同音乐真的能成就事业。我自己认为，这里有一个细节偏差。音乐是一门技术加艺术的学问。技术再高只能是一个演奏师，但是，演奏师出名可以包装。关键是，你是做演奏师，还是做演奏师老板。"叶清锐话中有话，听话听音，叶清锐是多么希望投资搞一个音乐团队，正儿八经地做音乐艺术，将来真的成为音乐艺术家。这是叶清锐的梦想。

叶清锐8岁的时候，妹妹叶阳出生，如今叶阳在美国已经读到大四了。说起小时候，叶阳还清楚记得老爸每天很忙，当她长大懂事后，老爸曾对她说过一句话，她记得非常牢："囡，你是模具刻出来的。"叶阳只记得父亲忙于做模具，对雕刻的事没印象。叶守魁做雕刻的时候，女儿离出生还早着呢，叶阳长大后虽听大人说起过，但不会有具体印象。

"我与爷爷很亲近，爷爷从小很顺着我。爷爷是大学生，英文、语文、数学都会教我。爷爷还会暗地里塞我钱，给我100元的时候，会说：'一根油条两个焦饼。'跟爷爷聊天的时候，思想非常开阔，涉及的知识真的太多。与爷爷、阿婆一起吃饭，一起看电视。"叶阳说起吃饭，顺便提起，"我家家教很严格的，吃饭要吃干净，不允许浪费。"

叶阳从小对爷爷、奶奶很孝顺，吃饭的时候，看到好菜总是先给爷爷、奶奶夹菜。

爷爷、奶奶看着孙儿、孙女总是满脸欢喜。平时，孙儿、孙女与奶奶围着桌子打三人麻将，爷爷有空的时候会一起打。孙儿、孙女刚开始不会打就乱打，陪爷爷、奶奶闹着玩。叶阳记得，那是老爸已经造起了新的三层楼房,原来结婚用的房间腾出来,让爷爷奶奶住了。那个时候,叶阳经常去那个房间,爷爷和奶奶躺在床两旁,她躺在中间,一起看《神医喜来乐》,有时放盒带,一起看录像,特别是《西游记》,看过后至今印象还很深。

因上一代的关系,叶世安是信崇天主教的,每个星期,孙子总会陪着爷爷去一次新浦天主教堂,风雨无阻。爷爷成了孙儿的家庭老师,经常讲一些往事和为人之道,叶清锐叶阳兄妹俩受爷爷的教导深入肺腑,胜于自己的父母。

因寄宿的缘故,叶阳从小独立生活的能力就很强。她读小学的时候,每星期只回一次家,初中每两星期回一次。放暑假的时候,父亲没时间陪她玩,是母亲陪去上海的。那时,母亲有一个姐姐在上海。

叶阳回家做作业的时候,母亲会一直紧盯着,但父亲从来不管读书的事,空闲的时候,父女才会聊上几句。叶阳至今还记得这样一件事:"我做一篇作文,引用了人家的,受老师质询了,说文章是抄来的,我感到有些委屈。这事后来与老爸说了,老爸说如果你认为自己没有错,可与老师争辩。"父亲鼓励女儿要有据理力争的勇气。

"其实,我的性格很像父亲,很豪爽,也很要强。"从外形看,叶阳相貌也很像父亲,就像一个模具刻出来的。她认为,被老师质询的这篇文章虽然引用了别人的话,主体上是自己动脑筋写出来的。叶阳写作从小就好,她对自己是充满自信的。这一点,她太像她的父亲,对做好每一件事情都是充满自信的,要求自己尽力做到最好,让自己感到满意。再往上追溯,那就是叶阳的爷爷了,她的爷爷叶世安,同样在做每一件事情上都肯花工夫钻研。祖孙三代人的做事性格,真的像一个模子里刻出来一样。这就是血缘传承的关系,当然也离不开家庭文化的长期熏陶。这两个因素,对一个人的成长影响实在不可小觑。

叶守魁的事业慢慢做大了,创业下来的钱也积累了一些,但在用钱上从来不追求奢侈,只讲究实惠,对儿女的要求也是一样。

叶阳高中是在美国读的,毕业后考了驾照。汽车是美国生活的必需品,没有车会带来诸多不便。比如吃早餐,在中国走下楼去,就能解决,而在美国,就要坐轻轨才能解决饿肚子的问题。总之,在美国,如果没有车做什么都会感到不方便。

叶阳本来想给家里少花一点钱,买一辆二手车就可以了。"我看到中国学生买奔驰、宝马的很多,但我不想去攀比,不追求档次,能用就行了。"叶阳知道家里不差这点钱,但知道父母创业不易,该省的就得省,就像她的奶奶一样,平时十分节俭。长辈的言行,小辈自然看在眼里。父亲当

叶守魁一家四口

然领会女儿的用意,但从安全及性价比角度考虑,最后还是决定买了一辆道奇新车,花了2万多美元。平时,女儿去读书、去购物,都得用车,员工出差去美国,都用得上这辆车。

叶家的家庭传统文化熏陶了一代又一代的人。对叶家来说,大家庭和睦融洽的氛围,正是每个人所期盼的天伦之乐。

尊老尽孝

尊老尽孝是中华民族的传统美德。孔子曰:"孝悌也者,其为仁之本与。"百善孝为先,孝乃第一忠,是"仁"的根本所在。千百年传承而来的儒家思想体系中,特别提倡孝道,把"孝"看成做人的根本道德。这一道德观点,已被国人普遍认同和传颂。

"母慈子孝"的传说催人泪下,至今在慈溪已传颂了约2000年,感动了几十代人,也让一代又一代的人懂得尽孝是做人之根本。叶守魁从小在信崇儒家文化的家庭里长大,长辈言行耳濡目染,对孝道自有深深的感悟。在他的人生轨迹中,不难看出他敬重长辈、听从长辈教导的言行举止。叶守魁尊老尽孝的事,不仅被下一代看在眼里,也被他的结发妻子记在心里。

"我小学五年级的时候,爷爷中风了。那个时候,旁边只有我一个人。爷爷喜欢种花花草草,我陪爷爷去种花,当时爷爷蹲在田头突然站起来,人摇晃起来,像是站不稳了。我问爷爷怎么了,爷爷说,快去叫你爸。"叶清锐说。爷爷是学医的大学生,曾做过10年的医生,现在一下子感觉自己脸部发麻,猜到自己的状况可能是脑溢血。孙子赶紧扶爷爷走到田间旁边,想让爷爷坐下,爷爷说不能坐,很可能是"半边疯",爷爷说的是土话。

叶守魁闻讯心急火燎地赶了来,把父亲送到了浒山医院。医院当时就发了病危通知,告知老人随时都有离世的可能。叶清锐从小由爷爷呵护着长大,自然跟爷爷很亲近,爷爷住院期间,总是盼望着每天能见到爷爷。浒山虽然离新浦有一段距离,他放学后总忘不了去医院看望爷爷,盼望爷爷早日康复,听爷爷讲他爱听的故事。叶守魁此时放弃了一切,全身心地一直陪伴在父亲身边,父亲只要感觉身上哪里不舒服,他马上会帮着按摩按摩,没日没夜照顾了7天,没有一天躺在床上好好地休息过。医院的护士看到他脸色非常不好,曾好心相劝:"你这么多天不睡觉,会崩溃的。"孝子悉心照顾父亲,连护士都受到了感动,担心他这样下去身体真的会垮掉。叶守魁面对护士的多次劝说,强打起精神,表示没事。此时此刻,他多么盼望父亲能挺过来。

父亲因发烧上火,大便拉不出来,他就靠手慢慢地抠。曾经的同事、曾被叶世安看作女儿的蔡雅凤也来到医院,她说:"我陪一夜,就打瞌睡,魁魁却能七天七夜守在医院。那时病房里没空调,魁魁就钻到棉头里,给父亲抠大便,累得满头大汗。"

叶世安长时间躺在床上，身体发硬，儿子硬是抱着父亲在走道上慢慢地一步一步移动。父亲此时还走不稳，但儿子硬是让父亲多少动一动，至少能让筋骨活络一下。

时间一天一天地过去，如此漫长，儿子多么希望父亲尽早好起来。奇迹终于发生了，叶世安在儿子的悉心照料下挺过来了，医生说危险期过去了。此时，叶守魁悬着的心终于放了下来。经过医院的诊治之后，叶世安的身体各项指标正在好转，人也可以下床走动了。叶守魁为了让父亲得到进一步康复，又送父亲去上海疗养了一段时间，这才放心地把父亲接回了家。从此以后，叶世安右手不会写字，只能用左手练习写字。

在孙子的眼里，爷爷既可亲又可敬，叶清锐清楚记得爷爷是在1999年得了中风，直到2008年去世，整整又生活了10个年头。

叶清锐笑说："我打电脑游戏可以两天两夜不合眼。"而说起父亲，认为父亲做事很拼，为了一个模具，可以三天三夜不合眼，体力非常好。这次叶守魁为了父亲，可以七天七夜不躺床上睡觉。父亲的孝道，儿子看在眼里，记在心里。

叶守魁的母亲晚年的时候，已经行动不便了，每年都得去医院治疗，浒山医院治疗后，他还会把母亲送到上海理疗一段时间，平时特意买来上等的野山参给母亲进补。蔡雅凤常去叶家，知道这件事，她说："清清叫我姑妈。清清奶奶人比较胖，吃了野山参，真的见效果，人体还出现发育状况。"

"魁魁的母亲83岁那年，已经变成了植物人，在慈溪医院治疗时，医生说，人不行了，请家属准备后事，想拔输氧管，魁魁坚决不同意，在医院里硬是拖了一年多，到了2012年，也就是到医院的第二年，直到魁魁的母亲停止心跳。"蔡雅凤曾多次去医院探望，知道他给母亲治病的事。叶守魁不惜花费100多万元，也要尽最大的努力延长母亲的生命。

"他确实很有孝心，是个孝子。"余云菊说话让人第一感觉是诚实，说事直白，不会夸张，是什么就说什么。

余云菊记得很清楚，公公在这次中风之前，已经发生过两次类似的症状,最早一次,大概是20年前,症状较轻,10年前的一次,医院里也住过一段时间。后来公公走了之后,婆婆也出现了中风症状,每年要去上海治疗。叶守魁知道,一旦父亲或母亲住院,老婆就会忙得手脚不停。父亲最后一次住院的时候,他自己每天在医院陪着,老婆每天从家里到医院来回跑,那时候条件不够好,乘着三卡每天来回,路上一个来回60千米,差不多需要2个小时,把家里做得好吃的送到医院。他弟弟的一家长期在国外,很少有时间回家,父母的照顾已经离不开嫁给他的这个师妹。父亲这次中风很厉害,退烧后,连舌头都起泡了,饭吃不下去。这可怎么办?吃不下饭,身体会很快垮掉。余云菊听说鲜笋咸菜汤能消火,就每天煮汤,然后赶到医院,一匙一匙地喂给公公喝。为了让公公多补充维生素,特意买了一个榨汁机榨果汁,每天给公公喝。没几天,公公舌头上的泡消了,能吃得下饭了,最后终于熬过了这一关。对于余云菊,叶世安看在眼里,喜在心里,深深地感到儿子能有这样孝敬长辈的老婆,以后一定会很幸福的。

在叶守魁的眼里,余云菊是一个孝顺、贤惠的女人,而在余云菊的眼里,叶守魁同样是一个孝顺、能干的男人。他们夫妻俩都是孝顺长辈的孝子孝女。

叶守魁不仅对自己的父亲如此尽孝心,对待丈母娘也是跟亲妈一样。

"我妈91岁的时候,跌了一跤,大腿骨折了,那时算是四姐生活条件最好,想把妈接去住,但妈不想离开家乡去上海。最后还是老公把我妈接了来。"余云菊说起此事,内心流动着一股暖流,这从她说话的语气和表情上能感受到。

曾教余云菊绣花的四姐在上海事业有成,在上海有四套房,有条件照顾母亲,但老人家总想着叶落归根,怎么舍得离开已经生活了一辈子的家乡。把丈母娘接来时,叶守魁一家还住在叶兴公司的职工宿舍区,虽然厂区建好已经有好几年了,但叶守魁还舍不得专门为家里盖一幢舒适的房子。宿舍在五楼,丈母娘腿骨折,只能由人推着轮椅走,每次想让老人出来晒晒太阳,十分不方便。为了能让丈母娘过上舒心的日子,叶守魁不惜花了100多万元,在厂区的用地里,划出一块地,很快造起了一座三层楼房。

老人躺在床上生活不能自理,叶守魁买了一张专用床,让老人拉屎拉尿都不用下床了。平时吃的,叶守魁总是买最新鲜的。老人需要滋补,他会专程去商店滋补品柜挑选。听说三七粉有利老人身体,商店一时缺货,他就

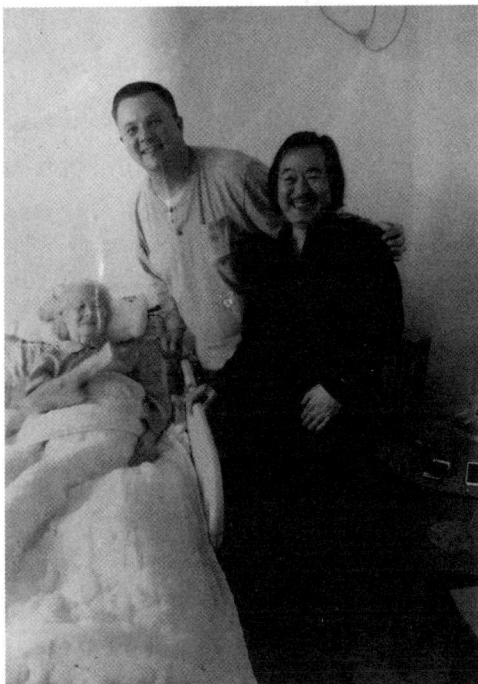

女婿与丈母娘在一起

会在网上查找。看到丈母娘吃得开心,生活开心,作为女婿心里才会感到问心无愧。女婿真的把丈母娘当作了亲娘,而丈母娘看到女婿这么有孝心,内心感到无比的欣慰,平时笑脸常开。丈母娘也早把这么有孝心的女婿当作了儿子。

宁波人有一句俗语:丈母娘看女婿越看越欢喜。事实真是如此。

"丈母娘看女婿,总是眯眯笑,都说好听话。我妈在上海四姐家住过10多年。那时,只要有空,我们就会去上海看望。后来妈想儿子了,儿媳也想请婆婆去她家,于是老人高高兴兴地从上海赶回了老家慈溪。妈总是想着儿子多,一直住在女儿家,感觉也不是一回事。我爸66岁的时候就走了,我妈一人了,从那以后一直在子女家里住。我妈不论住在什么地方,只要看到叶守魁这个女婿来了,总会拿出家里最好的酒。"余云菊知道母亲很偏爱这个女婿。

女婿的表现好不好,女儿最有发言权。余云菊充满意味地说:"我妈来家里的时候,精神状态已经很不好,骨折后一直躺在床上走不了,看状况都认为日子不会久了。但来我家后,还是生活了整整3年。"

在这3年间,叶守魁办公司虽然很忙,但总是会挪出时间,推着轮椅让丈母娘晒晒太阳,和她聊聊天,尽心让丈母娘度过人生最后的时光,留下最后难忘的幸福回忆。

丈母娘住到自己家里的时候,叶守魁总是讲一些开心的话题。

丈母娘知道女婿现在赚大钱了,经常会笑着问:"魁魁啊,今天赚了多少钞票啊?"

叶守魁为了让老人开心,也笑着答道:"妈勿来,我钞票赚勿来,现在妈来到我家,我钞票赚了一棉床。"丈母娘听了后,总会笑得合不拢嘴。

女婿很懂丈母娘心思,如果说今年赚了100万元,老人肯定没概念,现在说赚了一棉床的钱,或者说赚了一麻袋,在老人的脑子里就会有印象了。女婿钱赚得多,丈母娘自然就开心。

曾担任过新浦中学校长的余利年,既是叶守魁的围棋朋友,也是余云菊读初中时的班主任,时常会来叶家。在一次聚会吃饭的时候,余利年提高嗓门很是激动地说:"叶总对长辈的敬重,没话说。他对老婆特别好,这个话我不敢说,但可以说对丈母娘特别好。我上次来的时候,丈母娘就住在这里,吃饭喂她,晚上睡不着,会在床上陪着丈母娘,聊聊开心的事,等到老人安静地睡着了才离开。吃饭时抱着丈母娘下楼,好让老人吃得舒服一点。对丈母娘这么好的,我看估计很少。"余利年不愧是当过校长的高级知识分子,紧接着说,"我看到,叶总这么有孝心,主要是两点,一是基因传承,家规家风好,二是中国传统文化影响。"

正如余校长所说,儿女孝顺的优良品性不是一时可以培养出来的,是潜移默化地受到中国优良的传统文化的影响,更离不开传统家风的熏陶。在叶守魁小的时候,老家的吃饭大厅的墙面上贴着"中国二十四孝"图,图上有24幅小图,还有文字解说。中国的孝道文化,早就牢牢地刻在叶守魁的心里,他不但对自己的父母承孝道,对待丈母娘也是如此。

第七篇　围棋精髓

　　诚实守信是创业的基石，一个人只有信守承诺，才能立于不败之地。成功人士的一个坐标就是诚信。

　　围棋是国粹，蕴藏着深刻的哲理，奥妙无穷。学围棋，能给创业者带来理念的转变。当下，围棋高手与AI对弈，AI始终能下出闪光的一手棋，其思路能给人带来灵感。管理理念的转变，也许能引导创业者走上前所未有的发展之路。

诚信是本

　　千百年来，诚信被中华民族视为做人的行为规范和道德修养。中国历史上唯一的农民出身哲学家墨子说过："言不信者，行不果。"中国科学院首任院长、现代文学家、历史学家郭沫若说过的一句话更是形象深刻："一个人最伤心的事情无过于良心的死灭。"做人就是要站得直，坐得正，无诚信则不立。

　　作为创业者，诚实守信是基石。当今社会，要创业守业，首先得讲究规则。快速发展的市场经济，本身就是交换经济、竞争经济，也可以说是一种契约经济,信守承诺,才能立于不败之地。

叶守魁开办模具厂后,父亲常对他说:"你答应人家的事,就一定要做到。"那时,叶守魁才26岁,年轻气盛,父亲担心儿子做事守不住规矩,影响信誉。

"我爸是一个地地道道的读书人,非常讲究人品和信誉,把信誉两字看得比什么都重。答应人家今天做好的事,绝不允许拖到明天。"叶守魁深知父亲的个性。他记得有一次,模具雕刻好了,到约定时间客户却没来,父亲就说话了:"客户没来拿,你可以主动联系客户啊,客户既然定了时间,可能等着用呢。"

叶守魁知道父亲不仅现在要求他如此,以前他自己在刻章的时候对自己的要求也是一样。叶世安刻章赚钱的时候,儿子还在读小学,那个时候,不允许搞资本主义,没有对外挂牌匾,但因为印章刻得好,生意源源不断地会找上门来,父亲从来没有出现失信的事,不会光想着多赚钱,轻易答应人家提出的要求,他会合理安排,但答应人家的事,一定会信守承诺,该什么时候来取就什么时候,偶尔会出现来不及刻的情况,那宁可自己一整夜不睡觉,也要把印章刻出来,否则会特别的不开心。

父亲的教导深深地刻在儿子的脑子里。叶守魁开模具厂的时候,虽然还很年轻,但少年老成,早已理解诚信的重要性。叶守魁受父亲的影响,自从十几岁踏上社会后,一直看重"信誉"这两字。

1991年,慈溪有一家大厂,叶守魁已记不清厂名了,该厂有一业务员拿着一个照相机快门上用的零件,想要叶守魁做模具,模具的精度偏差不能超过2丝,比一根头发细一半还多,要求很高,问他能否承接这项业务。叶守魁仔细看了这个零件,知道这个零件本身已经变形,当然外行人是根本看不出来的。他知道是用什么材料做的,随即在脑子里快速联想,用什么工具做模具,心里有底后,答应接手。当然价格先要谈好。一般来说,做这样一个模具价格1500元就够了,但精度要求太高,就不是这个价了,不仅模具制造材料要求高,更重要的是需要高超的雕刻技术,否则接不了这个活,而且比制造一般的模具耗费的时间多得多。叶守魁说模具费用需要7000多元。业务员当然清楚做这个模具的厂家不好找。在此之前,他已经跑了好多地方,但始终没人承接,现在叶守魁答应接手,心里也松了一口气,虽然免不了砍价,但在叶守魁面前,是没有讨价还价余地的,最后厂家答应了他开出的这个价。

"当时,我已经设计这个模具了,还运用了实体,完全可以保证模具的精度。"叶守魁说,问题是后来业务员又来了,提出了新的要求,生产出来的零件也要达到与模具一样的精度。叶守魁一听就觉得不合理,产品不是他生产的,材料的特性和工艺会影响产品的精度,再说冬夏南北温差就很大,照相机可不是在温室内使用,处于什么样的环境谁能想象,一个塑料零件要在复杂的环境中达到2丝的精度,难以保证,这无理的要求,怎么能答应。

"不行!模具的精度可以达到,产品不是我做的,我不能不负责任地保证。"叶守魁回答很干脆。

这个大厂的业务员好像还舍不得离开一样,一个多星期来来回回好几次,他说与照相机的厂家也联系过,结果对方仍要求保证产品的精度。当然,保证产品的精度可以理解,照相机设计有要求,不保证零件精度,照相机怎么使用?但零件不是叶守魁生产的,怎么要他来保证,这不是要毁他的信誉吗?!叶守魁对业务员做了详细解释,无法答应这个不合理的要求。以前没有先进设备,能这样保证模具的精度,原本就很少人能做到了。叶守魁觉得这个业务员可能不懂专业,肯定哪个环节出了问题。

眼看一大笔钱就可到手,但叶守魁不是见钱眼开的人,钱虽然要赚,但不能赚没良心的钱,要为客户负责,要为厂家负责,随便做出一个承诺,昧着良心赚一大笔钱,这不是叶守魁的品性,他要的是诚信。7000多元钱,对当时来说是一笔大钱,但宁可不要,他也要守住诚信。

叶守魁遇到这种事情不是绝无仅有。他不但讲究诚信,还很讲究道义。

叶守魁的老家地处新浦镇浦沿村,那时隔壁村也有一个模具厂,该厂接了金华水表厂做水表盖的业务,做了模具试样后,厂方对盖上的字不满意,但该厂没有一个师傅能把字雕刻好。盖上的字是凸出来的,看上去简单,但在模具上刻得漂亮真的难度不小,后来求助叶守魁解决了问题。厂家对后来的字十分满意,问道:这字刻得这么好,是谁刻的?承接业务的隔壁村模具厂自然也不好隐瞒。厂方知道这些字是叶守魁刻的,于是找上门来,对他说:你雕刻技术这么好,干脆模具也让你做。叶守魁后来帮厂方做了一副模具,对方感觉非常好,于是要求第二副模具也要他做。厂方的业务员晚上偷偷地跑到他那里说,那边的模具厂老是做不好,而他做的模具很好使,干脆都让他来做吧。意思很明白,就是模具请叶守魁做,业务也由他来接。叶守魁知道,凭技术隔壁村应该做得好,问题可能出在计算上,他自从读了电大后,可以按照标准公式对模具进行设计、计算。

谁都知道,既做模具,又做业务,自然更赚钱,但叶守魁没有答应金华水表厂,他认为这样做不道义。隔壁村是他的合作伙伴,如果抢了这个生意,要被人骂的,会影响他的名声。虽然事实上是厂家的意思,无可非议,又不是叶守魁主动去挖过来的,但别人不会这样想。他们叶家世代忠良,绝不做损人利己的事情。后来还是按老办法,模具他来做,业务还是由隔壁村模具厂承担。

前面已提起过航空航天工业部请他做模具的事,为了给北仑的朋友送点业务,结果朋友徒弟做了6个月没做好,后来朋友亲自上手做了3个月也没过关,叶守魁只能自己做。朋友觉得模具没做好,预付的钱该退还,叶守魁讲的还是道义,朋友已经花了这么长时间,也尽力了,预付款也不用退了。

叶守魁既讲诚信,又讲道义。此外还有一个突出的个性,就是很讲究朋友义气,朋友一旦被人欺侮,他爱打抱不平。所以他的要好朋友比较多,朋友一旦遇难需要帮助,他会尽力帮忙。同样,若是他需要朋友帮忙,朋友也会乐意相助。叶守魁就是这样一个既讲诚信,又讲道义的人。

叶守魁讲诚信的名气越来越响,从宁波开始,到杭州、南京、郑州、天津、北京,从南到北,一直传至太平洋彼岸。用叶守魁现在的话说:"美国人不相信很多中国人,但一直相信我的为人。"叶守魁很自信,事实上,他在守信方面确实做得很突出。待后面详细道来。

还是用上文的一句话:"言不信者,行不果。"不诚实的人,不可能闯出事业来,讲信誉、重人品,就是成功人士的一个坐标。

管理·围棋

谈企业管理理念怎么会扯上围棋?这个问题对叶守魁来说,可谓再深刻不过了,用他的话说:"学围棋可以锻炼人的选择能力。一个人走过的路可以说是由一个个选择连接起来的,提升选择能力,对一个创业者来说帮助实在是太大了。如果我没学围棋,可能没有现在的企业。"

学围棋并不是非要成为职业棋手,而是在于了解自己和修炼自己,也不一定只有成为职业棋手才能起到锻炼的作用。每个人在逻辑思维方面或多或少都会存在不足之处,如果没有大量的实践,很难发现也就无从改进。而围棋可以用来研究自己的思维,并且不断改进。

叶守魁谈起企业管理,很自然地提起围棋内在深藏的哲理,因为围棋改变了他思考问题的方式。

从传统理论上讲,人的智力是由流体智力和晶体智力两部分组成,其中晶体智力是由教学和训练而成,但流体智力是一个人发现新趋势并运用逻辑解决新问题的能力。传统的智商测试主要是测验人的晶体智力,即强调数学和语言能力,传统教育方法更有利于这方面的训练。叶守魁学围棋,从不会一直提升至业余五段的水平,这一过程本身就是一个受教育的过程,一向喜欢钻研的叶守魁从中感悟出蕴藏在围棋中的深刻理念。学围棋确实能给一个人带来诸多益处,或小或大,但从叶守魁身上看到的益处为何会如此之大,除了他深信遗传基因之外,与他擅长数学也许有一定关系。既然围棋对他的人生轨迹影响这么大,那就着重谈谈他的有关围棋的一些人和事。

叶守魁大概记得是在20世纪80年代后期,派出所里新来的大学生开始教他怎么下围棋,但忘了具体是哪一年。那个时候,社会上掀起了围棋热。

1986年3月21日,第二届中日围棋擂台赛在日本棋院打响。此前的首届比赛,中国队在主将聂卫平的神奇发挥之下取胜,日本队不服,于是很快燃起第二届的战火。这次比赛每队由原来的5人增加到9人,女棋手也出现了。先锋战中国芮乃伟胜日本楠光子。前半程比赛,中日互有胜负,一度胶着。然而随着小林觉带来的一波五连胜,中国队的形势又变得岌岌可危。好在中国队副帅马晓春阻止了小林觉的连胜,不过随后马晓春不敌片冈聪,中国队的形势只悬一线了,聂卫平将要面对的还有5位日本高手。当时,恐怕没有人敢想象聂卫平竟然又能守住这座摇摇欲坠的擂台。1987年4月30日,当日本队主将大竹英雄2目半落败的那一刻,人们才敢相信这是事实。聂卫平以五连胜的战绩,帮助中国队取得了这届擂台赛的胜利。就在那个时候,中国掀起了围棋热,而且久久难以平息,学生在下围棋,职工在下围棋,全国各地到处在下围棋。叶守魁从不懂围棋,到爱上围棋,并学会了围棋。凭着好钻的秉性,他进步神速。想不到的是,围棋的理念给他的人生带来的帮助是那么的深刻,那么的久远。此后,叶守魁的心境产生了明显的变化。当然,这种心境的变化是因人而异的。

1965年,23岁的林海峰获得日本围棋名人的挑战权,当时的名人是一代传奇大师坂田荣男。坂田荣男赛前放言,不信围棋界会出现一个30岁都不到的名人。第一局,林海峰失去自信,他去找老师吴清源请教。吴清源说:"你现在最需要的是一颗平常心。老天对你已经很厚道了,23岁就挑战名人,这已经是多少人梦寐以求也达不到的成就了,你还有什么放不开的呢?"言毕,吴清源题写一幅"平常心"送给弟子,林海峰由此大悟,随后连胜三局,坂田扳回一局后,林海峰再胜一局,挑战成功,成为史上最年轻的名人。

林海峰说:"从此以后,我再也没有为输了棋而难过了。"

由此可见，心境的变化给人的帮助是多么的大。

回到当前，人工智能AlphaGo，2016年赢了韩国职业九段李世石。2017年又迎战排名世界第一的中国国手柯洁。赛前，柯洁放出豪言："我会抱必胜心态，必死信念。我一定要击败AlphaGo！"结果，柯洁完败，落泪哽咽说："它太完美，我看不到希望。"抱着太强的得失心去参加比赛，终究是要承受更大的悲痛。

然而，AlphaGo之父戴密斯·哈萨比斯却说："我们发明AlphaGo，不是为了赢取围棋比赛。"而是希望去超越人类认知的极限，去寻求科学的真理。两相对比，感觉AlphaGo抓住了围棋理念的精髓。

在古代，很多文人君子甚至将其当作必修的功课，因为下围棋不但有趣，而且能锻炼人的思维，让人变得更聪明。换句话说，围棋能让一个人在无穷尽的可能中寻求一种专注和超然的意趣。叶守魁学会围棋后，悟出了围棋的理念，悟出了做人与做事该如何去应对，甚至悟出了企业的成长与围棋的逻辑关系。

庄子曰："吾生也有涯，而知也无涯。"尽管人类的生命有尽头，但知识、真理、宇宙、时间无尽头，我们站在星空下，往往被它的浩瀚与多彩迷惑，而一张棋盘就是那整个星空。我们无法找到所有的星星，同样人类也没有哪一天能穷举出围棋的所有下法。

围棋规则非常简单，但下棋的复杂性却难以想象。围棋的变化是一个天文数字，从古至今，无论水平高低，无论专业还是业余，每下过的一个对局，绝对不会是一模一样的。

学围棋促进智力该是毋庸置疑的，不论孩子还是成人。叶守魁谈起围棋的时候，深有感悟："学围棋能让人提高分析问题的能力，加强逻辑思维能力，会让人看待事物更深更透。"只要说起围棋，他总是习惯连带地谈起企业管理。

苏联著名教育学家苏霍姆林斯基认为，细腻的观察力、对事物的概括能力、发现问题和解决问题的能力、对美的事物的感受能力，以及孩子们的交往能力、合作精神等都只能由学习棋类来完成。这句话虽然带有一定的片面性，但说出了学棋的诸多好处。

中国棋院第二任院长、原中国围棋协会主席王汝南最认可叶守魁的大局观。王汝南曾在一把扇子上写了"大局观"三个字，送给了叶守魁。

这是王汝南送给叶守魁的扇子

"80年代初，学雕刻、做模具、做产品，起起落落好几次，为什么会在更加艰难的时候成功了，还那么顺利呢？这就与围棋的大局观有关系。下围棋你吃了一块棋，不一定会赢，利用一块死子，外面走厚了，会得到更大的地盘，收获更大。下围棋，最要紧的是大局，该断则断，往往会出现转机。还要看整体布局，这个子引征成立否，这个地盘是力争，是退让，还是打入？这都要看整个布局。企业也是这样，就像2008年，金融危机发生，美国的1000多万元货款泡汤，这个时候，我马上做了一个决定，越是遭遇危机，越是要抓住机遇。我有一个理由，如果以后的人不开汽车，都骑自行车了，那这个行业就没前途了；如果以后的人，还要用汽车，而且认为电动车肯定还会大发展，那么这就是危机中的机遇。当时虽然特斯拉规模还不大，但我看好这个行业。"叶守魁谈到围棋的大局观，就和企业发展的大方向结合起来，并牢牢抓住了这家当时不起眼的特斯拉。

当下,围棋高手与人工智能对弈,人工智能始终能下出闪光的一手棋,虽然无法完全理解透,但其思路能给你带来灵感。为何围棋能给叶守魁带来灵感,也许是他抓住了围棋的精髓,就像人工智能一样,下出了闪光的那一手棋。

叶守魁接着谈起围棋的"劫材。"他说,那个时候,麦格纳采购部关闭,我把它采购部的一个经理请来。到美国请人才,就像围棋里面的"劫材"一样。为什么去请人呢,"劫材"是关键的机会,影响大局,要打赢这个"劫",我要有足够多的"劫材"才行,如果对手跟我打这个"劫","劫材"不够,你就输。"劫材",就好比企业抢人才,人才在关键时候能起到关键的作用,甚至是决定性的作用。危机产生了,既是灾难,也是机遇。围棋打劫,危机来了,同时也是机会来临的时候。你会不会赢,就看能不能牢牢地抓住这个机会。危机来了,就有机会反击。所以这个时候,叶守魁想到了在美国开办公司。2009 年,中国宁波锦艺汽车零部件有限公司在美国加州旧金山成立了分公司。叶守魁认为,那时候正是去美国开拓业务的好机会。事后证明,叶守魁抓住了机会,成功了,为日后的发展辅就了一个跳板。

由于把握了大局,金融危机只是给叶守魁带来了短暂的危机,经过一年多的缓冲,业务就上来了,美国三大汽车公司——通用、福特、克莱斯勒与他都有业务往来,他的业务比金融危机前更多了。

下围棋注重势头,该出头的一定要出,但怎么出头,就得考虑选择哪一个落点。2005 年,叶守魁正在寻找这个落点。他说:"从电动车就联想到能源。从环境的角度看,太阳能、风力发电、核能都是日后发展的方向,电动车用电驱动肯定是个发展方向。"于是就在那一年,他要求相关人员通过网络,查全世界生产电动车的厂家,查与此关联的企业,一查查到 2006 年,终于出来了结果,经缜密选择,在众多的名单中圈定了特斯拉。他说,就像围棋一样,我要出头,要得到势头,下一个落点选择在哪里,一定要好好地想清楚,这可关系到接下去能不能打赢的问题。

"为什么会选择特斯拉？我就选择老板，他会造火箭，那造电动车肯定没问题。那时，特斯拉只有十几个人，但是我还是选择了它，选的是潜力。像围棋一样，我先活个角，再向中间发展，要的是发展趋势，我先要一个根基，不会被吃掉，再考虑发展。我现在有电动车的根基，我就可以图发展。2006年，我在阿里巴巴网站上发帖子，特斯拉也正在寻求合作伙伴，它通过通用公司来联系我们，通过网络沟通，最后以诚意相互建立了关系。

那个时候，特斯拉规模小，批量小，别人往往看不上它。我们看好的不是它那时的订单，看好的是它的发展方向，看好的就是它的势头，虽然特斯拉当时规模小，与其合作，批量小，生产成本高，难赚钱，说不定还要亏损，但我们看好与其合作的前景。"叶守魁结合围棋理念，谈到了企业发展的落点。

10多年前，人们还没有像现在这样关注电动车，叶守魁以超前的眼光，看到了电动车的前景，按照他的话说，这与下围棋有关，围棋增强了他的逻辑思维能力，让他学会了怎样去寻找企业发展势头的"落点"。

一个企业的发展往往不是一帆风顺的，会有起起落落，就像一盘围棋，关键的"落点"是否抓准，是事关全局的问题。叶守魁正因为抓准了事关大局的"落点"，在电动车上站稳了脚跟，才与特斯拉合作了10多年，企业的发展前景也令人乐观。

当下中国，有百万计的民营企业，有不少企业正处于承前启后的接班阶段，往往还难以脱离家族式的管理。"财务老婆管，采购小舅子管，关键岗位上都是家族成员，这样的家族式企业往往存在很大弊端。中国可以有家族式的企业，但不能有家族式的管理。可持续发展的家族企业必然要有现代的管理模式和规章制度，要有冲破压力的勇气。"叶守魁说，这其实就是大局观。

以前中央电视台曾采访叶守魁，对他上述的企业管理理念进行了多次报道，反映他在创业过程中，就是为了根治企业身上的家族病，不惜另起炉灶，重新创业，用一种独特的方式，并参照北美的现代管理模式，完成了对企业管理结构的调整。

"当时老婆有想法，后来想通了，到年终，这么厚的一本账，生产成本多少，我口袋里多少，成绩报告单我给她。她说，看这些账单太烦了，不要看，但看到有这么好的成绩，认可了我的理念。当然，老婆这人气量还是大的，虽然有看法，但也不会反对我。"叶守魁谈起企业管理和围棋理念真是滔滔不绝。

"我们参观过很多外国企业，现在，我的定义出来了，就像围棋一样定式出来了，企业单以大小区别我认为是错，大小只能区分规模，管理体现你的身份。现在我要求地上干净，摆放东西要整齐，管理各个环节要有秩序。围棋上有中国流、武宫流等等流派，在布局的时候怎么下，用哪个流，我要选择，就像企业的定位。大企业是一个大作坊，现在不少这样的企业都倒了，我们现在向世界先进管理模式靠拢，从管理上要效率，求发展。"叶守魁说，现在，他们公司有一整套成本分析的方法，这在慈溪的同行业中很少。不少企业倒闭了，很大原因是管理没跟上。

细节决定成败是有特定含意的。员工也好，管理层也好，尽能力做到最好，每一个细节都不能忽视。

"我领先20目，优势够大了吧？但该争的也要争，不要以为领先这么多，退让一点，这不行，气势不容，该争的还是要争，否则优势会慢慢耗尽。我能做得更好，为什么不去努力？有一次跟四段下围棋，我领先了十多目，结果一不注意，5颗子被吃，优势没了，结果还输了。这就是不注意细节造成的。有了大局观，还要抓细节。"叶守魁呵呵一笑，随口悟出了一个道理。围棋很复杂，其中蕴藏着深刻的哲理，令人深思，令人遐想。

进入官子阶段，也不可放松。侵消的时候，步子迈多大，是大飞还是小飞，要考虑清楚。大飞步子是大了一点，但不一定合算，步子大了，落了后手，可能会得不偿失，欲速则不达。企业求稳定是基础，但不可原地踏步，势必要求发展，不发展就会被人赶超，就像围棋，怎么去得势，是尖、小飞还是跳，手段不止一个，这就要从中选择了。

"求势头，就像围棋里面的天王山，这好像武宫流说到的，你这么压想围大模样，我先飞，抢到最关键点。我的水流线就是抢到了关键点，抢到了发展的势。就像抢到了围棋中的天王山。有了势，才谈得上发展。企业要图发展，就要抢得先机，这个势头就要想方设法地去力争。"叶守魁谈企业发展结合了围棋的抢势理念。有关水流线的"抢势"一事，之后章节将会详细道来。

下围棋不仅能增强人的逻辑思维能力，还会改变人的思维方式。就连叶守魁的结发妻子余云菊也潜移默化地受到了影响。

"陪在旁边看围棋，刚开始一点不懂，后来慢慢学会了怎么下，有时他们会指点我，有了兴趣后也喜欢下围棋了，与公公和老公都下过，当然，老公水平最好，那时爱下围棋的人多，我就找水平差不多的人对局，还记得与我对局的是医院里做化验的。"余云菊说到学围棋，就说起了公公，她说，公公学什么都很强，会教她怎么求活，怎么抢地盘，怎么下效率最高，当然老公也会教她几招。余云菊学会下围棋，印象最深刻的是，怎样求活，打好基础，怎样布局，顾全大局。围棋的理念同样潜移默化地影响着余云菊的思维方式，使她成为丈夫事业上的得力帮手。与余云菊谈论围棋，最主要的就是这两点。她学围棋，水平虽然比不过老公，但从中也学到了如何应对大局，如何不放过关键环节。这从此后她在选择厂房用地的时候会有所体现。

一个家族式企业求发展，自然离不开贤内助与家庭的正确支持，否则往往会出现负面影响甚至冲撞，从而出现不愿意看到的结果。叶守魁自从开创锦艺汽车配件厂起，就否定了家族式管理，采用现代企业的科学管理模式，余云菊对丈夫的想法从有情绪到理解，不直接参与企业的内部管理，尽力做一些自己擅长的事，配合企业成长，不去深度干扰企业内部事务，但关键的时候，还会帮丈夫处理好关键的细节。就像下围棋，要赢不光要有大局观，忽视关键细节也会败下阵来。从大局考虑，尽力做一个贤内助，该出手的时候出一手，减轻丈夫的压力，但不介入企业深层次管理。作为老板娘，能做到这一点，不得不说了不起。想当初，夫唱妇随,余云菊只要能做,什么都做,做车工,当会计,每天烧饭菜给员工吃,晚上陪着丈夫打磨加工部件,跟着公公给切割机编程,没日没夜地累着,当初的创业艰辛至今难以淡忘。

如今企业慢慢地做大了,让她离岗,说没有想法那肯定是假的,但余云菊能想开,能顾全大局。支持丈夫的创业观,那是需要胸襟的。"办企业就像下一盘棋,需要大局观。"余云菊谈论围棋的时候说过这句话。

企业管理既要顾全大局,也要讲究细节,又要讲实效,这是叶守魁的理念。他说:"公司里为什么要装空调,这是生产管理的需要。我对使用空调没有具体规定,你认为需要开那就开。装空调目的就是提供舒适的工作环境,提高工作效率,不能因小节而丢了大节。"叶守魁侃侃而谈,做什么事情,都得从大局考虑,他说,这其实与围棋的理念有关,叫作不拘小节,顾全大局。

上述所说的大局观、"劫材"、细节、争势头等围棋上的理念,将在以后的章节中,结合叶守魁所创办的企业的现实情况逐一做详细叙述,看看他在实际的企业管理中,如何熟练应用围棋理念,抓好企业管理。

叶守魁曾说过,如果当时没有学围棋,可能就没有现在的叶兴公司。围棋给他带来了管理的理念,也启发了他该如何去应对实际问题,去抢夺势头,求得企业的发展。虽然现在他因忙于事务不下围棋了,但他是一个地地道道的围棋迷,他迷上围棋蕴藏的精髓,善于悟出其中道理,也期盼有朝一日能与当今的围棋国手面对面。这个日子究竟什么时候会来临,说来也巧,一次偶然的机会,让他的期盼有了结果。

结识丁伟

由于事务繁忙,叶守魁当下实在没时间下围棋,但围棋给他留下的记忆,久久难以磨灭。因为围棋强化了他的逻辑思维能力,也改变了他的思维方式,围棋成了他的良师益友,助力他的创业成功。

多少年来,叶守魁十分崇拜围棋顶级高手,熟知好多名人的名字,但一直无缘见上一面。2017年,一次偶然的机会,叶守魁有幸结交了一位朋友,让他以后有机会结识围棋职业九段国手丁伟,也认识了围棋的前辈高手王汝南。

前面既然说到了管理与围棋,不妨把最近发生的围棋趣事,提前先在这里说一说。

叶守魁如何结识丁伟呢?不得不提一个人,他叫张国星,是已在中央电视台工作了13年的摄影师,专职拍摄中央一台的纪录片。2017年6月的一天,叶守魁去北京办事,与朋友一起吃饭的时候,张国星也在场。当时,张国星接电话的时候,说到了丁伟的名字。

"你认识丁伟?"叶守魁很好奇地问道。丁伟在围棋界是一个很神奇的人物,曾经在网络红极一时的"龙飞虎"就是他。

"我与丁伟早就是老朋友,有10年了。"张国星答。

围棋成为媒介,叶守魁与80后的张国星成了忘年交。

2018年2月,中国围棋协会和地方政府主办的"版纳茶仓"杯首届全国少儿围棋公开赛在云南西双版纳举行,丁伟主要致力于在云南普及推广围棋,他主持的"龙飞虎"围棋俱乐部参与协办了这次比赛。叶守魁专程随张国星去观摩了这次比赛,由此也与丁伟交了朋友。

比赛空隙,叶守魁很自然地谈起围棋与管理的话题,给丁伟留下了难忘的印象。丁伟是现任围棋国手,但现在主要精力放在了云南,在地方上推广普及围棋,正需要管理高手参谋。只要干大事,无论做什么都离不开管理,管理效率高,产出也就高。丁伟是围棋高手,叶守魁是企业家,也可以说是雕刻高手,两个高手看似互不相关,因各自都有事业要干,由此有了共同的有关管理的话题。张国星牵线,让他们俩有缘走到了一起。

"我请叶总去观摩指导,叶总给我提了很多建议,比如有关赛事组织和安排等方面,有什么地方还可以完善,给我很多启发。叶总还介绍了他的企业的经营与管理,让我学到了很多东西。特别是从管理上谈了很多。我对叶总产生了崇拜之情。"丁伟为人谦和,说话很是客气。雕刻高手与围棋高手认识之后,成了彼此崇拜的朋友。

这是 2018 年 6 月的一天,张国星与丁伟一起应邀来慈溪叶守魁家做客时说起的事。

"我已经第三次来宁波。叶哥脾气像小孩,很讲义气,很好相处。"张国星说。

叶守魁是个围棋迷,迷上了围棋蕴藏的"宝库",也因此成了围棋圈里追星族的一员。那天,两位客人远道而来,聚在叶家一起吃饭,前面提到的棋友余利年也在场,这位曾经的校长说:"我与叶总对局不下 1000 盘,上午下,下午下,晚上也下。""连续三年,除了重要的节假日,几乎每天要下好多盘。"叶守魁随即接上了话题。

那天晚上吃饭,在座的就有四个围棋迷,差不多快占了一半,丁伟很自然地成了话题的中心,大家都想听听丁伟的一些故事。

"我是 70 年代这一拨,现在国家队的总教练俞斌是我的老师,我是围甲队的教练,带一个甲级队,国家队的第一任总教练是聂老聂卫平,第二任是马晓春马老师,第三任是俞斌老师,现在国家队正式在编的是 7 个人,我是其中之一。"丁伟只做了简单的介绍。

叶守魁在北京的时候,之所以听到丁伟的名字感到惊讶,是因为当时大名鼎鼎的"龙飞虎"给棋迷留下了深刻印象。

2000 年底,丁伟以"龙飞虎"的 ID 在清风网上连胜"看场子"的罗洗河 4 盘,之后又对局 4 盘,最终以 6∶2 占优,之前还与前来"踢场子"的韩国名将睦镇硕战成 1∶1,在棋界掀起轩然大波。棋迷们纷纷追查"龙飞虎"的真实身份,但一直无果。大家猜测"龙飞虎"是聂卫平、马晓春、俞斌、常昊,甚至刚刚崭露头角的古力也受到了猜疑,最后都被一一否定。然而没人想到的是,这个"龙飞虎"就是"小龙辈"中除了"五大护法"和常昊以外的最后一位——丁伟。

直到 2006 年 3 月,丁伟才承认"龙飞虎"就是自己,解开了持续 5 年多的谜团。

趁这次一起吃饭的机会,大家请丁伟亲口说说详细情况。

"这是被记者套出来的。事情过去五六年,这个记者很有心计,先采访我比赛的事情,说这盘棋怎么怎么,那天我正好赢了聂老,成都西南棋王赛,我进半决赛,当时我赢了棋,心情也不错,突然记者话锋一转说,据他的可靠消息,你就是龙飞虎,当时我一下子没反应过来,愣了一下,接着说我什么什么,不给我机会去辩解,后来我跟着他的思路说下来,默认了。"

丁伟在围棋界确实算得上是一个传奇人物,他自己说祖籍是江苏,在云南长大,6岁学棋,1992年升为初段,2007年成功升为九段,也是中国围棋史上的第28位九段棋手。曾赢过李世石3次,而李世石曾11次夺取世界级比赛冠军,而丁伟虽没有获得过世界冠军,但打败过多位世界冠军。

面对最顶尖的围棋老师,免不了谈起如何学围棋的问题。

"学围棋最早几岁可以开始?"

"四周岁就可以学了。那个时候,学围棋最主要的不是教竞技,要培养兴趣,下快乐围棋,有了兴趣才会去钻研,作为老师更重要的是心理辅导。"

"学围棋看书有多大用处?"

"入门以后,2段以前看书有用,这是对业余棋手来说。书是理论的东西,实战以后,通过老师讲解那个实战最重要。理论性的东西看一些,但要化为你的实力,弄一个偏招,那就得通过实战去钻研。"

叶守魁作为业余围棋爱好者,也谈起了当初学围棋看理论书的事情。

"派出所下围棋的那个大学生被当地人称为棋王,水平相当于业余四段,因派出所离家不远,经常教我下棋。有一表弟也会下围棋,他让我9个子,我下不过他,我当时说了一句狠话,十盘棋以后,他下不过我。"叶守魁从小性格好强,说过的话,就会拼命地去努力实现。因刚学棋,看书能较快地提高水平,叶守魁在一段时间里,拼命地啃书本,结果真的如愿以偿。儿子遗传了父亲的秉性,肯钻研,学什么都快。

与围棋高手在一起,大家边喝酒边谈论,话题自然离不开围棋。丁伟关于围棋的教导,让在座的围棋爱好者更懂得了学好围棋最主要还是要通过实战去磨砺,去深入解剖,才能积累起实战的经验。因为经验不是从书本上可以学到的,靠的是一点一滴的积累。叶守魁作为一个跨国公司的管理者,十分重视理念对企业管理的影响,眼前大家谈起围棋的时候,自然会把话题转到企业的经营。

"10多年前,我对公司有一个要求,它不可能成为最大的企业,但在管理上要成为一流企业,但要成为一流企业,需要一流的管理。可是管理人才实在难找,特别是职业经理人实在太难找,国内的国外的都找过。"叶守魁言下之意是"劫材"难觅,企业要搞好,急需专业对口、实战经验丰富的人才。要成为围棋高手,最需要的是实战经验;要成为一流企业,何尝不需要具备实战经验的人?!

"丁老师,你是靠什么晋升到九段的? 是否有什么技巧?"

"他没有技巧。"张国星非常熟悉自己多年的朋友,回答十分干脆。

"聂老跟我们说过这样的话,一天又一天,一年又一年,就是反复地练习。围棋没有绝技,这么说吧,我半年攻克半目的一个课题,半年提高这么半目,我很惊喜。"丁伟说到这里,觉得作为一流棋师,到了这个水平线的时候,要再往前踏上一步,或者跨出一小步,就很难了。

"亚洲杯的时候,我成了一个功臣,当时我的目标就是李世石,记得刚好是2008年,世界首届智力运动会,层层选拔,五个人团体赛,我入选了,就让我去对李世石,我对上了,我也干掉了,我中盘胜。我代表的是中国。"丁伟说起此事显得有点激动,大家纷纷拿起了酒杯,敬佩他为中国队赢得了荣誉。

大家兴致一直很浓,不知不觉已到了深夜。此时,叶守魁的儿子和一位刚从美国过来的职员来到了家里。碰巧的是,这位美国人也喜欢下围棋,得知在座的还有一位中国围棋国手,在大家的提议下,与丁伟下一盘六路的围棋。美国职员显得很兴奋,很快在一张白纸上画了一个六路棋盘,你一子我一子的画着走,丁伟还仔细地在棋盘上标上下棋的顺序。

到美国职员下到第九子的时候,局面就明朗了。无论是下六路的围棋还是下十九路的围棋,要最后赢得胜利,实战的经验是最重要的。没有实战的经验,哪会有正确的作战理念。真如叶守魁所说的:"企业最需要管理的正确理念,最需要具有实战经验的人才。"

铁门关了

围棋确实会给一个人的逻辑思维带来影响,但没想到会有这么大的影响,特别是对叶守魁来说,爱上围棋之后,他连创业的思路都发生了改变。

前几年还红红火火的模具制造厂,到了1995年竟然拉上铁门,外界的人当然不会知道个中原因,甚至连余云菊也被蒙在鼓里,只有叶守魁心里最清楚,也正因为围棋,叶守魁对眼前的事情产生了新的想法,主要原因还是管理理念发生了冲撞,虽然那个时候叶守魁经营的模具厂规模很小,看上去就像一个家庭作坊,但毕竟好歹也是一个厂,而且还是一个远近闻名的模具厂。突然间,无声无息地关上铁门,自然引起同行们的猜疑,其实叶守魁是有苦衷的。事至如今,也没有什么秘密可言,不妨从头至尾来说一说大致经过吧。

1984年新浦锦艺模具制造厂成立之前,叶守魁除了做模具雕刻外,已经开始接一些模具制造业务,特别是20世纪80年代初期这几年,模具制造业务逐渐地多了起来,他自己忙不过来,就只能临时从外面聘请师傅上门帮忙,那个时候,雕刻的工作量在慢慢地减少,重点转向了模具制造这一块。叶守魁明显感到,做模具比雕刻来钱快得多。

随着模具业务的增加,叶守魁觉得,加工业转型的时机已经来到,决定开办模具制造厂。父亲听到儿子准备做模具,毫不犹豫地赞同儿子的选择。当初叫儿子学雕刻,是有远见的,本意就是让他打好基础,为今后做模具做准备,因为他知道儿子学雕刻已经学得很好了,凭借他的好学和要强的性格,以后肯定会图发展。开厂前一段时间,叶守魁已经以做模具为主了,但雕刻业务还在接,每天忙得不可开交,购买设备的事情只能靠父亲代劳。叶守魁虽然承接雕刻业务没几年,但也积累了不少资金。毕竟雕刻是高端的手工技术,赚钱也快。虽然受改革开放初期的政策限制,每个月开具的发票有定额限制,但因为叶守魁技术过硬,客户愿意不要发票请他加工,所以每个月的收入相当于普通工薪族的10倍。叶世安想到,模具厂开起来,一笔流动资金必须保证,能省的地方就得省,使用旧机器,只要功能具备,同样不影响生产,于是从上海采购的每一台机器都只要几千元,没有一台机器是超过1万元的,模具厂开起来,采购设备也只用了几万元,对当时来说,这笔钱虽然不算小数目,但也承担得起。至于厂房,也就是祖传下来的两间房,厂房使用面积不超过80平方米,加上旁边一间房可以做仓库,总共才100多平方米。说起来是一个工厂,其实也就是一个家庭作坊。

自从1984年模具制造厂开办以来,至1995年关闭,其间制造过几千副模具,聘用的员工从开始的一两个,一直增加至十五六个,生产状况从旺盛阶段一直衰退至关闭为止,一共经历了12个年头。

创办任何企业的过程中,都避免不了曲曲折折,但为何会出现这种状况呢?叶守魁与余云菊夫妻俩各有各的说辞。按理说,凭借叶守魁的高超雕刻技术,模具业务会接不来,令人难以置信。其实,叶守魁心里自有苦楚。自从学了围棋之后,叶守魁的思路发生了转变,认为以前做雕刻也好,做模具也好,都不是终极产品,都是给人家做嫁衣,自己所做的东西,都是人家生产的一部分,总想着自己做产品。而妻子总认为,自从老公迷上围棋后,经常不去车间,一下棋就是半天,无心打理模具的事。其实那时候,叶守魁对做模具已经产生退意,不像以前那么热心了,心里一直想着转行,很想自己设计产品,准备做成品,直接进入消费市场。从叶守魁身上的这一点看到了他父亲的影子,善于思考,爱动脑筋,总想着如何把事业做得大一点。

"模具赚钱不是一条好的出路,别人做产品赚很多钱,我也想从产品上发展。"叶守魁说出了当时的心里话。他也记得雕刻师傅高伯乐曾经说过，工业和商业赚钱来得快。开发产品的事，叶守魁已经不记得具体是哪一年，只晓得是1993年至1995年之间的事。他设计开发的是玩具照相机，开模、试模都是他一个人，到了年三十，别人过年放鞭炮，他还在试模，母亲来车间看他时，还说起过，要不要帮忙。叶守魁想做新的尝试，已经无心打理模具了，也没时间去打理。

从设计、开发一直到第二年上半年，玩具做出来了，然而叶守魁一下子碰到了难题，那就是销售。以前无论是雕刻还是模具，都是人家主动找上门的，至于销售他从来没做过。叶守魁自己承认，销售是他的弱项，产品推销不顺畅，这一瓶颈制约了美好的愿望。这一年多来，设计、开发、生产产品，哪还有心思外接模具业务？

做模具制造的那些年头，叶守魁的母亲总想着给儿子分担点压力，经常会来车间里走动，习惯以女当家的身份管理工厂的事务，看到车间里注塑机材料浪费，或工人在上班时间看报纸，就会找儿子反映，说上几句教导的话。

有一次吃饭的时候，听老校长余利年说："叶家家风很正，规矩非常严，吃饭的时候，如果长辈还没有上桌，下一辈是不允许上桌的，作为小辈也很听从长辈的话。"

叶守魁对父母是很孝顺的，老是叫母亲操心，他还怎么安心做事？不管母亲管得对不对，他心里总会觉得不舒服，而又不好顶撞母亲，让母亲生气。

当时，叶守魁是这样想的，他招进来的员工，在工作时产生材料浪费是难免的，如果说，一个员工一天不浪费能做10个产品，如果浪费一点材料，能做100个产品，虽然单个产品成本有所提高，但总体效率哪高哪低是很显然的。模具师傅是根据水平定工资的，他们工作期间看看报纸放松一下，不至于过于劳累紧张，也有利于提高效率，为什么要像过去对待长工一样，老是压着他们干活。这就是管理理念的冲撞。叶守魁对母亲看见浪费就会心痛，忍不住多说几句的心情也是可以理解的，毕竟母亲是上一代的人，她虽然千金小姐出身，但也曾经历吃不饱的岁月，深知艰辛的难熬,看到浪费非常心痛,不说话难以做到。这方面,父亲倒是不问不管,任由儿子自己处理。但母亲老是在儿子面前说,这个人浪费了,那个人上班看报纸,管得他心烦。叶守魁觉得,儿子总该孝顺母亲,但老是这样也不是一回事,硬顶撞母亲肯定会让她生气,儿子是不该对母亲不孝,但现在母亲已经影响到生产经营管理了,还是要说出自己的心里话,他平和地对母亲说:"从现在开始,你来管,什么时候你不管了,我再做。"母亲原以为儿子说说而已,不会真的这样,没想到,儿子真的把铁门一拉,就把模具厂关了。叶守魁给搞管理的一个老表多发了一个月的工资。老表虽然多拿了一个月的工资,但心里还是有疙瘩:怎么说关就关了? 叶守魁当时对老表说,他的事情结束了,如果老表还是想做,可以跟他母亲去说。

从那以后,叶守魁每天除了下围棋,就是到外面玩了。而不是像妻子所说的那样,是因为迷上围棋,业务没了才造成工厂关闭。为何余云菊不知道关厂的真相?是因为叶守魁对母亲的看法没有跟妻子说,他不想造成婆媳不和,家庭产生矛盾总归不是好事,家和万事兴啊!

叶守魁从小就很有个性,问他这是否是跟母亲赌气,他说,这不是赌气。说不是赌气,其实也有赌气的成分,至少心里有想法。当然这与他想着转行也有一定的关系。当时,叶守魁也确实想过,母亲如果有能力办好这个厂,他很高兴。那时候,叶守魁已经清楚地认识到,家族式企业,不能有家庭式管理。这句话,叶守魁在交谈的时候已经多次提起过。

自从关上铁门的那一天起,叶守魁就没打开过。至于母亲是否打开过这道铁门,他不知道。如果母亲要打开,那是母亲的事。

1995年关了模具制造厂后的七八年,叶守魁除了挖花、打麻将,偶尔到KTV唱唱歌外,主要还是在下围棋。这几年,叶守魁吃起了老本,家底也快耗得差不多了。叶清锐每天早上常会听到父亲说:"清清,这钱拿着,自己去吃早餐。"然后把5元钱拍在桌上,就准备去下围棋了。这是2002年之前的事,原来模具制造的加工设备,车、铣、刨、磨这些设备都卖掉了,一台不值钱的压机一直留到如今。那时候,压机每年都在更新,要卖就是铁的价格。车间里剩下的还有两台注塑机。

模具制造厂的铁门关了8年之后,叶守魁准备东山再起了。他首先想到的是母亲,去征求母亲的意见:"我想重新开厂,您是否还要管?""你去做吧。"母亲当然知道儿子的脾气,作为母亲也不可能直接说,这次开厂我肯定不管了,总不好意思在儿子面前做保证,只是说了一句。既然说了"你去做吧",作为儿子当然听明白母亲这句话的含意。

叶守魁就是一个说到做到的人,既然决定重新办厂,那精力必须放在创业上,停止一切娱乐活动,包括围棋。他跟棋友、牌友们提前打了招呼:"我准备重新创业,5月1日以后,我不打牌了,棋也不下了。"为了在创业之前痛痛快快娱乐一番,4月底,他打了两天两夜麻将,彻底结束。5月初的一天晚上,三个牌友把牌都倒出来了,要叶守魁打牌,"我说过了,不打就不打,三缺一,我也不会陪你们玩"。叶守魁的毅力还是很强的,虽然此前热衷玩耍,但说过的话都会算数。

第八篇　机遇难觅

机遇来临有时是偶然的,看你有没有勇气去把握。机不可失,失不再来。然而,面对机遇不是每个人都能抓得住,需要厚积薄发。创业是不容易的,没有功力是很难取得成功的。既要有远见,更需要功力。要想远行,离不开拼搏的勇气和能量。技术创新是动力,如何找到准星显得更关键。

弟弟回国

正当叶守魁准备再次创业之际,多年不见的弟弟叶伯罡从美国回来了。

说起两兄弟,那真的是情深义重。想当初,哥哥为了弟弟能安心读好书,过早地踏入社会,挑起了家庭的担子。弟弟也知道哥哥做出的牺牲。在当初的"一工一农"的政策下,哥哥把读书的机会让给了弟弟。叶伯罡也没有辜负哥哥的期望,读书成绩很好。小叔戚领吾清楚记得,因叶家出身成分不好,叶伯罡还差点读不了高中,最后还是托关系才有了读上去的机会。"罡罡很珍惜来之不易的读书机会,学习很努力,成绩很好,决心也大。刚结束高考,就表过态,不是重点大学就不去读。"戚领吾看着兄弟俩长大,太了解他俩的性格了,都很好强。结果,叶伯罡真如其所愿,考上了浙江大学。

叶伯罡对哥哥的恩情是难以忘怀的。记得读大学之前,哥哥给他买手表,那时候,手表属贵重礼物,结婚时的"五大件"之一,虽然他知道哥哥很会赚钱,但这都是辛苦钱。哥哥知道弟弟读书用功,担心营养跟不上,长期给弟弟买奶粉。每年的学费哥哥来付。本科毕业后,叶伯罡因成绩突出,被推荐去加拿大公派留学,经过艰苦的硕博连读,最终拿到了热物理学博士学位。叶守魁说,弟弟读大学以后,在家的时间不多,到了国外后,回家的机会更少了。游子长期在外,思念家乡的情怀会越来越深,游子思故乡乃人之常情。正当他想回国的时候,国内恰好发生政治风暴,他回国立业的决心由此动摇了,于是申请了加拿大绿卡,留在了国外。20世纪80年代后期,叶伯罡也回过家乡,娶了当地的一个姑娘,然后就去了国外。

2002年的时候,叶伯罡已经是美国通用汽车公司的全球采购经理。加拿大与美国是邻居,过了一座桥,就到了美国汽车城底特律。那时,叶伯罡在国外找对口工作也难,结果到美国找到了。叶伯罡之所以能在美国通用汽车公司找到工作,与美国的政策变化也有一定的关系。2002年之前,美国的汽车零配件都是美国国内生产的,当时美国相关部门做了一个调查,在超市里随意拿一个商品,往往在包装上都写着:Made in China。那个时候,中国的产品质量已经得到了充分验证,被越来越多的美国人认可了,超市里的日常用品,包括很多的家用电器也是中国制造的。那么,美国的汽车零配件为什么不可以由中国制造呢?美国是个精明的国家,从降低加工成本考虑,出台了新的政策,允许汽车零部件由国外的厂商来生产。美国新政策出台后,叶伯罡带着采购任务,立即回到中国,直接赶到家乡找哥哥来了。

弟弟找哥哥之前,叶守魁已经实施了创业前的准备,自己动手设计了一个无空气的奶瓶。

　　"我工科知识学得很快,也很自信。那时我做了一个市场调研,然后花了两个多月,设计了新颖的奶瓶和生产所需的模具。"叶守魁说,他弟弟找来的时候,他还真不想做汽车业务,还想着早日把奶瓶推向市场。"汽车配件太复杂,要求又很高,你还是找别人吧。"叶守魁对弟弟的请求毫无热情。

　　两兄弟从小就亲密,戚领吾说,哥俩关系好得不能再好。叶伯罡深知哥哥是一个责任心很强的人,说到做到,雕刻技艺又好,于是在哥哥面前磨:"哥,说实话,能信得过的人实在难找,但你的为人是绝对可靠的。"

　　从小一起长大的哥俩,彼此的个性熟悉得不能再熟悉了,哥哥从小照顾弟弟,直至大学,而弟弟也铭记着哥哥的恩情,虽然回国次数不多,一旦回来,总忘不了给哥哥带上一件大件。当时被称为"八大件"之中的摩托车、音箱,他都给哥哥带来了,而且挑选的都是最高档的。叶守魁当然知道弟弟的报恩心情,在同一个家教很严的家庭里长大的亲兄弟,都有一颗感恩的心。但兄弟归兄弟,业务归业务,这是两码事。面对弟弟的劝说,叶守魁还是没松口。

　　"你先来找哥哥,是弟弟尊重哥哥,但我要站在你的立场看,你要先让你老婆的娘家人做。"叶守魁十分注重礼节,知道有先来后到,这里也许含有推托的意思。叶守魁接着又对弟弟说:"你给我的业务,我先与你老婆那边去沟通,配件原料刚好你岳父在做,如果他们有兴趣,完全可以接手。我还是做自己设计的奶瓶。"

　　叶伯罡深知哥哥是个很讲道理的人,也只能默认了。于是叶守魁去弟弟的岳父家登门拜访:"伯父啊,罡罡带来的业务你们优先,还是你们去做。"

　　事后,叶伯罡的岳父对叶守魁说起过汽车业务的事,他说,女婿在那边,要我接手,价格至少高一半,否则报价这么低,估计钱不好赚。

　　叶守魁说起为什么一开始没有答应弟弟,有两个原因:一是上面提到的道理,二是他当时对汽车行业没有兴趣,因为当时已设计好了产品,不想就这样轻易放弃了。

叶守魁听了弟弟的岳父是这个态度，觉得不合理。想要不公平的价格去接业务，他认为是不合理的。

其实，叶守魁仔细想一想，觉得弟弟的岳父的话虽然不合理，但也有一定道理。那时的厂家不会成本核算，制造过程没有可操作的品质控制体系，如此一来，等于质量管控没有，成本核算没有。那时的店都是夫妻店，管理跟不上，担心会做亏本生意，所以报价要高，才觉得不会有风险。

余云菊作为嫂子，对小叔子的为人也了解，她说，老公的弟弟是个诚实的人，没有心机，他曾在浙江绍兴胶囊厂做外聘工程师，签约期为3年，年薪50万元，因为当时会做胶囊的人很少，后来半年就教会他们怎么操作，结果师傅教会了徒弟，师傅没饭吃了。叶伯罡真的是得到了基因传承，做事总是全力以赴，对技术毫不保留。叶伯罡眼看一时做不通哥哥的思想工作，就找嫂子聊："我哥如果自己做产品，销售会搞不好，不如做汽车零配件，这样就省去了销售环节，再说我哥有这方面的能力。你们以后接上生意，好生活来了。"

叶伯罡也去过其他地方，去不少厂家查看过，看准的人不想做，想做的人他看不上，叶守魁眼看弟弟的业务没人接，心里也不是滋味。弟弟又来找哥哥了，说："找来找去，我还是信任哥，别人信不过。你的为人，你的责任心所有人认可，如果你不是我兄弟，我也希望你来做。"弟弟苦口婆心地开导着哥哥，他是知道自己哥哥能力的，特别是雕刻技术非常高，模具质量的监控完全没问题，经过三番四次的开导，哥哥被弟弟说动了心。

叶守魁当时也想过，做汽车零配件，这个文件那个文件，要求这么高，实在太复杂，还是做奶瓶好。数学是叶守魁的特长，精确的计算根本难不倒他。此时，他拿过弟弟的报价单，仔细地核算一番，觉得通用汽车公司的报价是不高，但还是有钱赚，利润有30%，虽然是小订单，还是可以考虑的。经过一番深思熟虑后，他还是决定接弟弟的业务，奶瓶不做了，准备开一家汽车配件厂。叶守魁是一个不轻言放弃的人，如今答应了弟弟，放弃设计的产品，心里着实下了很大的决心。他当时是这样想的：别人做不出来的东西，他能设计出来做出来，销售不行，他可以请人，肯定也能赚钱。叶守魁可是个性格执着的人。

时至如今，叶守魁深有感触地说："其实，我要感谢我弟弟。我曾受业内人士的观念影响，认为汽车行业太复杂。当初，弟弟把我引到了涉及人身安全的高端行业，做普通产品的工厂一下子转入要求高的行业。虽然我当初不愿意，但随着社会的发展，我真的应该感谢弟弟，把我带上了汽车这一高科技的行业。"

东山再起

创业之路是不平坦的，一路走来总难以避免磕磕碰碰，有时还会跌倒。有人跌倒后不再爬起，有人跌倒后畏缩不前，有人跌倒后重新站起。叶守魁遇到磕碰，关了模具制造厂的铁门，因自己的意愿一时无法实现，选择了退缩，七八年之后有了勇气重新站立起来，从零开始，东山再起。

人的一生，能经历几次拼搏？机遇来了，就得抓住，只要有信心、有勇气、有能力，就得搏一搏，灿烂的光芒就会照耀着你，鼓舞着你向前迈进。叶守魁当然懂得这一道理，已经决定朝着光芒前行。

创业的艰辛只有做过的人才会有深刻体会，叶守魁经历了至少两次创业的路程，那时候，不知多少个夜晚，当人家已经沉沉地进入梦乡的时候，他还拿着刀具全神贯注地在雕刻模具，不知有多少个夜晚在灯光下苦读钻研，其中的艰辛只有他自己知道。如果说，做木匠时间短暂，不算初次创业的话，那雕刻的这几年算是最早的一次创业，后来转行又做了整整12年的模具制造，最后偃旗息鼓。如今再次创业，前面的路上肯定会碰到荆棘，甚至会被毛刺扎出血来，或者被巨石撞得头破血流，无论怎样，只要坚信自己，战胜自己，跌倒流血有何畏惧，只要一步一个脚印踏实前行，就会有成功的那一天。

以前挂着锦艺模具制造厂的牌子，如今要换成锦艺汽车配件厂，产品换了，"锦艺"两字没有换。"锦，金也。""锦"字蕴藏的精神还得继续传承下去,工匠精神不能褪色,精雕细刻,做出一流的产品,创出一流的企业,是叶守魁终生追求的目标。

决定办厂之前,余云菊觉得不能再"坐吃山空"了,养家糊口需要钱来支撑。2002年7月她去了上海,跟她四姐做医疗器械生意,四姐答应她年薪10万元,那可是求之不得的高薪。到了上海,她每天跑医院,给主任医师讲解怎样使用医疗器械。可仅仅跑了两个多月,就接到了家里的电话,告知家里决定重新办厂,于是她只能带着四姐的业务回到了慈溪新浦。那时,她知道老公弟弟带来的业务很小,现在办个汽配厂也不需要规模,只要能把配件做好就行。为了给家里多一点收入,她没有放弃四姐的业务,在宁波一带再去跑跑。

看看过去的模具车间,除了被看成废铁的压机仍躺在那里,还有两台注塑机,其余的加工设备都已经卖掉。订单接手了,模具可以外加工。通用汽车公司的零配件虽然要求高,但凭他自己的手艺,如果模具有问题,完全可以解决,完成一个小小的订单根本不是事儿。

接订单就得报价,叶守魁记得报价的时候,已经是那一年的9月份,到了年底交样品,一部分模具费也汇来了,为了省事,也为了减少年度报表的工作量,工厂挂牌运作是从2003年初开始的。

创业没有一帆风顺的,好事总是多磨。正当锦艺汽车配件厂准备生产第一个产品的时候,国家对汽车行业出台了一个新规定,从事汽车配件的企业必须要通过QS9000质量管理体系认证。"我的老房子、老设备没法通过啊!"叶守魁感觉很无奈,那个时候,他没有买机器的钱,连几百平方米的高棚厂房也租不起。正当一筹莫展的时候,朋友给他送来了20万元,因为他很重信誉,朋友完全相信他的为人,愿意借钱给他。

既然要认证,厂房首先要解决。这时,叶守魁的眼光落到家门口旁边的祖传房子上。

叶守魁的爷爷叶富盛有一个弟弟,因膝下有女无子,叶富盛的姐姐的一个儿子过继给了他的弟弟,后来过继的儿子有了四个儿子,于是叶守魁有了叶家的四个堂兄弟。这四个堂兄弟原来都住在祖传房子里,共有5间房,每间房大约30平方米,房子的前面还有一块空地。现在两个堂兄弟建了新房已经搬迁,还有两个堂兄弟住在那里。那时的房价自2000年开始上涨以来,涨幅还不大,农村的老房子涨幅更小。

　　既然决定购买祖传房子,也得有人去商谈。别说叶守魁没有时间,人才要引进,厂房规划要做,设备要订购,时间都很紧迫,再说他与堂兄弟去谈也不见得是最佳人选。关键的时候,还是让贤内助出场,余云菊人缘好,无论是在邻居还是亲戚眼里,都留下了贤惠勤劳的好印象。

　　余云菊前去跟堂兄弟商谈,以高于市场价的价格把五间房都买了下来。余云菊知道四个堂兄弟经济条件不是很好,支付时又在原来的价格上增加了两三成,没多长时间就把买房的事办妥了。余云菊自己家里忙着创业,资金也很紧张,但她宁可自己家多担着点。老公被人称为“万能铣床”,老婆成了“公关专家”,她从不与人斤斤计较,肚量大,容易办成这类事。

　　老房子买下来后全部拆了,加上房前的空地,搭了一个大棚,两三百平方米的生产场地当年动工当年就落成了。

当年建造的厂房至今仍没被拆除

　　做一件事情,往往是从一点一滴做起,叶伯罡刚带来的业务量很小,订单上要做的汽车零件就像纽扣那么小，每个零件的产值只有区区的2美分。没过半年时间，因生产的零件得到客户的认可，小批量的订单慢慢在增加。"要么不做，现在既然决定做了，不要嫌活小，小生意做好了，自然会带来其他生意。不管是大生意还是小生意，只要是生意就要努力去做好，这就是声誉，就是品牌效应。"叶守魁说的没错，品质过硬，生意自然会来。之后，美国的订单一个又一个地飞了过来。

厂房有了，设备也订好了，关键的管理人才必须尽快到位。叶守魁早就说过，家族式企业绝对不能有家族式管理，现在生产规模扩大了，职业经理人必须要引进。叶守魁早已做好"劫材"的准备，知道这是很关键的一步，他早就瞄上了慈溪高氏金属制品有限公司副总经理冯立平。

至于冯立平为何会同意助他一臂之力，以后谈到人才的时候，再慢慢道来。

1988年，叶守魁还做着模具厂的老板，在一次业务的交往中认识了冯立平，现在请他来担任负责生产经营的副厂长。与叶守魁一样，冯立平也精通模具技术，初中毕业就在乡镇企业做学徒，学了2年模具制作，做的是雅马哈摩托车零件模具。

"对模具来说，2年时间没什么好学的，要精通模具制作，最需要实践经验的积累。"冯立平对模具这个概念是深有感触，经过10多年的磨砺，他的实战能力越来越强。他曾去过矿业机械厂，也去过电器厂，做过塑料模，也做过金属模，也负责过各类材料的采购，也会机器设计制造，后来，在高氏做了副总，说是副总，其实担当的就是职业经理人的角色，投资人只是挂个总经理的名头，该公司的生产经营全部都由冯立平负责，除了技术开发，其他什么也都要管。叶守魁再次创业初期，急需要这样的人才。

叶守魁懂得人才的重要性，要办好厂，人才是最关键的一环。他看重的是冯立平的丰富实战经验，加上他又是土生土长的新浦人，搞材料采购、联系外协等一系列事，沟通方面与外地人相比占有明显优势。

人才有了，生产场所有了，接下来就是设备到位和人员招聘。"我来的时候,新建的厂房里一台设备也没有,新厂房刚好落成。"冯立平说。老板正忙东忙西,新添的三台注塑机已经预订好,设备运输以及安装只能由冯立平多操点心了,他副厂长的担子立马挑了起来。

做模具的时候,工人由一两个逐渐增加到十几个,现在做汽车配件,起先在车间做的工人只有一个,叶守魁清楚记得她的名字叫代成芬。不同的是,现在需要配备翻译、单证有关的人员,所以办公室的人员增加了。新的厂房落成后,一线工人随着业务的不断增加而慢慢地在增加,第一批工人后来有了十几个人。虽然人员招聘不是问题,但新员工入厂还需要培训。生产规模扩大后,各项工作正紧张有序地进行着。

2003年下半年,业务多了起来,这主要还是叶守魁的功劳,他开发了一个新产品——网片,为美国通用汽车公司配套生产。为了选购质量过关、价格又便宜的材料,叶守魁得知河北安平丝网很有名,于是就不远千里赶了过去,选择了一批符合生产商要求的镀锌网片材料。接了网片的订单后,产量是做上去了,但网片的切割成了眼前的一大难题。用当时市场上的切割机,始终切割不好网片,咋办呢?头痛的问题最终还得靠自己动手来解决。叶守魁设计了一个自动切割的机器,再委托外协单位加工制造。"这个机器全世界没地方买。在汽车行业,今年设计一辆,明年设计一辆,零配件都不一样,都是特制的,做注塑件就不一样,注塑机可以买。但要符合当时要求的这样的切割机真的没地方买。"叶守魁对当时的市场行情很了解。

切割机做好了,用它切割的网片寄到美国,厂商称赞:"Very good。"当年,他从宁波至河北跑来跑去,产品利润是很低的,产量也小,一年20万元产值,利润只有3万元。产值虽然小了,利润虽然不高,但叶守魁既然决定做了,就有信心做下去。他执着的性格很外露,对自己决定要做的事很有自信,这是从他学雕刻的时候就已经形成的品性。

锦艺汽车配件厂经过一年多的运行,慢慢地踏上正常运行的轨道。从一个2美分的小小配件做起,逐渐地扩大了承接的业务,叶守魁再一次的创业宣告初战成功。

突飞猛进

真如叶守魁之前所说的,汽车行业属高科技行业,这个文件那个文件,要求很多很复杂,要在这个行业闯出名堂真的不容易。这不,就在新厂房才使用一年之后,叶伯罡对哥哥提要求了,说是现在业务多了起来,原先的新厂房不符合标准,担心一旦通用公司派员过来会通不过检查。叶守魁当然知道,一年前建造的高棚厂房是传统式厂房,现在要求汽车行业零部件供应商的生产车间必须按新标准建造。考虑到弟弟提出的要求是形势所迫,再说经过一年多的运营,订单也确实多了起来,如果要做大做强,现有的厂房的确也制约了今后的发展,虽然还没钱建造厂房,但租房的资金是能想办法解决的,毕竟已经开始赚钱了。

于是寻找厂房成了叶守魁的头等大事。他先在新浦的周边找,刚好崇寿镇有待租的标准厂房,距离新浦仅20分钟的车程。1500平方米的厂房租了下来,那是2004年的事。租用标准厂房、添置新的设备都需要资金,虽然叶守魁已经赚钱了,但毕竟刚赚来的小钱还不足以支付这些费用,再说生产规模大了,所需的流动资金也多了,最终还是靠朋友的担保,从银行贷来了500万元。

叶伯罡长期在美国生活工作,对通用公司供应商的厂房要求是很清楚的,开始的时候,业务量很小,原来的新造厂房作为临时应付还行,但要长期做下去,那必须按规定办事。看着新租来的标准厂房,叶伯罡对哥哥又提出了新的要求,车间地面、墙上需要漆上油漆。按规定办事总是对的,既然已经跨入了汽车行业,就得按行规来办,该用的钱还是要用。"车间刷上油漆后,非常干净。"叶守魁看着崭新的车间,充满了干一番大事业的信心。

创业初期,对投资人来说,最缺的应该是钱,有的地方不能省钱,但有的地方通过自己的能力可以省下一些钱。那时候,模压机不贵,五六万元一台,但车间里需要的一条长10米的烘道,可以自己设计建造,能自己做的一些设备叶守魁就自己动手。办一个企业,特别是初创阶段需要用钱的地方不少,花钱似流水,能省的就得省。当初余云菊提出买厂房,但叶守魁考虑到买厂房就会提升财务成本,没同意,他不想让刚有起色的企业增加过大的压力。因为那个时候,不少设备都要添加,流动资金都需要银行贷款,赚来的钱买设备还不够。虽然工厂的发展势头不错,但叶守魁觉得还不到买厂房的时候。此时,叶守魁想着最多的还是如何打响"锦艺"的品牌。有了响亮的品牌,才有底气向前迈进。

做汽车配件,模具精度的把控至关重要。叶守魁凭借高超的雕刻技术,完全能做到这一点。虽然自从开办汽车配件厂后,模具都由外协单位完成,但模具好不好,设计合不合理,还得"锦艺"来把关,叶守魁可是模具把关的高手。正因为"锦艺"对产品一丝不苟,流出去的汽车零配件都得到了美方的好评,有了信誉,才会从起先的一个两个订单,迅速地增加至十几个、几十个,美国人对"锦艺"出来的产品越来越认可了。叶守魁虽然之前学的是工业雕刻,但把师傅高伯乐的教导牢牢记在心里,这辈子是难以忘怀了。他知道自己现在也算是初创成功的企业家,但始终认为一个工匠,追求完美是努力的方向,他自己不满意绝不出手,哪怕只有一点瑕疵,也要吹毛求疵,不论是否是一个小小的零件,只要是还能做得更好,都要想方设法除去瑕疵,不让自己留下遗憾。直至今天,他还是这样要求自己,同样也要求公司的员工做到这一点。他精益求精的态度,以前做雕刻的时候是这样,做模具的时候是这样,现在做汽车配件的时候同样是这样。工匠精神助推了他的创业成功。直至2018年,他的匠心始终没有变。此是后话,以后详细道来。

那时候,与美国公司打交道虽然时间不长,但美方看到一批批零配件的质量如此过硬,很快信任了他。美国通用公司生产的汽车品牌众多,生产基地遍布全球,既然"锦艺"汽车零配件做得这么好,大洋彼岸飞来的订单自然越来越多。这是中国的工匠精神折服了美国人。

2004年成立了公司之后,订单仍在不断地增加,员工人数也随之增加,年中的时候,公司员工人数迅速增至七八十人,到了年底就超过了

100人。公司产值从最初的二三十万元,猛增至200多万元。设备也在添置,冲床一台台地来到了车间,连以前从来没接触过的油压机也进入了生产场地。

"美国是从2002年下半年开始到中国寻找供应商的,从那以后,美国汽车零配件订单大批量地涌向中国,我是第一批挖到金的人。"叶守魁颇感自豪地说。

回想前两年,叶守魁的弟弟叶伯罡作为美国通用汽车公司的全球采购经理,来中国寻找供应商,苦苦找不到适合的企业。这么小的一个零配件,产值也这么少,大的生产企业连看一眼也没兴趣,根本谈不上合作了。小型企业想接这个业务,却技术力量不够。别小看纽扣一样小的零件,技术要求却不低。这个零件看起来十分简单,但对技术的要求却以0.01毫米来计算,要求十分苛刻。

由原来的副厂长改任为副总经理的冯立平说:"'锦艺'发展非常快,模具做好,注塑机注。有的机器没有,自己做不来的,找外协单位。因产品的品质好,做出了声誉,美国的业务源源不断,生产的汽车零配件种类越来越多。比如说汽车后备厢的平底板,由老板自己设计,技术开发也同步推进。又比如配电板,2005年整整开发了一年。每开发一个新产品,业务量就上一个台阶。那一年,两天三只集装箱,厂里的工人一下子猛增至200多人。2005年产值约1000万元,2006年一下子升到4000多万元。名声打响后,美国汽车生产商会主动找上门来。"有了一定的物质基础和高超的技术力量,这就有了以后的特斯拉。

开始的时候,因缺乏必要的设备,"锦艺"只能做美国通用汽车公司一级供应商的配套厂家,到了2007年之后,该有的设备都有了,有资格做一级供应商,不再做人家的二传手,生产任务来不及,就自己外面找助手了。

2005年,200多个工人济济一堂,1500平方米的厂房显得太小了。公司订单在快速增加,到了这一年的下半年,订单还在源源不断地增加。此时,叶守魁明显感觉到现有的生产场面已经满足不了飞速发展的需要。"锦艺"不能因厂房的限制而停滞不前,到了该寻找出路的时候了。新厂房租用2年以后,隔了一条马路,"锦艺"又新租了2000平方米厂房。

就在"锦艺"租用了3500平方米的标准厂房的那一年,也就是2006年,叶守魁设计的一个新产品,获得了国家大奖,同时也获得了国际发明专利。关于这一新产品开发成功的事,下面再详细道来。

挑战成功

读书之前,叶守魁就喜欢独立思考,到了读书的时候,特别喜爱钻研,最明显的一点就是对数学情有独钟。踏上社会之后,他已经养成了钻研问题、解决问题的习惯。创业时期,生产过程中常会遇到这样或那样的问题,面对问题,他总会想出解决的办法。一些生产需要的特定设备,市场上难以买到,叶守魁就会自己动手设计。针对客户的需求,他经常开发一些新产品。

2006年的一天,美国通用汽车公司发来一个邮件,请求供应商开发一个能满足新要求的产品——PP棉。

美国客户之所以提出这一要求,也是形势所逼。之前,美国制造的汽车消音用的都是玻璃棉,就在这一年,美国相关机构对汽车行业提出了新的要求,汽车上不能再采用玻璃棉,因为万一遭遇车祸,玻璃棉会伤及人身,如果刺到眼睛,后果更难预料。叶守魁接到这一信息之后,知道这是一个挑战,这个产品是不容易搞出来的,因为美国生产商发往中国的订单,往往都是他们不想做的,或者说批量小生产成本较高的产品。而挑战对叶守魁来说,正迎合了他的胃口。开发难度越是高的产品,他越是想尝试。于是,由叶守魁主导设计的研发小组成立了,他们根据客户的要求,设计产品制造的方案,每天制作、试验。一天又一天过去了,一眨眼就一个月过去了,全身心投入研发的时候,日子真的过得很快,试制的产品技术参数总是离要求差得较远,又一个月过去了,研发的产品还是不行。叶守魁知道新产品开发没这么容易,要持之以恒,鼓励参与研发人员要有信心。主导研发的老板有信心，一起协助研发的人员哪有退场的理由，于是一天又一天地继续制作、试验……

这个PP棉为何这么难制作？开车的时候，发动机声音响，用它来包裹，车内的噪音就会小得多，车子跑高速路的时候，门窗接合处肯定会有风声传进车内，要把声音反弹及吸收，减少风声的传入，这些问题都得通过PP棉来解决。产品怎样制作才能做到密度均匀、大小合适？这是新的尝试，世界上没有先例，要求2厘米厚的PP棉，密度大了不行，密度小了也不行。"好比一个人吃饭，吃一碗饭还是吃两碗饭，到底吃多少合适，自己也说不清。"叶守魁打了一个比方。产品试制需要外协帮助，当时国有大企业也不会做，叶守魁只好跑到现场去指导，说出每一个环节具体怎么做。

当时，国际上已经有人生产PP棉了，但产品的性能达不到美国通用汽车公司所提出的技术要求，可想而知，看起来原理简单的产品，老是做不好，肯定有其难点存在。眼看一个月一个月地过去了，叶守魁就是不认输。与他共事的人知道，老板就是个执着的人，认准的事是很难让他转变心意的。想到前几年，他的弟弟叶伯罡反复劝说他做汽车零配件，算是一个少有的例外。继续反复地调整，不厌其烦地测试，光是测试至少超过50次，至于制作过程反反复复有多少次，参与的人谁都记不清了。经过一天天反复测试调整，技术参数离要求在慢慢地接近，真可谓工夫不负有心人，最后叶守魁终于摸到了密度调整的窍门，到了研发的第11个月，技术参数完全符合美国通用汽车公司提出的要求，并且比同类产品的性能高出70%，这不仅得到了中国权威机构的认可，也同时得到了国际权威机构的确认。承担测试的国际机构位于加拿大，是当时全世界公认的最有权威的机构。翌年，这个产品研发成功，叶守魁凭此荣获了国家重点科技新产品成果奖。叶守魁拿到国家奖励的60万元奖金时，内心非常激动，这是他第一次拿大奖，而且还这么多。叶守魁做汽车零部件的时间还不长，每次的订单批量又不大，深感要赚到60万元是多么不容易。如今，国家一次性就奖励他60万元，这对叶守魁来说是多么大的鼓励啊！此时此刻,叶守魁怎么压制得了自己内心的激动心情。"这可是不用缴一分钱税的奖金呐!"时至今日,叶守魁谈起这件事的时候,心情仍然显得激动,他说,工匠精神真是好,对一个企业来说,科技创新是多么的重要啊!

获得国家重奖的同一年,叶守魁主导研发成功的PP棉也引起美国通用汽车公司的关注,后来通用汽车公司把这个产品应用到了美国汽车行业900项目。那时候,中国刚好完成800项目,当时中国汽车行业的技术水平要比美国落后5年以上。

PP棉开发成功的同一年,叶守魁还开发了一个大产品,是美国道奇车上使用的平底板。此前,锦艺生产的汽车零部件几乎没有大产品,小产品小批量,产值提升靠的都是产品种类的增加,产值从来没有出现过大的飞跃。如今大产品一个个开发出来了,产值就有了大幅度的提升。2007年,锦艺的产值一下子提升至9000万元,员工人数最多时超过了300人。

找准"势头"

前面谈到了围棋对叶守魁所产生的重要影响,叶守魁在谈管理与围棋的时候,提及如何寻求"势头"的问题。这里回过头来,再来详细说说叶守魁是如何想到与当时比他的企业规模还小的美国企业——特斯拉合作的。

就在2005年,叶守魁已经感到寻找"势头"的迫切性,这是事关企业发展的大事。他学会围棋之后,深知"势头"的重要性,地盘要扩大,"势头"不可少,下围棋的时候,"出头"至关重要。叶守魁习惯用围棋理念思考企业的问题,既然被弟弟引入汽车这一行,那也该找一找汽车的"势头"到底在哪里。从当时看,电动汽车虽然已经有人提起,但要普及还存在着种种的制约,也不那么引人关注。然而就在这一年,叶守魁认为电动汽车今后肯定是一个大的发展方向。他的这一超前眼光,找准了企业发展的势头,不仅成功引入了所需要的人才,也靠他个人的超强能力,留住了一批人才,跟着他一路创业。相关的人与事,此后在有关人才的章节再详细道来。这里先说一下他第一个引进的职业经理人冯立平。

冯立平答应叶守魁之前,已经是一家公司的副总经理,全面负责公司的整体运行,老板只是挂个总经理,这在前面已经提及过。当时为何决定跳槽,冯立平坦率地说出了心里话:"除了待遇方面,最看重的还是前途。"作为认识多年的同行人,他认为叶守魁今后会有大的发展前途。对于搞技术的人,跳槽不是没有风险,因为一切都存在变数。作为职业经理人就要凭自己的判断能力了。当时,高氏想着办法挽留冯立平,但最终他还是决定去锦艺。冯立平说:"叶总技术好,又有眼光,看待事物有超前的眼光。"他的这两个理由,不是听别人说的,而是自己亲身体验过的。

"1988年,我就已经知道叶总了,我刚18岁,在乡镇企业做学徒,当时他开的模具厂车、铣、刨、磨都有,那个时候做模具的拥有这样一套设备的很少。我最早所在的厂原先是镇农机厂,后改为矿业机械厂,因技术力量欠强,有一套模具太复杂,精度要求高,不会做,就去找叶总。记不清哪一年,小村合并成大村,我们成了同一个村的人,相距3里多,在业务往来之前,已经认识,只是不熟。后来彼此有业务往来,我厂一个模具出现磨损,是用来做摩托车反光镜的外壳部件,具体说,就是部件上的皮纹磨损,去找叶总。这个模具不是自己做的,工人不小心磨掉了。新浦只有叶总会用手工修复,就这样熟悉起来了。"冯立平在谈起往事时,总是笑眯眯的,他对叶守魁的技术流露出敬佩之情。冯立平认为,做汽车行业是很复杂,但有前途,只要有过硬的技术,肯定会有发展。

2005年,叶守魁指定员工收集全世界所有有关电动汽车的信息,第二年,他从资料中找出了特斯拉为合作的对象,这事在前面已略有提及。那时,特斯拉的规模还很小,员工比锦艺还要少。叶守魁看好的是它的前景,反复提及自己的一个理念,就是企业不是看规模大小,而是要看企业的创新能力。就在那个时候,恰遇特斯拉首款车型 Tesla Roadster 的研发工作遭遇了瓶颈,它也急于寻找合作伙伴来共同开发汽车零部件。

那是2006年,美国特斯拉汽车公司通过通用汽车公司主动找上门来寻求合作,彼此通过网络建立了关系。

互相都有所求的企业走在了一起。特斯拉主动找上门,希望锦艺与其一起研发电动汽车的零部件。当时特斯拉不可能把主要精力放在零部件上,到处找供应商,可当时特斯拉一是名声不响,二是订单又小,大厂没兴趣,小厂技术力量不够强,以致没人接手。然而,叶守魁没有看不起特斯拉的小订单,而看重的是合作的前景,于是有了第一个合作,帮助特斯拉开发充电器的一个插头。

叶守魁全家与时任特斯拉副总裁的皮特·卡尔森(右三)及其夫人在一起

可是,第一次合作就出现了问题,不是锦艺做出来的插头质量有问题,而是与美国政府部门的相关规定有关系。订单来了,锦艺投资了27万元设计开发模具,几个月之后,样品也有了,可美国安全局没通过,说特斯拉插头设计不到位,安全指标没达标。

在这次合作过程中还有一个插曲,因为接这个业务是通过特斯拉的项目承包商。那是2007年,特斯拉承包商来到锦艺,客人来了,叶守魁自然是以诚相待,可他到了美国之后,承包商说明天早上一起吃饭,可饭吃完后还是要锦艺买单，虽然只是几百美元，这可与中国的礼尚往来不合啊。叶守魁当时很有想法。

在美国期间，叶守魁去了特斯拉参观，一看一交谈，就觉得他们技术还薄弱，创业条件也艰苦。于是，叶守魁提出请客，与特斯拉的人一起吃饭，对方欣然接受了。"他们答应跟你一起吃饭，很给你面子了，那时候他们在创业阶段，很忙很忙。"叶守魁当时这样觉得。

叶守魁请特斯拉的人吃饭，其实是有话对汽车生产商说，因为他认为中间商很抠门，这并不是说吃饭不买单，而是模具费一直不给。"我们做好了，中间商说，付给你一点。我气了，你不付就不付，以后我不跟你联系了，直接与特斯拉联系。"叶守魁认为中间商应该取消。后来特斯拉也认为应该这样。

27万元的模具费是打了水漂，特斯拉觉得也很无奈，产品做不了，他们也不能替中间商付钱。然而，叶守魁真诚合作的态度打动了特斯拉，"让你白做也不行，以后的业务给你补偿，可不可以？"叶守魁记得特斯拉陪同人员对他说的话。双方都有诚意，这就是合作的基础。

"可以。"叶守魁很干脆地回答道。

其实，特斯拉创业阶段是相当不容易的，叶守魁知道，自从与特斯拉合作开始，前3年他们还是亏损的，但他就是看好特斯拉会渡过难关，一定会有美好前景的。正是叶守魁的超前眼光和坚定的信念，让企业踏上了正确的发展之路。

2008年，特斯拉给锦艺的业务量仍然不大，只有几个小订单，叶守魁仍不灰心，看好它会成长，只过了一年，业务就多了起来。当然，特斯拉对锦艺的产品是信任的，已经可以放心下单了。于是，订单一年高于一年，100万美元、200万美元、300万美元……年年在递增，到了2014年，达到了2000万美元。叶守魁说，这就是大局，这就是下围棋，打入还是侵消？

叶守魁家人与叶兴公司的美国员工在特斯拉总部大门前合影

锦艺通过与特斯拉的合作，可以"借梯登高"。但从当时来讲，锦艺可是陪伴着特斯拉长大的。

从 2007 年为特斯拉提供第一款零部件汽车充电插头起，经过 10 多年的合作，目前锦艺公司为其提供的零部件多达 200 多款，特斯拉订单的产值占到锦艺年产值的 50%，锦艺与特斯拉的合作道路越走越宽。

如今特斯拉已经闻名世界了。"特斯拉

叶守魁与时任特斯拉开发部经理斯蒂文（右一）在一起

在美国很有名,可以说家喻户晓。听说,这家公司2020年要出新款电动跑车。"叶守魁的女儿叶阳在美国读书,最关注的汽车公司就是特斯拉,因为父亲的公司已经成为特斯拉的一级供应商。

特斯拉从原来的一条小船变成了大船,全球汽配企业正盼望着能搭这条快速行进的大船的时候,叶守魁后来新创办的叶兴公司已经稳稳站在大船的甲板上乘风破浪。叶兴公司现成为特斯拉在中国的两家零配件提供商之一,另一家就是鼎鼎有名的富士康。叶守魁说,特斯拉2000多个零部件中,有200多个都是叶兴公司做的。特斯拉第一辆车下线的时候,叶守魁作为特邀嘉宾专程赴美国见证了这一时刻。在这特斯拉第一辆车上,就有叶兴公司生产的零部件。

见证特斯拉第一辆车下线的供应商不多,时任特斯拉开发部经理叫斯蒂文,与叶守魁合作了一段时间,彼此比较熟,当时电池包是发往英国组装的。"斯蒂文通知我,特斯拉第一辆车下线了,是否有时间去参观。因为我是第一个核心部件供应商,也是当初最大一个供应商,所以他向我发出了邀请。我亲眼见证了特斯拉第一辆汽车下线,见证了特斯拉的发展。"叶守魁接着又说,当时,他与翻译一起去的,对美国文化不太了解,斯蒂文以为他们对美国很了解,所以他们想体验一下美国的生活,打的去的,从旧金山出发,45分钟车程,回来想坐火车回来,他住旧金山,与工厂有一段距离,特斯拉工厂离旧金山往南开车45分钟,坐火车费时,大概一个小时,火车要等啊,火车中途要停。叶守魁此次去美国,心情很好,他中午还请斯蒂文一起吃了饭。

第九篇　打造品牌

　　大海行船,难免触礁,危机来临,需要临危不惧的定力,抓住机会,奋力一搏。企业要提升综合竞争力,就要善于用人,注重细节,匠心智造,提高精工效益,牢固树立品牌意识,按国际最高标准打造创新产品。

建造厂房

　　赚钱之道很多,赚钱的种子难找。香港有位著名推销商曾说过这样一句话:"世界会向那些有目标和远见的人让路。"也许远见就是赚钱的种子。

　　自从锦艺租下崇寿的标准厂房之后,生产走上了正轨,一个个大产品也相继开发出来,产值有了迅猛增加。就在那个时候,叶守魁已经有了新的思路,今后想要更大的发展,租厂房终究不是办法,眼下赚的钱也多了起来,拥有自己的厂房才会有立足之地。以前没有买房的钱,租厂房只是权宜之计,如今年产值已经猛增到4000万元,该是考虑自己建造厂房的时候了。有了自己的立足之地,才有图发展的条件。

　　那时候,叶守魁在深思厂房究竟选哪个地方好,着实推敲了一番。

选杭州湾新区还是滨海开发区？论地价滨海开发区要便宜一半，但杭州湾新区发展势头更猛，地价升值快。当时，不少企业家都趋向杭州湾新区买地。经过一番考虑，叶守魁还是决定在滨海开发区买地造厂房。

为何选择这里，叶守魁自有道理。"对做企业的人来说，土地成本是归到生产成本里去的，要计入财务成本。有不少人认为买杭州湾土地比较好，以后升值快，但我认为，办厂不是靠厂房用地升值，这不是为生产而服务，买地造房应该从生产角度去考虑，钱拿出去，是要考虑生产成本和财务成本的，不能想着买地以后升值赚钱，而应该从生产发展的角度去考虑。现在有的公司倒闭，就是没有好好考虑财务成本，过大的成本销蚀了企业的盈利能力，最终压垮了企业。"叶守魁虽然没读过财务专业，但他无论学什么，都学得快，特别是涉及计算，他更是擅长，习惯精细算法，这与他以前养成的习惯有密切关系。自从办企业以来，他不仅建立了一整套产品成本核算体系，还就如何控制财务成本建立了一套严格的管理制度，要求财务部门把财务成本控制在一个规定的范围之内。

"慈溪新浦我有不少企业家朋友，其中有人认为银行贷款拿到的钱是自己的钱，反正欠着就欠着，利息付就付，可付利息是计入财务成本的啊，学会如何控制财务成本，对企业来说至关重要。倒闭的企业可能没细细计算过财务成本，工厂在生产，产值8000万元，贷款一个亿，你的财务成本是多少，这样的厂能活吗？其实已经死了，它没有控制好财务成本。所以，企业要考虑各种成本，找一个平衡点。怎么找，利润多少，财务成本多少，这些问题都是办企业的人需要仔细去考虑的。如何去算，管理学上有的。"叶守魁学过管理学，他做事很细心，考虑问题也很细心。

慈溪滨海经济开发区规划总面积168平方千米，地处慈溪东部，杭州湾南岸。东与镇海区接壤，南与江北区相连，西接掌起镇，北临杭州湾，是慈溪市"东融宁波""北承上海"的前沿阵地，也是宁波都市圈向北融入长三角地区和浙江海洋经济发展版图的重要节点。慈溪滨海经济开发区前身是慈东工业区，由海涂围垦而成。2004年6月，慈溪市政府启动建设慈东工业区,规划面积22平方千米,实行"由市主导并协调各相关镇(街道)共同参与"的开发模式,当时定位是"慈溪中小企业集聚区"。2006年5月,慈东工业区管委会正式成立。2010年,随着杭州湾新区体制调整,以及《浙江海洋经济发展示范区规划》上升为国家战略,慈溪市区域战略格局发生重大变化,慈东工业区成为全市最重要、最具潜力的产业大平台。由此可见,叶守魁选工业用地是有眼光的,滨海开发区已经成为今后发展产业的大平台。

2006年,慈溪滨海开发区地价还不贵,每亩土地10万元。叶守魁是个说到做到的人,决定买地,就会立马行动。按照叶守魁的治厂理念,余云菊已经退出了公司的内部管理,但跑腿的事还得沾上边。"我去看地的时候,那一块地都很难找到,到处都是芦苇和杂草。"余云菊说,当时滨海区第一期开发已经完成,锦艺去看地的时候是第二期第一个,当看准中部靠东南的一块地后,有两个方案可以选,一块是25亩,另一块是30亩。虽然相差只有5亩,但两边的朝向还是有区别。余云菊是与一名员工一起去的,她说,按当时生产需要,25亩地也足够了,从长远的角度考虑,加上5亩地,可以给今后的发展留出更大的发展空间。余云菊考虑再三,觉得还是30亩这块地好。当时,锦艺的产量开始有了明显增加,盈利能力也提升了,但毕竟还在用银行贷款的钱,虽然说增加5亩地才50万元,但也要进财务成本的。当然这事还得与叶守魁商量。两相权衡比较,叶守魁觉得还是老婆的方案有利,为企业留有发展的空间,这50万元可不能省。

以前,滨海开发区一带都是海涂,锦艺在这里建造厂房前,虽然土地上已经填埋了一层土石,但地质是很差很差的,建造厂房首先要填上一米厚的塘渣,单是填塘渣,卡车来回奔跑不知有多少次,要把30亩地填平,只能以百车计,填塘渣的费用高得惊人。

"我来的时候,看到的是海涂、芦苇,连跳动的小海鲜都有。"冯立平是管生产的副总,自然关心将要建造的新厂房。

填土工程完工后,接下来就得打桩。地质松软,打桩必须要打得深,虽然建造的只有两层厂房和三层的办公楼,根据地质探测,桩头需要打到10多米。

2万平方米的厂房和办公楼正在夜以继日地紧张建设中,到了2008年上半年,新的厂房以及办公楼基本建成。同年10月,锦艺的生产线开始从崇寿转移至滨海开发区,费时一个月,边生产边搬运设备,终于从人家的地盘转移到了自己的地盘。

看着崭新的厂房,叶守魁内心是多么的欣慰,如今终于有了属于自己的厂房,该是可以放手一搏的时候了。

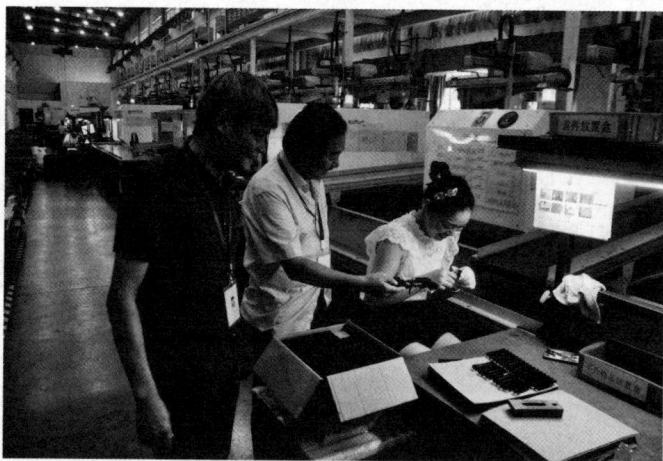

叶守魁在注塑车间检查(左边为生产部经理杨贤贵)

遭遇危机

对创业者来说,创业好比大海行船,在乘风破浪之中,难免会遭遇暗礁。叶守魁刚造起新厂房准备扬起风帆、破浪前行之际,令人意想不到的事情发生了,美国爆发了金融危机。

2008年9月,雷曼兄弟的倒下敲响了金融危机的钟声。从美国引发的金融危机,迅速扩展到全球,美国、日本、欧盟等主要发达经济体都陷入了衰退,发展中国家经济增速减缓,世界经济面临着20世纪30年代以来最严峻的挑战。这场金融危机的导火线是次贷危机,具体来说,就是房地产泡沫破灭引发的次级债崩盘,虚拟经济引起的经济泡沫破裂,其实质则是美国虚拟经济与实体经济长期失衡造成的。华尔街金融寡头的高管们为了获得巨额收益而设计的复杂衍生品,放大杠杆,最终出了巨大问题,后果自然是惨不忍睹。亚洲开发银行报告显示,全球金融业2008年损失高达50万亿美元,这几乎是全球一年的经济总量。

而中国没有在这场巨大灾难中倒下,因为当时中国资本账户没有开放,中国金融业没有被危机击中,虽然中国产品出口深受其累,但中国金融受其波及有限。就在那一年第四季度,中国宣布了四万亿元投资计划。天量信贷支撑的大规模投资让中国经济熬过最难的日子,使中国经济几乎在最短的时间内触底反弹。

20世纪60年代,经历了史无前例的经济增长之后,德国经济学家路德维希·艾哈德曾敦促适度与节制,却遭到一番嘲笑,因为人们不愿意相信苦日子会再来。20世纪70年代初爆发的石油危机让许多人幡然醒悟,而这样的悲剧居然会在2008年再度上演。这次危机究竟因何而起,归根结底,就是"贪婪"。时任德国财长沃尔夫冈·朔伊布勒在他的新著《未来必须节制:我们从金融危机中学到什么》中写道:"利己是一种强大的动力,然而,利己一旦过度,便是贪婪,这就十分危险,贪婪会损害乃至摧毁一个合理的制度。"从挖掘人性的贪欲与无度入手,进而从一个政治家的角度来呼吁节制与适度,朔伊布勒抓住了这次金融危机的根本原因。

然而,锦艺作为美国通用汽车公司的一级供应商的合作伙伴,却没有逃过这场金融危机所带来的严重冲击,100多万美元货款因美国BBI公司的倒闭而石沉大海。

BBI公司原来是美国通用汽车公司持股的企业,也是通用公司的一级供应商。受全球性的金融危机影响,通用汽车公司最终走向了破产,BBI公司随之破产。2009年2月,按政府要求,通用汽车推出了一个包含裁员、减负的重组计划,并要求政府再提供166亿美元援助贷款。3月,美国总统奥巴马否决了这项重组计划,理由是通用汽车只想要钱而忽视重组,要求通用汽车在60天内拿出具有全球市场竞争力的改组计划。通用CEO瓦格纳在压力下不得不辞去职务。4月,通用汽车抛出了改良后的重组计划,其中要求债券持有人放弃270亿美元的债务来换取重组后通用10%的股份。这是一个"不可能完成的任务"。

通用汽车是美国最早实行股份制的特大型企业之一,2008年以前,已连续77年蝉联全球汽车销量之冠,截至2007年,在财富全球500强公司营业额排名中位列第五。2009年,通用汽车有26万员工,大量的社保基金被投资于低风险的债券(如两房债券),突然一夜之间变得一文不值,资产端严重缩水,而负债尚在,这些数字都是天文数字,公司严重资不抵债,只好进入破产保护程序。这是美国历史上第四大破产案,也是美国制造业最大的破产案。

2009年,通用汽车进行了重组,美国政府总投资约500亿美元,持有该公司股票5亿股,所占股比达到26.5%,翌年,通用汽车重返华尔街。经历破产重组后的通用汽车焕发了新的活力。后来,通用汽车分批次回购了政府手里的股份,为此政府亏损了100多亿美元,但保住了20多万人的饭碗。

通用公司靠政府的钱重组成功,可BBI公司就没有那么幸运了。锦艺受BBI公司的连累,100多万美元货款一下子掉到了无底的黑洞里。雪上加霜的是,国内还有单位也许也被这场危机拖累,所欠锦艺的200多万元也没了回音。

这场危机给正在壮大、规模还不算大的锦艺造成了直接的冲击。一下子没了1000多万元,锦艺的资金链出现了严重的问题。"当时我担心死了,如果过不了这一关,企业就倒闭。"冯立平谈到金融危机心情很不平静,毕竟1000多万元对一个规模还不大的民营企业来说,是一笔巨款,一个正在成长的创新型企业眼看着要因资金流缺失被压垮。冯立平作为叶守魁最早引进的职业经理人,深刻地感受到一种前所未有的危机感压了下来。

杨贤贵是从一线做起的员工,至今已有11年工龄,现为生产部经理,锦艺遭遇金融危机的那一年,他已经在注塑车间工作。"金融危机之前,车间里有100多人,到了2008年因业务量大减,后来只剩下了18个一线骨干了,当时我在注塑车间,管理人员也有减少。到了2009年底,美国分公司、仓库建立,从此就开始好起来了。"杨贤贵清楚记得当时的凄惨情景。

蔡龙龙是物流部主管,新浦人,是读大学的时候到锦艺实习的,学的是外贸专业,工龄与杨贤贵一样,对2008年这场危机同样记忆犹新:"当时公司摇摇欲坠了,也是刚刚搬进新建厂房的时候。原来我们抽中华烟的,改抽芙蓉王了。那个时候,所有人都减薪了,但核心人员没走。大家知道叶总在努力,虽然现在遭遇了大难,也减薪了,但大家认定老板的能力,相信他能重新站起来,对我来说,虽然来公司才两年,但公司栽培了我,也让我负责物流这一块,对公司已有感情。"蔡龙龙说话很是直接。

金融危机对冯立平来说,是他职业经理人的生涯中最大的一次变故。他说,2008年的那次冲击,是老板创业以来最大的一个坎。

面对这场严重的危机,叶守魁却临危不乱。之前他在谈到管理与围棋的时候,已经谈到过在这场危机之中,抓住机遇,成立美国分公司,设置仓库,挖掘人才,为以后拓展地盘,做好充分准备的事。

"危机未尝不是一件好事,面临危险,往往蕴含着机会。危机是一把双刃剑,它能刺伤你,也能成就你。"叶守魁是非常讲究理性思维的人。这场由美国次贷危机引发的全球性金融风暴,不仅没有击垮锦艺,反而被叶守魁抓住了机会。美国通用汽车公司重组后重新走上正道,锦艺也随之成为美国汽车通用公司的一级供应商,业务量到了2010年就有了明显反弹。

当然,叶守魁度过这场金融危机,离不开朋友的相助。叶守魁人缘好,讲义气,在朋友的担保下,得到了银行的贷款支持,解决了资金流不

足的难题。如果当时没有银行的贷款来渡过难关,也许就没有后来新成立的叶兴公司这家正在蓬勃发展的技术创新型企业。

看看下面这一组数字,2007年,叶守魁因成功设计开发大产品,公司产值从前一年的4000万元一下子猛增至9000万元;2008年因金融危机冲击,公司产值跳水,按外汇计价仅有300万美元;2009年,美国分公司成立,并配备了发货仓库,到了下半年订单慢慢地多了起来。"一个新的业务开发,往往需要2年的周期,不是一下子上来的。"叶守魁清楚汽车行业的特殊性。就在这一年,美国三大汽车公司通用、福特、克莱斯勒,都与锦艺建立了业务关系,锦艺的产值反而比金融危机前增加了。

留住人才

"人才是企业的财富,企业要求得发展,人才是至关重要的一环。"叶守魁深深感悟到人才是个宝,不仅要引得进人才,还要留得住人才。叶守魁从围棋的理念深感"劫材"是何等的重要。围棋上的"劫"往往事关输赢,企业上的"劫材"也往往事关企业的生存与发展。哪怕是遭遇到金融危机的严重冲击,他也能想到如何利用这次危机,"劫"得人才。时至今日,叶守魁仍有感叹,寻找合适的人才还是很有难度的。人才多多益善,只要有机会,人才绝不可轻易放弃。

自从学了围棋,叶守魁深深地感悟到了人生的诸多理念,对人对事比以前更懂得了如何理顺思路,更懂得了如何去思考,如何去应对,也懂得了前面所提到的家族式企业不能有家族式管理,必须要走现代化科学管理这条路,只要是人才,不论是国内还是国外,都得想办法去"劫"来。

开模具制造厂的时候,叶守魁已经感受到家族式管理的无奈,当他第二次踏上创业这条路的时候,也就是2002年开汽车配件厂的时候,他对人才的引进已经到了迫切的地步,光靠一个人撑主梁,企业何以求得发展。但引进人才也不是那么容易的事。作为民营企业,引进人才不仅仅靠金钱就能解决,况且金钱必须靠发展来支撑。那么,企业究竟靠什么才能吸引人才,留住人才呢? 不妨来听听"小蒋"的说辞。

叶守魁在研发部查看试样的情况(右边为研发部经理蒋晓华,左边为公司副总经理杨炳飞)

被大家熟称为"小蒋"的,名字叫蒋晓华,其实年龄也不小了,两边鬓发也有了银丝,现任研发部经理,他说:"2005年,我28岁的时候来到锦艺,大家都习惯叫我小蒋,到现在还是这样叫我,已经有14年了。"他来锦艺之前,是在吉利总装车间工作,搞总装工艺的,大学里学的是汽车制造专业,是由主管技术开发的副总经理杨炳飞推荐来的,之前杨炳飞和蒋晓华都在吉利。他俩现在已经成了技术骨干。在大型汽车公司工作过的人,为何会安心留在这里,蒋晓华说,这与老板的眼光和个人魅力有关系,对想干事的人来说,只要有用武之地,才是首先考虑的因素。是啊,有才干的人,是多么想把自己学到的知识,在实践中充分应用,这样才会有成就感。

副总经理杨炳飞是不太喜欢说话的人,只知道怎样把产品开发的任务做好做实。问起为何不留在大型汽车公司,却来到正处于创业阶段的小公司来工作,他有自己的想法,他说:"大厂有大厂不好的一面,小厂有小厂好的一面,小厂对真正想干事的人来说,更能发挥作用,而大厂关系复杂。当然,来民营企业,与老板合不合得来是很重要的,如果合不来早就走了。"杨炳飞学的是机械设计专业,在吉利曾干了2年,在余姚汽车配件厂干了1年多,来锦艺是与老板认识的湖北工学院(现更名为湖北工业大学)的一个人一起过来的。

叶守魁把人才看成宝,十分重视人才的引进。他不光自己招引人才,还希望人才来推荐人才,包括长期在美国分公司工作的现任叶兴公司总经理托尼和现在的营运总监陈联强,都是靠这样的方式引进的。有关这两位企业高管的事以后再详细道来。

叶守魁引入人才的渠道何止一种,说起这方面的事,办公室主任蔡沈峰很清楚。蔡沈峰进公司虽然时间不算长,仅有4年多,但实际上他掌握的情况可能比谁都多,老板的日常事务甚至生活上的事,他都参与,成了不挂名的老板秘书。现在他不仅要管行政、人事这一块,涉及生产上的事也管,员工的文化生活也是他负责。蔡沈峰中专毕业后,曾在部队当兵,后被部队重用,先后去过上海、合肥指挥学院进修,提干后因特殊原因退伍,又因家庭原因来到宁波,做过生意,也在汽车零配件厂工作过。第一次遇到他的时候,感觉他是一个办事干练的人。后他在网上投放简历,与叶守魁面谈之后被招引进来。

"叶总特别看重一个人的经历,通过同行、网络、朋友圈等渠道找人才,一旦发现人才,总会想办法聘请。招来的技术骨干,一般都是在汽车行业工作过的。除此之外,院校里也找,人才是可以培养的。我去过哈工大、湖北工学院。有一次,在本科中选了10多个,从中挑选出2个。"蔡沈峰是去过部队的人,说话很干脆。

蔡沈峰接着又说,叶总为什么能留得住人,关键还是他人好,无论是管理层,还是一线员工,他都很关心,如果碰到具体事情,很是人性化,能帮得上忙的,都会去帮,员工的事当作自己的事一样,心肠好。

叶守魁对朋友很讲义气,对员工也很关心,在员工的口中,已经多次听到这样的说法,因为员工亲眼看到这样的事情已经不是一次两次了。这里不再展开,以后分章节再详细道来。

吹毛求疵

有一首民谣是这样说的：丢失了一个钉子，坏了一只蹄铁；坏了一只蹄铁，折了一匹战马；折了一匹战马，伤了一位国王；伤了一位国王，输了一场战斗；输了一场战斗，亡了一个帝国。

马蹄铁上一个钉子的丢失，不禁令人想起"失之毫厘，谬以千里"这句中国传统的古语。无论做人、做事，都要注重细节，从小事做起。

这正应了"细节决定成败"这句反复被人使用的俗语，一个细节没做好，往往影响到大局。

叶守魁是一个企业家，他认为自己更是一个工匠，"匠心智造"这四个字，他从学雕刻起直至当下，已经在脑海里烙了40多年。前面已多次提到工匠精神，每到提起工匠精神，叶守魁都会激动得眼睛发亮。父亲的教诲，雕刻师傅的教导，他一直牢记于心。现在他创办的企业正处于发展壮大之时，叶守魁特别注重大局，也特别关注细节，管理人员一致认为叶总管事特别细心，特别注重产品品质，他只要有能力还能做得更好，就不会放手，说他"吹毛求疵"也不为过。这一点，副总经理冯立平是最有体会的，他说，真因为老板管得细，所以他活得很累。然而，叶守魁总是难以改变多年养成的品性，只要产品还能做得更好，就会不厌其烦地去努力。

有一天晚上9点多，叶守魁在车间里拿了正在生产的两个小零件，到办公室后发现外观颜色不美观，虽然员工用橡皮擦了，但他还是看不上。虽然完全不影响使用，但还是要追究其中的原因。

一个电话，他马上叫来负责研发的副总经理、质检员，初步探讨可能存在的问题，商讨对模具如何修整的问题。叶守魁有一个习惯，在办公室座位右边的墙上，挂了一块大写字板，上面写着要办的事情。

看起来这个小零件也不属于大问题，只是美观上的一点小问题，但叶守魁就抓住不放，"吹毛求疵"。

第二天上午,负责生产的副总、负责研发的副总、质检员、模具制造的厂家负责人以及生产中各个环节的相关人员聚到了一起,虽然这样的情况十分罕见。因为叶守魁是个很重视细节、对产品品质很苛刻的人,所以即使只是偶尔发现这样的问题,也非要弄个水落石出。

这是一个用在美国通用公司生产的汽车行李箱上的上盖,看上去是一个十分简单的小零件。随着评审会的开始,作者才觉得制造这个小零件的模具竟然这么复杂,精度及设计要求这么高。

评审会开始之前,所有人离开会议室,首先来到车间,把模具全部打开。叶守魁蹲在地上,拍照,拿千分尺,仔细观察模具的表面,还用手摸了摸。

离开现场又回到会议室,此时,刚从美国过来的公司总经理托尼也来了。所有与会人员都把眼光集中到叶守魁身上。

"昨天晚上我去车间,拿了两个产品,我发现擦得很光,这个产品要求我不知道,这个状况大家是不是满意?"叶守魁问到会的人。得到相关人员"不满意"的回答后,他又接着说:"这个产品擦了以后与没有擦有多少区别?我看没多少区别。"

叶守魁处理问题对事不对人,表情严肃但语气平和,没有责备任何人,但既然发现了不是问题的问题,他认为还可以做得更好,就得从严要求,直到满意为止。

"我要批评管理层,处理事情不够严谨,处于默认状态。今天总经理也刚从美国来了。"叶守魁听了管理层一些解释之后,表明了自己的态度。

"第二个问题,质量部门对生产部门是怎么要求的?生产出来第一批,擦了。但今天我不谈擦的问题。这个产品出来了,不满意,工程师小姜说了,跟供应商沟通了,排气没做好。针对这个问题,请质检员解释一下。这个模具什么时候出来的?"叶守魁说到这里,停顿了一下,"哦,两个半月,这段时间,你们做了一些什么?"叶守魁听到质检员回复,又问质检员。

"改过一些细节,还是不行。"质检员答。

"这个模具看上去这样,是合格还是不合格,现在也不展开了。现在最关键的是怎么解决。"叶守魁对供应商说,"这个问题你说,能不能解决,如果说,你解决不了,我自己来解决。简单吧。"

叶守魁后来私下说,这个供应商模具技术还是很高的,已经合作了多年。

叶守魁站在讲台上,拿着笔,又是写,又是画,并在办公室主任的配合下,在讲台对面放着PPT,对问题的解剖让人一目了然。

叶守魁用红外线指着图片,对供应商说:"这个排气口深度多少?"

"二三丝。"

"你不是用精雕机加工的,你怎么知道二三丝?你是用锉刀磨的。"叶守魁指出了供应商加工不规范。

"是有点不规范。"供应商承认了。

"你的进料口也有问题,进料口尺寸是多少,坡度是多少?"

"我们磨过了。"

"为什么要磨?这个角度是60度,角度到底是多少?这里的长度是多少?如果这里的尺寸不对,就会影响冲击波。"

叶守魁当着与会人员的面说,供应商老板也是几十年的老师傅,他的老婆也是叶家的人,清字辈,算得上跟他们叶家是亲戚关系。但他也一样指责。

接着,叶守魁又对供应商说:"模具来不及,偷懒了是不是?剑波,你承不承认?"供应商在雕刻高手面前,不得不承认,微微地点了点头。

"纯尼龙,二丝以上,就会出废边,这里最好不要超过两丝,既然这里空气状况这么严重,你为什么不加排气?杨工,我建议这里加一个回料排气。"

"可以。"

一个这么小的零件,谈起模具来还真是复杂,如果不懂一点专业知识,听也听不懂。现在找到问题的原因了,模具制造时间太紧,供应商偷懒了,注塑的时候冲击波没有了。

有了共识,大家开始探讨解决问题的方案。从提出问题所在,到得出解决方案,并得到大家的认可,只花了不到20分钟时间。不到一个小时的会,叶守魁没有过多地指责,大部分时间都在讨论解决方案。

"我们要去努力,不去努力是我们的错,这个问题不是我一个人吃得消的,这是个简单问题,如果我们这样改了,排气也排了,还是做不好,我们只能与材料供应商联系,从材料上解决。"叶守魁说到这里,又转向了供应商。

"剑波,把你叫过来,我们只是提些建议。现在已经出来的产品,每个产品都在擦。这些方案提出来,你自己考虑,我希望你帮助他们把这些问题解决。"叶守魁自认为自己脾气不好,但这场评审会自始至终不见他发火,提出问题的时候,态度严肃,说话简练,一针见血。对责任人说话平和,多以商量的语气,探讨问题,因为在座的人都知道老板十分精通雕刻,模具技术也远扬京城,对他说出来的见解内心也很敬佩。

紧接着,叶守魁对工程师说:"你们与供应商协议,能改善的,无论如何去改好,实在改不了的,我们投降就投降。我们相信,这里6.3,这里这么长也只有6.5。这里是多少?"

"这里6.8,这里6.5。"工程师答。

"你说,这里合理吗?"叶守魁又抛出一个问号。

"这里改为6.5,这里改为8.3。知道吗?"叶守魁提出了自己的修改方案。

一个小小的汽车行李箱上盖,对制作的模具精度要求这么高,不亲临评审会现场,真的是不会想到的。

这就是对细节的精益求精,这就是我们要提倡的工匠精神,一定努力到满意。

有一天晚上,叶守魁在办公室旁边拿出一块铁问:"你说这中间是实心的还是空心的?"

作者手上掂一掂,比较重,随口就说:"实心的。"

可叶守魁不是用常人的思维想问题的。他说："这就是理念上的问题。对模具师傅来说，这类铁都是实心的。铁块用榔头一敲，是不是凹进去了，如果是实心为什么会凹进去？如果浇铸的时候，铁块中间有间隙，那是不合格品了，之所以铁块会凹进去，是因为分子与分子之间有间隙，以前我做模的时候，铁块使用前，重要的零件都要锻打，增加铁的密度。"

这时候，办公室主任蔡沈峰插话："上次我看到日本人做的一个模具上面，中间有三个字，从下面把三个字顶出来，看不到任何间隙。放下去，又变成一个平面了。"

"这是机械原理，会动的东西，肯定有间隙，否则就不会动，你看不出间隙，只能说明间隙非常小，间隙可能只有0.01，你眼睛看不出来。只能说明精度高。"叶守魁随即提出了自己的观点。

"一块铁皮，中间凸出来了，如果用榔头敲，怎么把这块铁皮敲平？"作者知道叶守魁看了很多书，想考考他对这个问题怎么回答。

"中间凸了，如果中间再敲，中间铁皮更薄，铁皮一敲会膨胀，只能从凸出来的四周敲，通过铁的膨胀力拉平。"想不到叶守魁回答得这么精练，好像什么也难不倒他。

叶守魁从小养成了一个习惯，就是像他父亲一样，善于思考，热爱钻研，做事心细，追求完美，思维能力很强，观察事物的眼光与众不同。他曾写过一篇短文，题目是《猫的故事》，全文如下：

传说世间的一切生灵皆有灵性，而猫自然在其中。我们就养了只很通灵性的猫咪，名叫花千骨。

这不，就在上个星期，花千骨老是跟着它的女主人，就想着和女主人一起睡觉、一起玩。但由于女主人身体不舒服，所以就拒绝了它的要求。几次以后，它就非常的生气，不管女主人怎么哄它，讨好它，它都只是站在那里，偶尔看女主人一眼，怎么也不搭理女主人了。女主人拿线团逗它，它没反应；给它挠痒痒，也没反应。看来，它是真的生气了。

于是它在生气的这些天里，天天都跟着它的男主人，跟他睡觉、玩耍，就是不搭理女主人。女主人真拿它没办法，只得给它说好话，使尽浑身解数讨它开心，这不，哄了它三四天，终于让它开心了，这才慢慢地和女主人和好。

真是只可爱又高傲的花千骨呀！

叶守魁写下这篇短文是有心境的，与他的观察事物的秉性有关联。在与他的交谈过程中，作者能感觉出他与众不同的敏锐和细心。就像谈论围棋，他能从中感悟出种种理念。也许这与他的经历有关，与他从事的职业有关，也与他本身就是一个工匠有关系。工匠精神提倡的就是精益求精。

精工效益

锦艺的竞争对手是全球的汽配企业，要在激烈的竞争中立于不败之地，就得马不停蹄，不断地开发出新的产品。在开发产品的同时，还得在精工细作上做文章，修改不合理的模具设计，通过精雕细刻，凭技术挤出效益来，以尽可能低的成本，做出高质量的产品，以提高企业在同行业中的竞争力。

有一次，叶守魁看到流水线下来的一个产品料头特别大，就觉得模具设计可能不合理，于是找主管开发部的杨炳飞副总经理了解情况。这个产品是特斯拉电动汽车电池包上的盖子，虽然产品很小，但数量很大，一个电池包上就有7000多个这样的盖子。流水线上出来的一块产品上有几十个盖子，当时料头有90多克。叶守魁是制作模具的高手，认为这么多的料头，模具设计上肯定存在问题，至少存在整改的余地。

自从做起汽车零配件之后，锦艺已经很少自己制作模具了，模具加工都是由外协单位完成。叶守魁仔细看了模具的设计，马上提出了修改方案,供应商根据这个方案,对模具做了一次精雕细刻,调整了流道的参数,同时把注塑的压力从110调整为90。当修整过的模具装上注塑机后,一试产品,结果大不一样,原来90多克的料头出现大幅度下降,一块产品上的料头减少至60克,只有原来70%还不到。

"模具精雕叶总是高手,我不知道怎么改,现在料头减少了那么多,注塑材料节省了很多。材料虽然可以回收,但回收的材料就不好用了,只能处理掉。如果说材料买进来10万元,卖出去只有3万元,只能低价卖掉。而且高压对设备损耗也很大。"杨炳飞解释说。现在只是改了一下流道参数,再调整注塑压力,效益明显地出来了,大大降低了材料费用。

开发新产品经常会碰到技术问题,碰到模具方面的,总是找老板。"叶总搞模具出身,模具、工装水平都很高,模具厂解决不了,叶总提供方案。"杨副总对老板这方面的水平称赞有加。当然,叶守魁作为老板,在技术上协商也是讲民主的。"有时候听我们的,谁有道理听谁的。但一般都是叶总有道理,毕竟他经验比我们多得多了。"杨炳飞微笑着补充道。

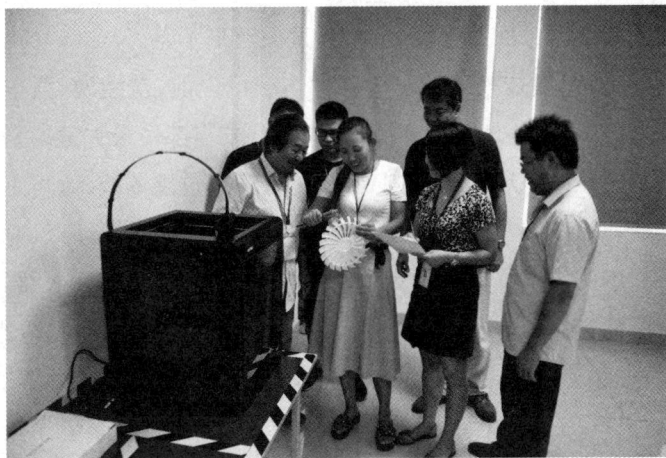

叶守魁查看3D打印出来的模具

作为产品研发部门,主要职责是把生产商的图纸转化为产品。说说简单,就一句话,但中间的环节多,也很复杂,经常会碰到设计的问题，甚至生产商出的图纸有时也不尽合理，还得向生产商提出整改建议。

接着，杨炳飞还说起另外一件事："有一次，流水线出来的汽车喇叭罩上的孔一部分被材料堵了，原因是模具磨损了，供应商说模具没法修改，后来叶总提出方案，一个星期就解决了。"修复有些模具是很复杂的，技术要求特别高，比如这个喇叭罩的模具，需要专门的加工工具，这类工具往往市场上是没有的。叶守魁修改方案后，把加工工具也设计好了。设计工具需要精确计算，如果不会精算，那工具也没法制作，模具就没法修整。如果喇叭罩的模具没法修复，那喇叭罩就无法再生产，不说重新做一副模具需要二三十万元，时间拖延更是致命的，时间向谁要去？这就是精工细作出来的经济效益。

与杨副总交谈的时候，生产主管杨贤贵走进办公室，手里拿着一个金属小零件，说是一个小孔尺寸差了一两丝，检验用的插件插进去时有一点紧。这是一个已经生产一段时间的老产品，每一批产品做之前，机器都得重新调整参数，因为每一批的材料不一定是一模一样，为了达到客户的设计要求，每次都得反复调整，直至丝毫不差。

记得叶守魁决定投入汽车零部件这一行之前，曾经说，汽车行业太复杂，要求很高，因为他心里十分清楚，做汽车零部件最关键的是模具和设计水平，要在众多环节中把控关键细节，没有过硬的技术，肯定要被淘汰的，只有开发的产品品质过硬，才会受到客户的青睐。所以，对产品的精益求精，不仅能增强自身的竞争能力，还能从中提高经济效益。

"叶总模具经验非常丰富，做了二三十年，对我来说，就是专家级的，很多老板搞技术的，都习惯留一手，不教你，我们叶总就完全不一样，他不会把自己知道的技术藏起来，他会一点一点教你，不保留。"开发部经理蒋晓华谈起老板的时候首先谈起了他的为人，他说，叶总对穿衣服、用车都不讲究，但对产品的要求却很高，哪怕合格的产品，如果他认为还能做得更好，就得开动脑筋，去努力把产品做得更好。

慈溪不少老板都讲究门面排场，用车都是高端品牌的，而叶守魁根本不讲究这个，开着20多万元的别克商务车，不管人家说：你这个老板是不是不会赚钱啊，产值上亿元了，还开这样的车？对此，叶守魁毫不在乎，他在乎的就是产品品质，在乎的是一丝不苟。

"我是学汽车制造专业的，刚来时，对模具没经验的，接了一个业务，是通用公司的跑车轮胎盖罩，这款跑车属概念车，制作盖罩的模具很大，有十几吨，有门这么长，2米乘1米2左右，厚度有900，后来我们提出修改意见，模具厂忽悠我，说是这个没办法改，我又不懂，去跟叶总说，叶总就用手画，花了一个多小时，一点一点画出修改图，并跟我说清楚，这几个位置怎么改，我看明白之后，再去找模具厂，供应商看了这个图纸后，就没话说了，承认在工艺上确实可以改。"

这件事虽然已过去了很多年，但对蒋晓华来说，也许这辈子也难以忘记了。如果这个模具不改整，不是不好用，但在叶守魁的眼里，模具改了后，他自己才会觉得满意。这就是追求完美的工匠精神。

"我跟叶总学了很多东西，模具就是跟叶总学的，他算是我的师傅，好多知识都是他教我的。我一开始没有一点模具经验。我能待这么长时间，主要是老板人好。很少见他发火，即使发火，也是对事不对人。用

员工正在做零配件装箱前的准备

你了,就会放手让你干,解决不了去找他。"蒋晓华说,模具方面的理论知识他也看,看人家是怎么做的,他们是怎么做的。现在蒋晓华管产品开发这一块,生产商只提供一个图纸或一个塑模,他就得想方设法做成产品。既要满足客户的技术要求,又要考虑控制成本。

然而,在精雕细作中,往往不仅提高了产品品质,也提升了生产的经济效益。要体现工匠精神,肯定是要耗费更多精力和时间,但是,工匠精神是具有赚钱的巨大能量的,它就是信誉、品牌。

突击空运

"信用就像一面镜子,只要有了裂缝就不能像原来一样连成一片。"

叶守魁年轻的时候,不知多少次聆听父亲的教诲:做人要诚实守信。如今,他创办的企业跨入了发展的轨道,他更加深刻地认识到守信的重要性,凡是答应过客户要求的,哪怕花再多的钱,也要想尽办法去做到,规定什么时候交货,哪怕遇到再大麻烦,也会竭力履约。

物流部主管蔡龙龙说起公司物流的事情:正常情况,公司的产品通过集装箱从宁波港发货,到美国洛杉矶港口,再经过铁路运到底特律,货物入库后,再由仓库统一发货到生产厂家。有一次,客户临时要求紧急送货,可是货物还在洛杉矶至底特律的火车上。

"洛杉矶港口相当于上海港或是宁波港,底特律相当于中国的哈尔滨,相隔很远,直线距离3000多公里,如果坐飞机需要5个多小时。"蔡龙龙说,虽然客户临时紧急要货,但也得满足客户的要求,虽然这是要付出代价的,但也尽力去想方设法。老板对员工是有严格要求的:客户的需求,就得去努力做到。若是临时求助,也得设法去解决。于是,他们通过网络通知到美国分公司,务必把客户急需的货物及时送达。怎么办?火车从洛杉矶至底特律需要7天,现在只能改用卡车,这样可提前2天到达。在火车到路途车站的时候截货,用集装箱把货物吊运至卡车上,可就在卡车赶路的途中,客户又催货了,眼看提前2天到货还是满足不了客户的要求,只能想到空运了,其他是没有任何办法了。"当时因为客户催得急,只能截住卡车,打开集装箱,拿出一部分急需的产品,马上送机场空运。"蔡龙龙对这件事的处理印象是很深的,他接着又说,铁路运输只要1000美元,用卡车拖则需要2000美元,如此费用已经增加了一倍,改为空运,又得花上一笔费用。叶守魁对物流部门是有严格要求的,客户要求什么时候到货就得什么时候到货,为了承诺,可以不计成本。"这一次,就好比宁波至哈尔滨的途中,在安徽境内把卡车截停了。这次供货是给通用汽车公司的。"

物流部的职责是外贸部接到一个订单,物流部门就要做评审,材料用什么,生产能不能满足,评审结束以后,外贸部做发货计划,一旦计划定下,物流部就要规划,要跟踪生产进度,什么时候发货,发多少货,然后订仓,做单据,做入关、清关文件。货物进入美国仓库后,还要及时了解库存情况。对物流这一块,叶守魁作为老板是非常关注的,因为服务不到位,会有损企业的信誉,企业的信誉是靠一点一滴积累起来的,不能一下子说好就好。平时,物流部一旦发生棘手的事,总是去找老板。老板好像没有解决不了的问题。这次解决紧急情况,老板舍得花钱来坚守信誉。

特斯拉与锦艺合作的时候,规模还很小,是锦艺看着它一步步发展起来的,这些年来,锦艺的物流部准时交付率达到100%,多次受到客户的赞誉,其中当然包括特斯拉。有一次,特斯拉物流部还特意发了一个邮件,赞赏锦艺服务非常到位,表示了衷心的感谢。

这里还得提前说一下锦艺成功开发了特斯拉电路集成板后的一件事。2008年,锦艺已经搬至滨海开发区的新生产基地,每年开发的新产品越来越多,其中也包括特斯拉的电路集成板。有一次,电路集成板经厂方测试,钛含量超了一点。这可不能说材料不好,是因为美国标准与中国标准有差异。既然客户有意见,就得改正。为了防止此类投诉再次发生,叶守魁舍得投入32万元,专门买了一台光谱仪,对每一批的集成板的材料进行成分检测,以达到客户所要求的美国标准。

做汽车零部件确实不是一件容易的事,时常会遇上令人头痛的问题。

生产部主管杨贤贵说:"人、机、模具、材料都会出现问题。大的问题很少,小问题是经常会有,一旦发现,就会及时处理,比如说毛刺、废边等问题。制作汽车零部件的模具,相差一丝两丝,就会有问题。"

信用是企业家的一张名片,名片亮不亮丽,就看你是否守信。一旦撕裂了,就很难修复了。

开发新品

锦艺从崇寿搬迁至滨海开发区之后,虽遭遇了金融危机的严重冲击,但叶守魁在危难之际,以超前的眼光和预判能力,牢牢地抓住了机会,使濒临破产的企业绝地逢生,从此走上了快速发展之路。自从那时起,开发新产品就成了锦艺的重中之重,锦艺每年投入研发的资金都超过500万元,一个个有技术含量的产品源源不断地从锦艺流向大洋彼岸。在开发的新产品中,特斯拉电动车的电池包电路集成板就是其中之一。

特斯拉开发的第一辆电动汽车是跑车,这辆跑车所使用的电路集成板就是锦艺开发生产的。锦艺与特斯拉展开全面合作可以说是从2008年开始的,那一年,锦艺已经为它开发了多个零部件,为了跟上特斯拉的发展节奏,锦艺花了整整一年多的时间,为它研发了技术含量超高的电路集成板。

电池包是电动汽车的核心部件,是由7000多颗甚至近万颗小电池组合而成。这么多的小电池要组装在一起,需要一个精密的构件,这就是电池包电路集成板。

别以为电路集成板看起来好像很简单,其实生产的要求非常高。它是用铝质材料制作的,铝金属非常活泼好动,在正常的大气压下也会氧化,如果表面氧化变色,就会影响整个电池包的导电性能,以及电能的使用效率,所以,这个电路集成板的要求是非常苛刻的,不仅表面要保持平整度,而且要做到一尘不染,哪怕只有一点点的污渍,也是不合格,所以,在它的生产过程中,必须要用特殊的设备给它"洗澡"、烘干,并进行真空包装,比食品的制作过程还要严格得多。这里不做详细展开,下面谈到"碳氢清洗"流水线的时候,再详细道来。

电动车上的电路集成板是有严重"洁癖"的,如果没有无尘车间,没有特制的流水线,要达到生产商制定的技术参数,是完全不可能的。集成板之所以有严重"洁癖",是因为一旦在集成板表面残留杂质,就算一点点,也会影响其导电性能,严重的甚至会引发安全事故。

一开始,特斯拉要求集成板的清洁度是达因32,随着新款车型的不断推出,该公司对集成板的要求越来越高,从达因32到达因38,再从达因38到达因42,最后要求达到达因70。达因70,那可是目前世界上能检测到的物品表面的最高清洁度。

叶守魁为了满足客户提出来的要求,迎难而上,而且超前做好了应对准备。特斯拉还没有大批量订单发来,他就已经对无尘车间以及清洗流水线进行了改造升级,到大订单来到的时候,锦艺已经做好了充分准备。

后来,特斯拉从供货的安全系数考虑,美国的一家项目承包商也成了它的集成板供应商,这个承包商在中国苏州开了一家工厂,为特斯拉生产集成板,但仅仅生产了一年多,就被特斯拉无情地断绝了合作关系,因为其生产的产品品质,无法达到锦艺的高品质,自从那以后,锦艺成了特斯拉电路集成板全球唯一的供应商。除了其中两块镀锌的集成板由日本生产。

叶守魁一向不愿意与日本人直接做生意,只是特斯拉与日本丰田公司有合作关系,让丰田公司生产的一款SUV·RAV4电气混合车上装上了锦艺生产的电路集成板,这是丰田公司通过特斯拉间接采用了锦艺出品的电路集成板。

副总经理杨炳飞说,锦艺生产的电路集成板,能提高电池使用效率,让电动汽车行驶更远的距离。

"在同等条件下,采用锦艺的电路集成板,汽车充电电池能多跑100

多公里。这就是我们的优势。"作为老板,叶守魁自豪地说。

想详细听听锦艺在激烈的市场竞争中,是如何夺得优势的吗?请走进无尘车间,看一看流水线到底是怎么样的。

国际专利

那是2012年的事。为了开发世界最高标准的清洗流水线,锦艺投资700万元,前期开发加上后期升级足足花了一年多的时间。

若你想观看这套流水线,在进入无尘车间之前,首先必须来到换衣间。换衣间前后有两道门,当你换上白色衣服戴上帽子后,才能进入专门用来去尘的一个吹尘间,这个吹尘间也有两道门,当吹掉你身上细小的灰尘之后,你才能推开吹尘间的门,走进无尘车间。这个车间可是一万级的无尘车间,从清洁度来说,比医院的手术室的要求还要高10倍。普通的医院手术室清洁度是十万级,医疗器械企业的标准也是十万级,而在锦艺的清洗车间这个数值是一万级。

不是专业人士,可能不知"达因"是什么意思。以一滴水为例,达因的意思就是水表面的张力,如果一滴纯净水滴在平常用的桌子上,会看见一个不散开的圆滴,这是因为桌面上有觉察不到的尘埃或油脂包裹了水珠,水滴伸展不开。换一句话说,桌面清洁度越高,水珠散开的范围就越大,张力也越大。目前国际上所能达到的清洁极限是让水珠散开表面的张力达到达因70,这是特斯拉集成板的苛刻要求,也是锦艺已经做到的水平。如果按实际检测,锦艺的无尘车间达到的水平已经超过这个最高标准。

李苗苗,河南人,是这个车间里的现场质量巡检员,每20分钟做一次试验,她戴着手套拿来已经清洗和烘干的电路集成板,用达因液在集成板的表面检测,如果看到达因液在板面上有一丝断裂的现象,这说明表面清洁度没有达标,就需要查找原因,如果是不小心污染造成的,就得返工处理,如果是机器制作的时候出现的轻微划伤或由肉眼难以观察到的细小毛刺造成，那这一片的集成板就得被"枪毙"，绝对不能让它混入成品里。每次巡检测试2片，每片正反两面都要通过达因液来检测。

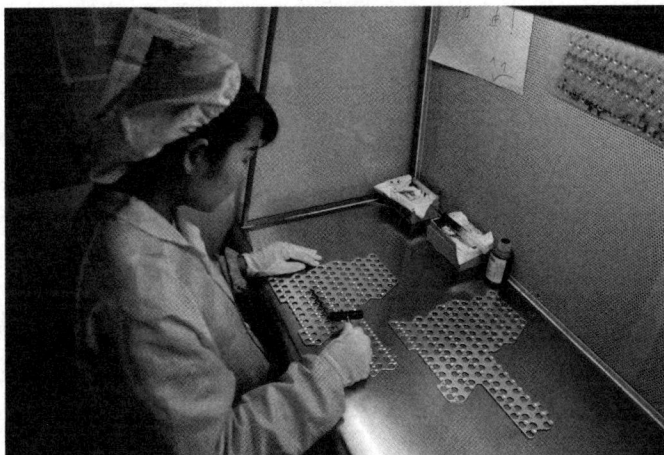

巡检员李苗苗正在检测集成板清洁度

在车间的流水线里看到，电路集成板一片片地被整齐地挂在一个个支架上，在一定温度的溶液里"洗好澡"后，进入真空的干燥间里，把水分全部抽干，再进入烘箱里，从烘箱里出来的每一片集成板，还得通过现场检测人员正反两面的检查，检查合格才一片片叠放在一起，最后真空包装，包装好后再用防挤压冲撞的珍珠棉，分块把叠放整齐的集成板包裹起来，这才算"洗好了澡"。

"美国两个化学专家曾来过这里，协助我们搞了一个多星期。原来用碳氢用蒸汽清洗，现在工艺改了，烘箱前也增加了抽真空装置。"开发部主任蒋晓华也直接参与了流水线的开发。

"无尘车间面积总共有600平方米，两个车间两条流水线，流水线投入的资金不算，光是无尘车间改造，就花了五六十万元，这基本上都花在了空间系统上。"当时参与流水线建造的副总经理杨炳飞如是说。

由于特斯拉一再提升集成板的质量标准，锦艺在外国专家的协助下，对前期研发的流水线，做了一步到位的升级改造，把标准提高到世界最高等级。

流水线建成的时候,集成板的订单还是不多的,叶守魁预测,这项业务以后肯定会有快速增长,如果等到那个时候再来建造这个流水线,就为时已晚。老板总是讲到大局观,超前规划,提前预测到产品的发展方向,如此,才能在发展大局中立于不败之地。准确预测,是把握大局所不可或缺的。叶守魁当时谈到管理与围棋的时候,理念结合实例滔滔不绝,能连续说上一个多小时还意犹未尽。

洗清的集成板,手不能直接碰,手上有汗水或一点点油渍沾染到板的表面都不行。"我来3年了,巡检的时候,看有没有压伤、划伤,是否有毛刺,或者不小心沾上的细小杂物,这些都得及时处理,这样的情况发生过,但次数极少。发现压伤的,往往是产品冲压时造成的。"李苗苗解释说。

现任无尘车间主管杨德益来这里之前,学校毕业后曾做过2年多汽车维修,是通过老乡介绍过来的。"现在无尘车间共有12人,都是做白班的,晚上不加班。"杨德益介绍了相关情况。

如今在这个无尘车间里,除了给集成板"洗澡",还来了新的"客人"——帽钉板。每1个小时,通过"澡堂"的集成板就超过1300片。每一块集成板都有明显标记,别人想仿冒也无法仿冒,每一片电路集成板

集成板正在自动流水线上"洗澡"

是什么时候生产的,由谁检测的,实行全过程跟踪。

在给集成板"洗澡"的流程之中,许多环节都是叶守魁自己设计的,特别是在升级改造的时候,有些设备技术含量相当高,比如在真空状态下干燥原理应用,如何降低温度达到所需要的技术参数,并保证集成板表面清洁度、导电性能、凹槽的平整度。说起这些,就会觉得太复杂了。单从专业原理来说,好像不复杂,然而要达到实际效果却是一件不易做到的事,一个参数的变化,就会联动一系列的数据变化,所以,研发出这套流水线叶守魁着实下了苦功。目前,这一整套集成板清洗工艺是后来新创建的叶兴公司所独有的,不仅拥有国内发明专利,同时还拿到了PCT 国际专利,也因此"KO"掉美国项目承包商在苏州设立的工厂,成为特斯拉这款部件的全球唯一供应商。

托尼受聘

"职业经理人实在难找。"叶守魁多次说起这个话题。作者接触过多位企业家,聊起这个话题,他们都有同感。企业求生存,原地踏步肯定不行,会在激烈的市场竞争中被淘汰,企业要生存必须要不停地向前挺进。叶守魁已经多次提到,家族式企业不能有家族式管理,虽然儿女接班不是不可以考虑,但即使儿女符合接班要求,也不等于不要职业经理人。正当企业处于发展的关键时期,叶守魁深感引进人才是当务之急。与美国朋友一次偶然的相遇,给叶守魁引来了管理专家托尼(Tony)。

托尼,英国、加拿大双重国籍,也曾拥有美国国籍,在英国留学期间获得了生产管理学博士学位。他曾在美国的两家上市公司做职业经理人,接触过汽车零件、电动工具等生产领域,也曾在中国深圳的一家电动工具公司担任 CEO。其实,他是地地道道中国血统,从小在香港长大,他的中文名是梁正华。

有一天,托尼在美国的一个海滩上游玩,碰巧遇见 10 多年的美国朋友,在闲聊中,这位美国朋友得知托尼已提前退休,就对他说:"你这么年轻退休干吗呢？去帮帮叶老板吧。"那时托尼还不到 60 岁，不认识叶守魁，而这位美国朋友是认识的，他曾是锦艺公司美国分公司前任总经理的顾问。朋友的引荐，让叶守魁从此多了一个职业经理人。

叶守魁很看重有实战经验的人，这从他招聘进来的人才就可见一斑。

而托尼为何能接受聘请，其中一个重要因素就是老板的为人。

"叶总为人非常有义气，对员工好，从上到下都是朋友看待。员工找他帮忙，他就会去帮，与一般的老板不一样。"托尼接任叶兴公司总经理虽然仅仅 2 年，但在平时的接触中知道老板是怎样一个人。

叶守魁看人真的是有眼光，托尼上任后，最主要的还是给叶兴公司带来了不少业务量。作为公司的总经理，除了要做好整个公司的协调工作外，还要去世界各地拜访老客户，寻求新客户。

"工厂叶总管得多，我的主要精力在国外，要跑北美、南美，还有欧洲的很多地方，澳大利亚也要去。有时候，美国客户来生产基地，我就得从美国赶回来陪同，商谈具体事宜。如是新开拓的客户，那就要直接陪同，让新客户查看生产场地。如是老客户，双方就得协商明年上什么，价格怎么定。一年内，美国一中国来回一般要跑六七次。"托尼对汽车配件是很熟悉的，以前这方面曾做了 20 来年。

当下，市场竞争很激烈，托尼说，这一方面要提高自身的竞争力，生产规模要提高，厂规模大了，产量增加了，客户增加了，报废率就小了；另一方面要留得住员工，每年给职工提工资。比如一个人今年每天做 100 个，明年每天做 110 个，效益就出来了，对不对？再说老职工要留，老是换人，品质难保证。

"特斯拉原有两个供应商生产电路集成板，从 2017 年底开始，就只有我们一个供应商，产量上去了，我们的利润就高了。原来美国项目承包商在中国办厂，为特斯拉供应集成板，后来特斯拉觉得我们做得比较好，美国供应商没这个订单了。我们现在变成唯一的了。所以竞争力不够强就要被淘汰。"

"20世纪80年代,中国刚改革开放的时候,我来中国开过工厂,刚开始的时候,员工工资每个月36元,那时候,我们员工加班,一个月有六七十元,非常厉害了。现在可不可以每个月36元工资? 没人帮你做的。现在叶兴公司要往上走,靠人啦,人才重要啊! 机器都可以买,没什么区别。80年代的时候,做的东西蛮简单的,靠人工。现在没有技术含量的东西,在越南、印尼、印度也能做,人工更便宜了,中国竞争不过了。现在对中国来说,越是技术含量低的东西,利润越没有,甚至亏本。做生意总要赚钱的啦。"托尼深感员工对企业的重要性。

"汽车零配件看似简单,但做起来并不简单。"

"对啊,所以要提高自己的技术,如果越南、印尼、印度也能做了,劳动力就根本没有优势了,所以技术要上去啊。有的历史是重复的,地球是圆的。机器都可以买,但要靠人去管理、操作,这涉及技能高低的问题了,机器是自动化的,但需要人去维修、保养,所以需要人才。为什么需要有经验的人才,不去找刚毕业的大学生? 关键看有没有经验。经验很重要,对不对? 经验这东西,一下子学不会,靠积累的啦。"托尼始终强调人是有可塑性的。

技术含量一定要提高。作为一个工厂,一定要往前走,停在原地也不行。机器是死的,人是活的。

"为什么有的人走路走得慢,有的人走路走得快,人与人之间是有区别的。做同一工种,有的人工资是每个月1万元,有的是2万元,经验不一样,能力不一样,是不是? 一个大学毕业生,一个月工资4000元,好,做了一年,有经验了,调工资就5000元了,如果没有技术含量,新的大学生来了,4000元一个月,哦,你可以回家了。一个企业,人才积累是很重要的,这是企业的财富,管理强了,生产能力强了,企业才能求得发展。"托尼做了多年的职业经理人,谈起企业管理如数家珍。

叶守魁懂得如何去"劫材",之所以会看上托尼,是因为经验积累对一个人来说是多么的重要,他是一个善于发现人才、挖掘人才的人。

一家企业生产要上去,利润要上去,靠的是什么? 主要还是靠人。

企业要不断提升竞争力,就要不断提高员工的素质。提升企业竞争力,关键还是在于人。

"比如,你买了一套房子150万元,2年后,你的房子还是150万元,亏本啊,投资没升值,其实就贬值了。如果一个员工进来时工资每个月1万元,明年1.2万元,后年1.3万元,这样的员工就有价值啦。"托尼看员工有没有价值,就看员工有没有升值的潜力。员工增值,说明员工有潜力,有助于产能的提升,企业的竞争力就会增强。

"人才是钱财,招聘人才,好比投资房子,能不能增值,这个人有没有价值,就要看会不会增值。如果是庸才,好比房子,今年100万元,明年100万元,后年仍是100万元,没意思了,10年以后,仍是100万元,10年之后,这100万元还会是现在的100万元吗?"托尼深入浅出地谈论着人才观。

叶守魁深知托尼学识渊博,经历丰富,就在托尼上任后,特意安排了一场总经理与全体员工见面会。

"我刚进来的时候,对全体职工讲:谁发工资给我们? 不是老板,不是自己,是客户发工资给我们。如果没有客户,赚的钱哪里来? 每个员工要努力工作啊,客户发工资给我们,客户是财富。客户的东西要做好,要把关。客户要求我们的,就得按客户的要求做。"托尼面向员工谈了自己为谁打工的理念。他不仅谈到了要为客户做好产品,还要为客户做好服务。

托尼给员工们说出了自身成长的重要性,作为过来人,他也深刻地体会到赚钱的不容易。"赚钱都是辛苦的,容易的钱不会给你赚的,赚钱都是要吃苦的。我出生于20世纪50年代的香港,那时香港很穷啊,跟中国改革开放前一样。"当被问及"您的出身应该很好吧?"这位学者型的职业经理人冷不丁地爆出一句粗话:"好个屁!"交谈时显得很随和的托尼接着又说:"那个年代在香港,不做事,没饭吃。在内地没钱吃饭,还可以打打鱼,是不是? 可香港没这个条件。父亲一个人工作,养了8个孩子,我是第二个,60年代初期,一个月5元钱学费都交不起,连买米的钱有时也成问题。妈管孩子,还找一些手工活做。我是经历过那个年代的,知道赚钱的辛苦,赚钱是不容易的。现在20多岁的年轻人是没有这样的体验,买一个苹果手机,买什么名牌衣服、鞋子。这一代的年轻人要买这类东西,爸爸妈妈会掏钱,一个苹果手机5000元,没感觉啦,对我来讲5元钱都有感觉啦。我10—12岁时候,暑假时就去打工了,不合法,打黑工,没办法了。家庭负担很重啊。我女儿30岁,在美国做中学老师。跟她说这事,她说知道但没感觉。爸爸妈妈总希望孩子顺顺利利,我的想法刚好相反,刚刚出来做事,希望他们多点挫折,吃点苦头,才会知道赚钱不容易。总不能让孩子认为,钱是爸爸赚的,菜是妈妈做的,包括洗衣服也是妈妈的事。要让孩子知道,在家里爸爸妈妈护着她,当她工作的时候,谁来护着她?"

托尼谈着谈着扯开了话题,谈论到年轻一代的事。回到叶兴公司的话题时,又谈到了有关企业品牌的事来。

企业的品牌是靠实力打造出来的,这是叶守魁最看重的一点。叶兴公司现在是制造商,模具几乎都是外包了。如何保证模具品质是保证产品品质的关键一环。那么这一环,叶兴公司是如何去把控的?

"公司要成长,员工要成长,供应商也要成长。所以对供应商要有选择,选择会成长的供应商,就能增强公司的竞争力,选择这样的供应商,产品品质就有保证。我们要帮助他们成长,给供应商反馈信息,帮助他们解决问题,提高其解决问题的能力。每一个环节都要成长,我们的客户也要成长。比如说,十年前,特斯拉没人关注它,现在全世界都知道,很牛了。客户成长,我们也在成长。"托尼可以说是生产管理学的专家。

"十几年前,您在美国是否听说过特斯拉?"

"听说过啦,但有人在笑它,说它没用的。要人家加工零部件,很少有人去理睬,批量太小了,不愿意做,人家也怀疑,这个东西行不行啦,做模具有没有钱给我,做好模具,会不会生产啦。叶总对这个企业有眼光,就投资这个东西,刚开始没钱赚,甚至亏本,但叶总看准了前景,眼前不赚钱也做,这就是有眼光的企业家,特斯拉壮大了,公司也跟着赚钱了。"

托尼在美国的时候，耳闻过特斯拉的事情，也听叶守魁说起过相关的往事，对老板的发展观表示出敬佩之意。

托尼在美国的时候，耳闻过特斯拉的事情，也听叶守魁说起过相关的往事，对老板的发展观表示出敬佩之意。

接触2年多了，托尼也越来越能读懂老板的为人。他不仅赞赏老板的大局观，在管理上也赞起了老板。托尼坐在办公桌后，拿起一张纸，写上八个字"口到、手到、心到、脚到"。这就是叶守魁的管理风格。叶守魁不仅有自己的管理理念，而且自己身体力行去做。

托尼在全体员工见面会上说过，企业要发展，就要打造品牌，员工打工，也要打造自己的品牌。"这个人很好，叫他来做事。不要以为为老板打工，老板给钱多一点，多做一点，给钱少了，少做一点，把自己的品牌打掉了，这样的想法是错误的。你做事做得好，人家会找你，我做总经理做了这么多年，都是人家找的，一个人要有品牌，没有品牌的话，人家怎么知道你。我在美国多家公司做过CEO，我们打工，不是为老板打工，为自己打工，为自己打造品牌，你做得好，就会有人找。"托尼谈到打工也需要为自己打造品牌。

"叶兴公司是品牌，员工也一样需要品牌。比如，你买房子，这个地段好，这个建筑商好，你就会选择去买。为什么有人喜欢买宝马，为什么不买奇瑞，价格相差至少十倍，这就是品牌啊！"托尼一再谈论品牌的重要性。

"叶兴公司是一个品牌，如果东西做不好，老是被人退货，关门。我们作为员工也是一个品牌，叶总作为老板，也是一个品牌。我们一起做事，都有各自的品牌，对公司、对同事、对朋友，都是品牌。为什么有人喜欢用苹果手机，宁可多花钱，不买1000元的手机，总是有原因的。我做工业近40年。如果做一个产品，比如说，10元钱，后来有人做，9元钱、8元钱，越做越便宜，品质越做越差，价格是便宜了，但谁会要？所以要赢得顾客，不能光看价格，最重要的还是品质，品质好就是品牌好。中国做工业，同美国做工业，思路不一样，以前在中国希望越做越便宜，通过价格抢市场，在美国，希望东西做得更好更漂亮。如果能便宜一点，那当然更好了。当然，现在中国已经开始改变了。"接着，托尼又谈到了公司的事："对生产商来说，叶兴公司不是最便宜的供应商，客户说，比我们的价钱便宜的还有几家，但为什么找我们，就是因为我们品质好，服务好。美国客户不是都只讲钱，叶兴公司是供应商中的一个，但为什么选择叶兴公司，不选择比我们便宜的，这就是品牌带来的效应。在服务上，客户一旦有什么困难，我们马上会帮助解决。每个工厂都有问题的，没有问题是不可能的。如果说供销没有问题，那肯定是骗我的。客户在工厂里发现问题，我们马上就到。让客户感觉到，用叶兴公司的产品，放心。产品不是越便宜越好，用很低成本生产出很高品质的产品，那是不可能的。"

美国人不是不懂得省钱，而是做生意很精明。托尼说，美国东部就有一些客户，每次采购都不是一次到位，往往是要货3000个，等用完后再要求你及时送货。对生产商来说，货到就得付款，一下子要大批量的货，就得一大笔钱，这不，占用的流动资金就要多了。为了按照客户的要求送货，叶兴公司在底特律设了一个仓库。这就是服务，因为客户是上帝。与美国客户打交道，为了服务到位，只能多花费点钱，在当地建一个仓库。当然与特斯拉合作不是这样啦。

"如果去一家酒店吃饭，东西不好吃，第二次会不会再去？还有一种情况，朋友说了，这个地方不好吃，你可能也不会去。这就是声誉问题，品质不好，声誉肯定不会好。很好吃的，价钱也便宜的，你可能会打电话对朋友说，那个酒店不错。品牌就是做出来的。"托尼说，好品牌就有好口碑。

"我们的竞争对手，不光是中国的供应商，还有其他国家的供应商。但我们叶兴公司的最大竞争对手是谁，不是别人是自己，要超过自己，要超过今天的叶兴公司。"托尼作为多年来的职业经理人，说出了自己的肺腑之言。

引荐人才

"疑人不用，用人不疑。"这是被大多数人认可的人才使用观。2年多年来,托尼作为叶兴公司的总经理,从整体协调和业务拓展上做出了有目共睹的成绩,叶守魁作为老板是认可的。1年半前,正当前任运营总监离职的时候,叶守魁信赖托尼推荐的人选,于是陈联强来到了公司,担起了运营总监一职。

陈联强,英文名 Edwin Tan,马来西亚国籍,大学本科是在英国读的,学的是电子专业,1994年毕业后回到马来西亚工作。他虽属外国人,但他的祖籍在福建,父母都是中国人,陈联强是父母给他取的中文名,他出生于马来西亚。

学业完成后,陈联强回到马来西亚,曾在做马达的外企工作了11年,后又在日企专门负责产品开发及生产管理工作。

陈联强刚大学毕业的这几年,马来西亚的普工工资平均相当于3000元人民币,比中国当时普工工资高。如果现在跟印尼相比,中国用工成本比印尼高了,因为印尼这些年来工资一直没有出现大的变化。后来在印尼的外企因用工成本下不来,生产成本难以控制,产品价格高企滞销,导致工厂关闭,产品生产基地转移至中国。于是他来到东莞,在一家生产马达的工厂,管理整个生产线,6年之后,受聘来到深圳一家电动玩具公司。当时这个电动玩具公司的CEO就是托尼,陈联强负责整个生产运营。如今,受托尼的引荐,陈联强又来到叶兴公司担任运营总监,负责整个公司的生产、物流、客户服务等。

叶守魁在原有人才的基础上,3年之内通过朋友引荐,前后又引入了两员大将,这让他有更多的时间,集中精力抓产品品质,打造"叶兴"品牌。同时在着力提高技术水平、开发高端生产线、研发新产品上下功夫。

既然得到老板的信任,陈联强配合开发部主导起电池包的开发工作。叶守魁深深感到,企业要踏上新的台阶,没有技术领先的核心产品是很难实现跨越的。作为运营总监,陈联强深感稳定员工对一个企业来说是关键的一环。他来中国工作差不多有20年了,早已发现一个问题,在中国的民营企业中,一线生产员工流动性较大。他来叶兴公司虽才1年半,也发现公司存在这个问题。每当春节过后,有些员工就会离开岗位。人员变化一旦过大,往往不利于产品品质管控,员工产品跟到一半,就断节了。陈联强经得老板授权,先进行市场摸底调查,提出了调整员工薪酬,得到老板的认可。叶守魁何尝不知,员工的稳定对企业生产带来的好处,所以他无论对管理人员也好,一线员工也好,都一视同仁,"我们都是一家人"是公司提倡的企业文化。叶守魁为了提高员工素质,曾不惜花大钱,让全体员工脱产受训。这一点,以后谈到企业文化的时候再详细道来。

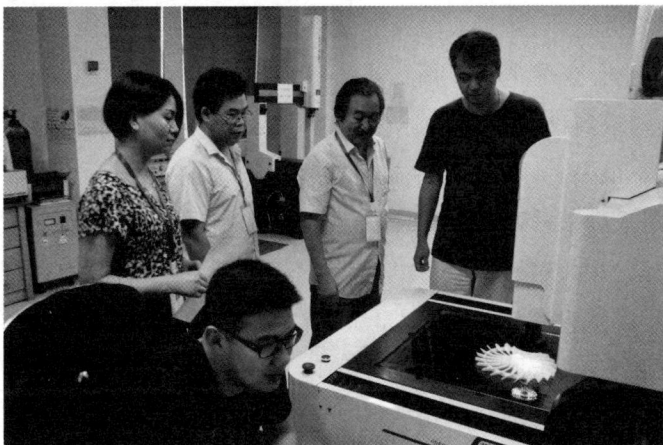

陈联强(右一)陪叶守魁查看3D打印出来的模具

留住一线员工,特别是留住一线的骨干力量,对稳定产品品质,提高生产效率十分重要。对此,生产部经理杨贤贵是有深刻体会的,他就是从基层开始做起的,也曾经历过金融危机的动荡,那时全员减薪共渡难关,杨贤贵也没有做"逃兵",因为他感受到了公司的关爱,舍不得离开。

一线员工离职并不单单是待遇问题,原因是多方面的。为了弄清楚员工离职的情况,每当员工提出要离开公司的时候,他都会与负责人力资源的蔡沈峰一起,找员工谈心,倾听员工离职的原因,找出原因,对症下药。有的职工因家里原因,不得不离职;有的职工提出,工作太复杂难做;有的职工提出生活上的不便以及业余生活单调等问题。有了员工对存在问题的反映,陈联强心里有了底,然后协助办公室提出一系列解决问题的方案。生产要管好,一线员工可是关键的一环。作为运营总监,自然懂得一线员工是搞好产品生产的关键一环。叶守魁作为老板,既然依赖了这个运营总监,就完全放手让陈联强去一一实施。调子由老板定,具体实施则由相关管理人员去做。

至于员工反映工作太复杂难做,确实是有这么一回事。再说,叶守魁对产品品质把控确实很严,甚至到了吹毛求疵的地步。为了能让一线员工熟能生巧,陈联强想到对工艺环节进行细分,按生产线划分,定好型号,这帮人做这个,那帮人做那个,相对固定,如此一来,时间一长,再复杂的东西也会变得简单起来。

"美国给到我们做的活,往往都是不好做的产品,这些产品如果在美国做,成本很高。好做的往往轮不到我们,比如轮胎上面的盖罩。上次美国公司派员来采购,我提出盖罩可否由我们来做,我知道这个东西容易做,产量也大,对方就不发声。盖罩好做,而且产量也大,对方自然不会放手。产量大的自己做,批量小的让我们做。我曾对叶总提了个建议,可以考虑在美国开一家注塑工厂,一个人可以管两三台注塑机,用工成本不会高,因为我们在用的材料都是进口的,有的还是美国生产的。"陈联强知道用工成本是美国高,但可以节省物流成本,偏远一点的地方建一个工厂还是可行的。

正与陈总交谈的时候,他的手机响了,没多长时间,生产部经理杨贤贵进入办公室,说是美国厂家反映,首发的产品发现毛边。这是一个肉眼看不到的很细小的问题,但投影后能看到。现在厂家询问如何解决,作为运营总监,他需要马上处理售后服务问题。

"美国的临时工工资是最贵的,如果在美国返工的话,费用很高。在加州找临时工一个小时就是60美元,最低也要35美元。因为要买工伤保险,工资加费用,加起来就是几十美元。这是美国法律规定的。如果我们派出去,一小时那就是3美元。"陈联强清楚美国与中国的用工费用相差很大,他说,"为什么我们在美国有一个点有好处?因为有什么事,自己可以派人过去处理。如果我们自己找，有可能每小时18美元、20美元找得到的。一个小小的毛丝问题，如果真的叫美国人找临时工来返工，不多的3000件小零件，就需要1万多元人民币的返工费用。钱可不是这样好赚的。"

陈联强仔细查看了一下，就知道问题在哪里了："这个孔是锁螺丝的，是符合尺寸的，只是有一点点毛丝，虽然小棒难塞进去，但不影响螺丝固定，可能是钻头用得太久的原因。如果是这种情况，我就可以跟客户说了，不必去返工。"陈联强与美国客户打交道多了，几乎每星期要通过网络召开会议。比如最近一个产品，客户要求一个多月做出来，可图纸尺寸还在一改再改，客户自己心里还没有一个数，模具怎么做？项目承包商拿了一个大项目，难做的东西分解到叶兴公司，这个产品一套模具需要四个，时间这么紧，对方还一直在改，时间一拖再拖。叶兴公司是非常讲究信誉的公司，做汽车零配件技术力量也很强，为了承接这个业务，还得主动去催。

美国客户与中国打交道，现在越来越精明，有时会派人到叶兴公司来压价，这些客户有生产商，也有项目承包商。"有的客户根本没来过我们工厂，不知道我们在怎么生产，做什么。最近来的一个客户是通用公司供应商，不知道我们在做冲压件，这次过来，知道我们做冲压件做得很多，还有自动焊接机器，他理解了。"每当这个时候，陈联强都会向客户兜生意，向客户介绍叶兴公司，看他们能不能把更多的产品放在叶兴公司这里做。最近来的这个客户是叶兴公司请过来的，请他参观了叶兴公司的生产基地，也请他去参观了外面条件很好的电镀厂。虽然叶兴公司不做电镀产品，但可以与电镀厂合作，如果有电镀产品，叶兴公司同样可以承接业务。如果美国方面真的有业务过来，那肯定又是难啃的"骨头"。但叶兴公司不畏惧难度，因为这里还有一个技术精湛的工匠在掌舵，那就是叶兴公司的老板——叶守魁。

冲压件生产车间一角

　　叶兴公司现在生产的电动汽车电路集成板,是属于自主开发设计的拥有高端技术的生产流水线配套的产品,但光吃着老本也不行,不思进取就会逐渐失去市场竞争力,须有勇攀高峰的勇气和能力。早些时候,叶守魁就提出了开发高端技术产品的计划,现在正处于开发阶段。自从跨入新能源汽车这一行,创新驱动成了叶兴公司的发展推动力,只有不断开发出新的产品,才能在激烈的竞争中立于不败之地。叶守魁提出的新的研发规划,现正由研发部负责实施,由运营总监陈联强做主导工作。

　　汽车行业对一些关键部件要求都很苛刻,研发新的高端产品并非易事,往往要考虑到安全性能以及一长串的技术参数要求,其复杂程度非常大,特别是对关键部件的设计,存在着种种难点,因为一个难点,往往会涉及多个领域和学科。攻关一个难点,叶兴公司需要全力以赴。一旦成功,叶兴公司就会攀上一个新的高点。

第十篇　光环璀璨

　　企业要生存,求发展,靠的是什么? 关键在于人。无论科技如何发展,都离不开人去管理,离不开人去创造价值。老板把员工当作家人,员工把公司看成家。一大家子里的人,何愁没有凝聚力。企业文化就是凝聚力的催化剂、推动力。

　　一个人好比是一颗闪光的珍珠,文化就像一根柔软又强韧的锦线。把珍珠穿起来,才能形成一个璀璨的光环。

叶兴公司文化

　　当你走进宁波市叶兴汽车零部件有限公司的大门后,就会看到宣传窗里写着的一行红色大字:打造大国工匠精神,建立世界一流企业。大字的下面,有慈溪市委书记高庆丰来公司调研时,跷着大拇指为叶兴公司点赞的照片。

　　叶守魁在抓生产的同时,也十分重视公司的团队建设。2017年11月,他特意安排了一场名为"执行令"的培训活动,全体员工加上20多家供应商的员工共200多人,在一个酒店里接受3天的封闭式培训。他邀请专业培训机构,对参加受训的人员进行了一次综合性的素质教育和体能训练。叶守魁不惜花费七八十万元,不仅让公司全体员工的整体素质有新的提高,也希望供应商与叶兴公司一起成长。

想知道受训的情况,先来看看宣传窗里"绝对执行"冠军团队合影,在这张合影下面写着:全体成员在3天的内训过程中,大家都全身心地投入,从最开始的新鲜紧张到后来的认真拼搏,三天两夜的学习和训练,员工们通过公司的实际事例,编排出一部精彩的舞台剧,使大家学到了今后以怎样的心态和方法,更好地去面对未来的工作,成为一群真正地拥有超强执行力的叶兴人。冠军团队获得了奖杯、鲜花和万元奖金。

再看旁边的"绝对执行"大家庭合影,照片下面写着:我们是一家人,相亲相爱的一家人,我们都生活在同一个温馨快乐的大家庭。公司给了我们广阔发展的舞台,我们可以自主发挥,不断前行。在这里,我们耕耘就有收获。最下面写着一行大字:我们都是叶兴公司一家人。最后一栏,"绝对执行"内训照片,员工们穿着整齐统一的服装,在列队受训。

与生产主管杨德益交谈时,他说,这里挺适合年轻人的,他是个好学的人,没事的时候,跟着维修人员帮帮忙,学些维修技术,在厂里学到很多东西,技术方面的、知识方面的、交流方面的,都有收获;有时碰到老板,老板很亲和,会拍拍他肩膀,问:"干活怎么样?还可以吗?"老板碰到一线员工态度和蔼,下班的时候或是开会的时候碰到,会主动问员工抽不抽烟,如果抽,会提过烟来。如果有什么建议,也可以随时提出来。

在另一块宣传窗里,最上面有"夏季安全生产"六个大字,内容涉及防中暑、防触电、防雷电、防止劳动防护品穿戴不规范、防疲劳作业和睡岗,每一小块都配有漫画,十分醒目。

"留人留心"是锦艺一贯坚持的宗旨,为了留住人心,公司总是把员工当作家人对待,处处为员工着想,每当节假日,都会安排员工休息。从2006年起,公司就制定了"公司节假日"制度,在每年国家规定的节假日基础上,管理人员每人每月还有2天的"临时休息日"。公司会让职工带薪休假。同时,每位员工都有第13个月工资,以奖励员工一年来对公司做出的贡献。

员工的薪酬每年递增。自从2006年开始,每个员工都能享受公司每年6%的加薪待遇。除了2008年遭遇金融危机,2009年以减薪来共渡难关的那一年,公司每年都给员工增加工资。通常来说,每当春节一过,正是民营企业员工流失的高峰期,叶兴公司员工虽有一定流失,但大多数员工都会主动回到这个大家庭。春节期间还有一部分员工自愿留在公司里加班。

"对公司的感觉总体蛮可以的,工作稳定,最好的是工资这一块,准时发放,从不拖欠,到了年终,奖金该有的都会有的,被评为优秀的员工都能获得额外的奖励。每年对工作突出的员工实行额外奖励,已经成为公司多年来的惯例。比如说,在无尘车间已工作4年的李苗苗,经过她检测的集成板,按1年算,1星期1万套,每套5片,一年就有二三百万片,她从来没有接到过一个客户投诉。除领到先进奖金1000元外,老板还另外掏腰包,发红包给她。"杨德益作为生产主管,最清楚一线员工的事情。

奖励优秀员工,体现了企业文化建设的一个方面。企业文化搞得好的企业,就能体现出团队精神,企业的凝聚力就强。叶守魁是个注重理念的老板,在他的眼里,技术骨干是个宝,一线老员工也是个宝。员工留得住,企业也就留住了发展的潜力。

"经验丰富的员工,对质量、产量都有很大影响,如果员工常换,就会对产品品质带来很大影响。"杨德益的办公室就设在车间里,谈起员工与生产的关系,该是最有发言权的。他还说,比如"执行令"的培训,老板舍得花这么多钱,所有人吃住都在宾馆里,一般工厂是不容易做到的,老板对员工的培养确实非常重视。

再来听听一线员工是怎么说的。有一天晚上,有两条注塑流水线还在正常运行,一个个零配件从传输带上源源不断地送到员工前面。其中一个员工叫陈菊花,江西人,问她到这里多长时间,她说,来了几个月;问她工作感觉怎样,她说,这里可以啊,有活干,待遇也不错。经过简单交谈,得知陈菊花原来在永康做,后回家了,这次来叶兴公司,是听姐妹介绍才过来的,现在虽然时间不长,但已经做习惯了。

正在注塑机里拿零件的员工叫刘潘,问她为何还在加班,她说:"我喜欢上夜班。"她是安徽合肥人,曾在这里工作过8年,后来家里有事,离开过1年多,她还记得回家的时候是2016年9月份,回家这段时间里,在当地上过1个多月班,但感觉不习惯,又想回到这里了。"这次回来才1个多月,老板碰到我说,你是这里老员工了,做的还好吗?老板人挺好,按规定要提前1个月提出辞职申请,上次我家里有事,没有提前申请,老板也没有扣我的钱。老板做事很有人情味,如果你想回家7天或半个月,在待遇上不会有任何影响。"刘潘总是露着笑脸在说话。

从叶兴公司的招工启事看,相关信息很清楚,熟练装配工、注塑工、冲床工每月工资多少写得明明白白,并注明每个小时工资多少,还有每月的全勤奖、生活补助是多少,还提到工龄奖按年递增,从500元至1500元,常年无淡旺季,生产情况稳定,并能为员工提供商学院的免费学习机会。每日提供三荤四素菜肴自由选择,宿舍按三星级酒店标准改造,有独立卫生间,24小时热水,网络覆盖,等等。

打造大国工匠精神,不是只喊口号,而是要从一件件的小事做起。要搞好企业文化,就得从关心员工入手。从细微处见真情,叶守魁也正朝着这个方向在不断努力,大事要关心,小事也不能忽视,只要是员工的事,叶守魁都当作家事看待。难怪才来2年多的公司总经理托尼谈起老板时说,叶总人很好,很有人情味。

叶守魁无论做什么事都很认真。他常说,做什么事都得努力,你努力了,才不会有遗憾。打造好企业文化,才能打造出工匠精神。

关心员工

叶守魁是企业家,但他更把自己看成一个追求完美的工匠,特别注重细节。他关心员工也习惯从细节上入手。

有一次,开发部有一员工生病,他主动联系医生,并送慰问金。而员工对老板的关心感激在心里,嘴上不说,总以实际行动来报答。办公室主任蔡沈峰不小心一只手受伤,只做了一个小手术,也接到一个红包。虽然红包里的钱不多,但体现了老板的关怀之情。红包虽小,但它是有温度的,员工拿在手里,暖在心里。蔡沈峰手术一完,没有休息,缠着纱布照常上班。"老板代表的是企业,这就是企业给员工的一种温暖。"蔡沈峰认真地说。

叶守魁老是自嘲有时脾气不好,但几个月接触下来,还从来没看到他发脾气究竟是什么样子,反而听到的更多是如何关心员工的事情。蔡沈峰时常跟在老板身边,心里清楚:"叶总其实不怎么发火,若真要说发火,就是你这点小事情也做不好,为何不按规定的要求去做。这是叶总所不能容忍的。做好一件事情,必须严格按程序做。在叶总的严格要求下,现在很少发生这样的事。"

姜洁是研发部的员工,主要做质量体系认证工作。她大学毕业后,曾在深圳世界500强企业工作,因爹妈和弟弟都在慈溪务工,就来宁波了,3家单位都要她,结果她选择了叶兴公司。她觉得特斯拉比较出名,做它的业务有很大的发展前景。她谈到了老板帮她家里处理紧急事务的一件事。

有一天晚上,雨特别大,视线很不好,马路两边有积水,行人走得比较靠中间,姜洁的弟弟开车一不小心撞倒了人,更不幸的是发生了二次伤害。姜洁一家是河南人,在宁波没有任何熟人,碰到如此心跳的事情,不知如何处理。"听到弟弟出事,我头脑顿时一片空白。"姜洁非常慌乱。怎么办啊?正当六神无主时,她抱着试试看的想法,给老板打电话。老板接到电话后叫她马上到他的办公室。姜洁进叶兴公司才1年多,算是很普通的一员,想不到老板对员工的事这么关心。第二天早晨5点多,叶守魁就马上联系朋友,帮忙处理事情了。叶守魁平时往往要工作到下半夜才休息,以方便处理美国发过来的邮件,现在为了员工的事,只睡了两三个小时就起床了。

"我碰到这种事情，头脑乱糟糟的，不知该怎么办，叶总帮我分析，怎样去解决，并安慰我。他就是我的主心骨，我非常感激他。"姜洁接着又说，"1年多来，平时与叶总谈心的次数不多，但开会时会碰到，他的一些想法，他在专业上的能力，我真的很佩服，我敬重有才华的人。老板和老板娘都是很热情的人，老板娘也在帮我。虽然叶兴的规模与以前的公司没法比，但工作氛围很好，还有老板为人，值得自己去追随。"

"碰到弟弟，我的心情是很低落的，他(老板)自己的事情放着，我的事情放在第一条，在办公室的记事板上，下面有十多条，他的举动，让我很感动，也很感恩。叶总对我说过，你来叶兴公司，就是一家人。"从表情上看，姜洁说话时内心显得甚为激动。

车祸的事比较复杂，一时处理不好，叶守魁把员工的急事当作自己的急事在办，特意在办公室记事板的第一条上写着，时时提醒自己去办好这件事，他真的把员工的急事当成自己的急事在办，而且往往会在员工最需要帮助的时候出现。

员工范伟国遇上烦心的事，儿子的脚需要动手术，为了照顾儿子，他想辞职。叶守魁知道这事后，对范伟国说："你也不要辞职了，我医院给你联系好，工作先放一放，把儿子的事先处理好。如果实在没办法，去留由你自己决定。钱不够，问我拿。"半个月后，范伟国把儿子的事处理好后，立马回来了。他为了照顾儿子请了假，回来后老板仍按原来的工资发，一分钱也没扣。

不论员工的急事也好，还是一些平时看起来不太引人注意的事也好，叶守魁都在关注。副总经理杨炳飞已经在这里干了10多年，他一周只回家两次，其余日子都住公司宿舍，经常工作到差不多半夜。叶守魁看在眼里，记在心里，特意对办公室主任说，杨工(公司里的人都习惯这么称他)早上上班晚了，也没关系，如果想回家，就开车接送。杨工老家在广西，现已在慈溪浒山成家，没学过开车。

关心员工的事，叶守魁从来没在别人面前说起过，做好事做善事自己从来不说,全都体现在行动上。针对员工提出的要求,比如说上厕所、洗澡不方便的事,叶守魁都舍得花钱,尽快地去落实。听到员工反映的意见,叶守魁随即指定人员落实宿舍改造的事,为了让员工住得舒服,职工宿舍按三星级宾馆的标准重新装修。装修好后的员工宿舍不再像以前那样,使用共用的厕所和洗澡堂,每个宿舍二至四个人,都有独立的卫生间和洗澡间,每个员工都有了家的感觉。

由于工厂地处慈溪滨海开发区,晚间出去娱乐要走不少的路。为了丰富员工业余生活,公司里设置了乒乓球室、健身房、卡拉OK室等活动场所,还不定期地举行唱歌比赛,让喜欢唱歌的和喜欢音乐的员工聚集在一起乐一乐。

企业文化要搞好说起来容易,做起来也不是一件容易的事。不少的事情都需要花钱,叶守魁就舍得在这方面花钱,要让员工视厂为家,要增强员工的凝聚力,不能光说不做,有很多细致工作需要去做。

1982年汽车配件厂刚挂牌,第一个员工就是代成芬,叶守魁牢牢记得这位员工的名字。有一天,代成芬向老板提出了退休的意愿,说是要回家管孙子,那时她是一个班组长。代成芬原本以为她就这样默默地离开公司了,没想到公司却给了她一个惊喜,特意为她举办了一个退休仪式,让全体职工欢送她退休。"太感动了,真的没想到公司会安排这么隆重的仪式来欢送我。"代成芬说。

代成芬退休了,在全体员工的见证下,叶守魁为代成芬送上了一个大礼——1.5万元的退休福利金。

代成芬来到慈溪打工,一直在锦艺工作了12年。"她来慈溪的第一份工作就是在锦艺,而她也是锦艺的第一位职工,是公司的元老,见证了公司的成长。"叶守魁在全体员工面前,感谢代成芬对公司所做出的贡献。拿到退休福利金的不止代成芬一个人,其他职工一样能拿,公司把发放退休福利金作为一项制度,长久执行下去。

由于公司位于慈溪滨海经济开发区,公司还为员工发放300至600元不等的车贴。5年以上的老员工,还能申请购车补贴,员工买车,老板补贴10%。如果贡献大的，还有额外的红利奖，前些年就有两个公司主管因为连续在公司工作了10年以上，各拿到了20万元的房贴。

生产部主管杨贤贵是从贵州来到慈溪务工的，进入锦艺从一线做起，现是一线员工中工龄最长的，有11年了。说起老板为人，他说："叶总是好老板，很关心员工，我们私事找他，他也会帮，比如家里急需用钱，会很干脆地借钱给你。"

外贸部主管戎佳群来叶兴公司已有4年多，说起老板满口称赞："叶总当然是好的，做事很人性化，能以实际情况出发做出特殊规定，只要完成任务，没什么条条框框，时间上对我没硬性规定。又比如外贸部有一员工，家住观城，若乘公交车，需要转三辆车，为了方便员工上班，每天都有车子接送。"员工对老板的关心看在眼里，谢在心里，都会在工作上默默无闻地尽心尽责，外贸部的员工几乎每个星期都有四五天晚上在加班。

老板把员工当成家人，员工也把公司看成家。

第十一篇　企业传承

　　规模效应形成,创始人多么希望继续挺进,无奈临近退休年龄,不得不考虑接班的问题。

　　民营企业顺利传承不仅是企业的家事,也是关系到整个非公有制经济乃至整个国民经济社会可持续发展的大事。调查数据显示,儿女接班的成功率大大高于职业经理人,可是儿女是否有能力做好"二传手",是家族企业传承的普遍问题。解决这一问题,关键在于创始人如何来决策。

规模呈现

　　1982年,叶兴公司从一个家庭作坊式的模具制造厂起步,经过一步步的艰辛创业,并遭遇了前所未有的金融危机的严重冲击,一直在向前艰难地挺进。陷入低谷,自信自强,一步一个脚印地努力登攀,逐渐走上了企业发展的正道。其间虽有波折,但难以阻挡叶兴公司勇往直前的强劲动力。至2014年,叶兴公司的年产值已经冲向2亿元,并以科技创新为动力,正在开发属于自己的高端技术产品,一旦研发成功,叶兴公司将会腾飞,到那个时候,"10亿级"的目标就为期不远。一家注重工匠精神的科技创新型企业,未来将随着世界顶尖的电动汽车生产商——美国的特斯拉的快速发展而同步突飞猛进。

叶守魁清楚记得,当初开办锦艺汽车配件厂的时候,年产值还不到30万元,几经曲折,几多波动,才慢慢地走上了发展正道。回想起这一段难忘的经历,他的心里总会激起澎湃之情,一时难以平静。

从一个瓶盖大小,仅2美分的零件做起,叶兴公司生产的零部件如今差不多占据了特斯拉整车2000多个零部件的十分之一。奔驰、宝马、福特、玛莎拉蒂、陆虎、克莱斯勒等品牌汽车上,都装有叶兴公司生产的零部件,北美、欧洲、澳洲、南美以及亚洲的汽车行业都用上了来自叶兴公司的产品。如今美国电动公交公司也与叶兴公司攀上关系。公司外贸部主管戎佳群介绍说:"特瑞科(Trico)、捷普(Jab)、凡林(Valley)、安通林集团旗下6家公司,与公司都有业务来往。"

叶兴公司之所以有今天的业绩,是因为它在不停地向前奔跑,不停地研发新产品,一刻也没停下过,遭遇重大挫折,毫不动摇信心,反而在艰难之时抓住了发展机会。科技创新成为如今叶兴公司的发展动力,公司每年研发几十个汽车零部件,创新不断,平时每个星期至少开发一两个新产品,紧紧把握了更新换代特快的汽车市场行情。公司只有新品不断,才能跟上历史发展的脚步。

回想起慈溪新浦锦艺汽车配件厂2003年初挂牌,仅仅过了2年,因订单快速增长,生产规模随之扩大,锦艺厂更名为锦艺公司,直至2015年,叶守魁果断地又建立了一家新的公司,那就是宁波市叶兴汽车零部件有限公司。在快速发展的进程中,叶兴公司不断添置新的设备,对16台注塑机进行了自动化改造,装上机械臂,产品质量更稳定了,生产效率也提高了。

公司拥有一支一流的科技创新技术团队,绝大部分人都有10年以上的开发经验,公司还不惜重金引进海外人才,协助公司团队研发高端的科技产品。公司在2007年曾得过国家重点新产品大奖,此后公司获得的各种奖项越来越多。公司取得的技术创新成果有:国家重点新产品1项,宁波市工业新产品科学技术奖3项,慈溪市科技进步奖3项,慈溪市名牌产品3项;3项发明专利,12项实用新型专利,3项外观专利。自从2013年起,每年都获得慈溪市颁发的各种荣誉,比如"战略性新兴产业重点培育企业""成长潜力型企业""企业工程技术中心"等,特别是2017年,被评为慈溪市最具影响力的"牛企"。

到了2018年,叶兴公司预留的厂房就要派上用场了。现在不是业务跟不上,而是来不及做。订单一直在增加,公司原来的20多台注塑机、40多台冲压机眼看不够用了,有的设备还要更新换代,预留的厂房即将添置新的机器,扩大产能成了当务之急。叶兴公司目前拥有的材料、模具、电镀、物流等供应商有30多家,带动了地方相关产业链的发展。公司在发展过程中虽经历几度波折,但总体上呈现的是一直向前的发展势头,扎实的根基已经打下,规模效应初步形成,准备进一步向前跨越。

在快速发展的过程中,叶守魁从经济效益考虑,调整产业构成。比如,调整了与美国通用汽车公司的合作模式,主动要求通用汽车公司把叶兴公司从一级供应商改为两级。通用公司可是大名鼎鼎的汽车生产商,公司为什么会主动要求这样?叶守魁解释:"假如说,通用今天要200件货,你给他199件,不行,201件也不行,而且200个零部件中,不能有一点瑕疵。问题是,每一次数量少,每天要叫人送。美国的临时工工资多高啊!每天派人送,赚不了钱,甚至还会亏损。技术要求高我可以满足你,你量这么少,我怎么赚钱?为什么现在还在做通用的产品,那是从声誉、品牌的角度考虑的。"

总经理托尼说:"公司的业务仍在发展,比如说,有一款上开门的跑车生产商正与我们谈合作。美国一款跑草地的电动车厂商也在与我们接洽,价格谈下来了,但设计最后没定,模具还没做。与美国公交公司的合作已经开始,公交车的加强板已进入公司的流水线。"托尼自己还专门做了一个介绍叶兴公司的PPT,图文并茂,他经常带着电脑,在世界各地跑。

2017年的一天，慈溪市委书记高庆丰来到叶兴公司查看，了解了基本情况后，赞扬叶兴公司专注科技创新、追求高质量发展。当叶守魁汇报高端新产品开发的情况时，高庆丰跷起了大拇指。叶兴公司向市委书记汇报前期发展规划后，高庆丰面朝滨海开发区主任说："如果叶兴公司场地不够，你要想法协助解决。"地方政府向来对地方做出重要贡献的企业是大力支持的。在2014年，叶兴公司缴纳的税款超过了2000万元。

叶兴公司已经有了自己的奋斗目标，它的愿景是成为世界最优秀的汽车零部件供应商。企业的使命是：以产业报国为己任；为员工创造幸福生活；为客户创造价值；为社会创造效益。

叶兴公司真是用真诚的心，承诺社会责任；用工匠精神，提供客户满意的服务。这就是叶兴公司提倡的企业价值观。

在叶守魁办公桌对面的墙上，挂着由朋友赠送的两幅横匾，横匾上分别写着"天道酬勤""勇猛精进"，后面一幅是中国美术学院教授陈大中所书。从这八个大字中不仅能看到叶守魁的人生轨迹，也能看到叶兴公司奋发向上的一个缩影。

儿女接班

临近退休年龄，叶守魁表示，打算再干三四年，就得休闲养生了。一个正处于发展壮大时期的私营企业需不需要儿女来接班？答案既可以否定，也可以肯定。当今，职业经理人随处可见，如果放手让职业经理人来管理整个企业，确实还是存在约束力的问题。然而，如果由儿女来接班，能不能信任是一个问题，愿不愿意接班又是另一回事。作为一个民营企业，如何完成新老交替，确实存在进退两难的问题。

叶守魁好不容易创建了现代化生产型企业，经过十几年的艰难研发，生产规模稳步扩大，自然有了自己的美好梦想，那就是创立"百年老厂"。虽然目标远大，但为了叶家的"百年老厂"这个梦想，有一个问题始终困扰着他。家族式企业所存在的问题如何去突破？一个家族式管理的企业,往往缺乏转型升级的能力,一个企业要持续发展,不可或缺的是创造力,这一点,最关键的一个问题就是人才会不会脱节。这一点,也正是家族传承企业存在的普遍问题。叶守魁已经多次谈到,中国可以有家族式企业,但不能有家族式管理。家族式企业要做到持续发展,必须采用现代的科学管理模式,产品要不断创新,管理模式也要与时俱进,硬件与软件必须同步跟进。要做到这一步,关键又是人才。在竞争激烈的市场中要站得稳,站得高,跑得远,人才才是关键。人创造不断向前的世界,要创造一个"百年老厂",靠的自然也是人。

"这个世界上,你想要的东西,你要学会争夺。过去,没饭吃,很多人被逼着做强盗。现在时代变了,不能靠抢夺,要靠智慧,以及你的努力。智者创造机会,勇者把握机会,愚钝者永远没有机会。现在要学会争夺,就是要学会争夺人才。人才才是根本。"叶清锐清楚记得父亲曾经对他说过的这些话。

透过薄薄的镜片,一双炯炯有神的眼睛,脸上露着微笑,很有绅士风度地伸出手来与你握手。初次见面的叶清锐,像是刚出大学校门不久的学子,看上去比实际年龄少了些许,但说起话来,有一种少年老成的感觉。提到有关他父亲的话题,他回答时富有自己的见解。

"老爸说,如果当一个勇者,就会有成功的机会。当智者就更加厉害了。如果没有机会,去创造一个机会。老爸所说的'争夺',不仅仅指努力,还包含着有效率地有智慧地去努力。现在竞争激烈,汽车行业也不例外。老爸把握住了一个机会,就是新能源汽车,2006年开始的。预测能力,预判能力,对未来的把握至关重要。特别是2009年以来到2013年,那个时候,很多供应商都来抢。这样就涉及了争夺,怎样去争夺,就得凭智慧去努力,凭智慧去开拓,靠过硬的技术去争夺客户。老爸说的争夺,我的理解就是,要当一个勇者,更要当一个智者。"叶清锐刚过三十而立的年纪,聆听父亲的经营之道,作为儿子,他也有自己的理解和想法。

叶守魁让儿子去美国再深造,心里早有盘算。家里就一对儿女,汽车行业让儿子来参与自然比女儿更适合,以前让儿子去美国攻读学术英语和项目管理,就有让他接班的打算。如今儿子已学成回国,开始接触汽车零部件制造所涉及的各个环节的具体事务。

从2014年开始,叶清锐开始参与父亲企业的事务,挂名是总经理助理,做起相关的管理工作。谈到儿子接班的事,叶守魁认为为时尚早。父亲正在考察儿子有没有能力接这个班,毕竟现在儿子还没有接班的能力,只是跟着职业经理人学习如何管理,做一些力所能及的工作。叶守魁反对家族式管理,现在企业的关键岗位早已聘请了职业经理人,儿子真的要挑起重担,确实还需要不断磨砺才行。

"所谓接班,我就变成了我爸。他休息我上。我在想,我有没有能力去做这件事,能否把相关业务拓展开来。从现在开始,至少需要三五年。"叶清锐谈起接班的话题,心里有自己的规划。一个好不容易创建起来的企业,可不能在自己的手里消亡。叶清锐虽说走出校门没几年,人却在跨洋穿越之间老成了不少。

叶清锐很坦率地说,从读高中的时候,就喜欢上了音乐,在大学里,除学业之外,主要精力再也没有投在"情窦初开"之中,而是对音乐产生了浓厚兴趣,用他自己的话说就是"我对音乐很有天赋"。自己感觉对音乐有天赋,才会花时间去钻研音乐。直至现在,叶清锐多么希望有一支自己的乐队。交谈的时候,叶清锐还专门把场地安排到他自己正在布置的音乐室里,还饶有兴趣地指着彩色的墙面说:"这是我自己动手在做的隔音墙。"这个音乐室方方正正,大概有80平方米。至于有没有兴趣接班,叶清锐说,这个问题真不好回答。隔了一段时间,当第二次来到他音乐室交谈的时候,一面墙上挂上6件五颜六色的汉服,还添加了一些高桌子高凳子,他别出心裁地给音乐室添加了新的元素。问起汉服何用,他说这与心境有关,没有直接说出具体用意。2018年上半年,经得父母同意,他赴上海音乐学院学习爵士乐,一直要学到翌年开年。

"有没有兴趣接班,这不是简单的兴趣问题。人要生活,要赚钱,这里有个生存问题。不要说我没兴趣,就不接班了。事实上,我爸所做的这个行业,就我的兴趣来说,是不符合我的趣向,因为我的爱好是音乐。如果说关联,倒是有。我现在研究音响的材料、音响的金属配件、音响的制造工艺,这个就有关系了。老爸的企业是生产型的,音响的小零件,我可以到模具间自己去搞。我虽然对模具的细节只略懂其一,连二都还算不上,但做一些音箱小零件,自己还是会去车间里弄一下。这就是我的兴趣与老爸的企业所产生的关联。如果没钱赚了,连正常生活都被钱所困,何谈兴趣。所以有没有兴趣接班这个问题,真不是简单地用一句话能回答的。"叶清锐最后还补充了一句,"如果问我,喜不喜欢接老爸的班,我回答很干脆:不喜欢。"

叶守魁习惯叫女儿为阳阳。叶阳人如其名,一脸阳光。她主动伸出白皙的小手与你握手。她比哥哥小7岁,至今还在美国读大四,与她的哥哥一样,性格上显得很直爽,也很大气。说话时不时地会盛开灿烂的笑脸,让人感到很甜美,很容易亲近。

从模样上看,叶阳是个人见人爱的甜美女孩,从小学三年级起,她就开始过上了独立生活。她小学前两年是在新浦,小学

兄妹俩小时候的合影

第三年一直到初中毕业,都在浒山私立学校,高一在育才中学读1年,就去美国了。如今在美国圣何塞州立大学读大四,已经在美国生活了整整6年多。

女儿是父亲的"小棉袄",父亲自然希望留她在身边。叶阳在美国期

间，最多相隔三天，总会通过Skype与父母亲视频聊天，后来有了微信，就通过微信聊天。为了方便平时沟通，父亲、母亲、哥哥、妹妹四个人建了一个群，聊学习，聊生活，聊家里的一些事。眼看女儿快要本科毕业了，叶守魁对女儿说得最多的一句话是："囡，今后有什么打算？"

说实在的，叶阳对父亲所提的这个问题至今还没有答案。

"我现在还没考虑好，要不要读硕士，这要看本科毕

小阳阳与父亲的合影

业后工作找得怎样。想不想帮老爸的事业，这些都还不好说。老爸不是美国有分公司吗，如果留在美国，说不定也能帮上。如果能帮得上，那肯定会考虑留在美国。问题是我本科毕业，还没能力马上帮上老爸的忙。先积累工作经验，一两年之后，有了工作经验，如果能在美国帮上忙，我肯定会帮忙。还有一种可能，我回国，但这种可能性比较小。"叶阳说，父亲主动权放给了她，通过平日里的聊天，女儿已经知道父亲的打算，如果她留在美国，先投资移民把绿卡办好。当然，从父亲的心底里，父亲最好让模具刻出来的"小棉袄"飞回慈溪。父亲曾对她说，美国住的没中国好，吃的更没法与中国比，希望女儿学成回来打理公司。

在国内的时候，叶阳的读书成绩没像她哥哥那样一上一下折腾。她虽然与哥哥一样喜欢音乐，会弹钢琴、扬琴，但没有那么痴迷，只是把音乐作为一种业余爱好，所以成绩一直比较稳定，其中语文、英语最好，平时回家，爷爷会耐心地做辅导老师，帮助可爱的孙女加深理解。到美国

读高中的时候,叶阳一下子成了学霸,各科成绩不是 A,就是 A+。读本科后,成绩不怎么样,但一直读到大三快结束,各科成绩又好起来了。

叶守魁内心是多么希望女儿早日学有所成,帮上自己的事业。这从叶阳读大学选专业的时候就能看出父亲的心思。

"选大学时,我可选五六个学校。那时,父母希望我学工商管理,说是工商管理学的科目比较广泛,哲学、会计、管理、心理学以及有关领导力的相关课程都会学到,但是,老爸还是给我自主选择,问我喜欢什么专业。最后我还是尊重父母的选择。老爸就说好,工商管理学的知识面比较广,以后说不定还能帮上家里的忙。"叶阳说到这里,一脸微笑。

叶守魁在读书上不会过问女儿,生活上倒是经常问这问那。作为父亲是多么希望看到女儿快快长大成才,舍得把贴身"小棉袄"这么小的时候送往美国,叶守魁确实下了很大决心。想当初,女儿去美国的时候才16岁,还没长大成人,就要去大洋彼岸读高中。为此,叶守魁为叶阳通过校方找了一个监护人,是一位嫁到美国的澳门人,每天负责叶阳吃住,读书接送。

谈到接班的话题,叶阳表示,即使我明年本科毕业,也帮不上父亲的忙,因为我根本没有工作经验,想帮也帮不上。假如她回来,首先也得在宁波、上海、杭州等地选个单位锻炼几年。说到这里,叶阳不忘表示孝心:"这样既可照顾到爸妈,尽一份孝心,又可锻炼一下自己。"不愧是孝心之家出来的后人,浓重的尊老爱老的思想已经传到了下一代,晚辈遇事总是忘不了关爱长辈,叶家的良好家风得以代代相传。

说到明年本科就要毕业了,是否还会继续深造,叶阳表示有这个可能。"读研究生接触到的人就会不一样。我现在遇到的都是大学生,如果继续学业,遇到的更多是学习精英,爸妈知道我与这样的人接触,也会放心。"

叶阳至今没有找男朋友,她说还没有遇上"对的人"。

"我与爸经常聊天,有什么说什么,遇到疑问,会与老爸一起探讨。"叶阳说,如果本科毕业攻读硕士,也许可以做到学业与成家两不误,她说,读本科的时候没有遇到自己心仪的男朋友,现在如果找男朋友,彼此都没有"成型",成功的可能性不大,再说,毕业后要各奔东西。以后攻读硕士,遇到的人肯定与现在不一样,毕竟在这个年龄段没有一两年好差,一个人历经了这关键的一两年,说不定会有不少变化,看问题彼此之间又向前推进了一步,想问题会与一两年前不一样,也许遇上某个特殊事情,考虑问题会有质的变化,这也说不定。叶阳父母的态度是,完成学业是大事情,立业成家也是大事情,两者之间如果不能兼得,也总得处理好关系。叶阳说,也许攻读硕士,正是两者兼得的一条途径。

如今叶清锐正在接班的这条路上向前走着,有没有能力扛起重担,接不接得上父亲的班,现在还不好说。叶阳虽然说有参与父亲事业的想法,但离交接棒的地点尚远着呢,至少要等到学业有成,在社会上再磨砺几年,才是考虑这个问题的时候。

叶守魁谈到儿女接班的时候说:"对儿子接班没要求,道路由他去选择,但他结婚的问题我顾虑很大。让女儿接班的意图有一点,但时下我不赞成女儿接班,如果女儿接班,企业经营好坏,钱赚多赚少,钱分多分少,这些都是问题。有问题,儿女之间会产生矛盾,矛盾的隐患会很大。总的来说,我的公司我会去处理好。"

"企业是社会的,不是他们兄妹俩的,钱是他们的可以说,那我可以留一些钱给他们用。"叶守魁曾对媒体记者说过这样的话。

"钱会花完,企业留给儿子,经营不好会倒,给他留个接班的机会,看他有没有能力做好。他也可以自己选择去外面闯,如果失败了,老爸还有一家公司,后面还可以支持他。"叶守魁给儿子提供了选择的余地。

俗话说,富不过三代,这些民营企业要怎样才能保证家业长青,传承百年? 3年前,浙江大学家族企业研究所所长陈凌曾说:"按照我们数据的话,长三角的民营企业从个数来说,应该是占90%以上,从创造的产值来说,应该占60%以上,那么民营企业里面的大多数企业,都是比较典型的家族企业,这个比例应该占85%以上。"

"家族企业的传承和民营经济的发展,与长三角经济的发展是非常密切的,因为大多数的长三角的民营企业都是属于家族企业,他们面临问题很类似。"在谈到民营企业与区域经济的关系时,陈凌说出了自己的观点。他认为,提高家族企业传承的成功率完全是可能的,但是准备工作越早越好。

家族企业的交接和传承并非一件容易的事情,在未来几年,难免会有相当部分的企业从此消失,而这些企业所掌握的资本也将重新流动。

叶守魁对于儿女的接班问题,现在还给不出明确的答案。叶守魁作为企业的创始人,也正在为企业今后如何发展,处于深深的思考之中。

第十二篇　情义难却

中华民族是重情重义的民族,几千年中华伦理史上记载了无数情义难了的故事,传统文化无时无刻不影响着人的心灵。一个人生活于社会之中,彼此关怀的热度,点点滴滴地融化于对朋友、对亲戚、对同事的情义之中,每个人都看在眼里,记在心中。

离开了故土,而旧情难忘。家乡的发展,让每一个离开故乡的人牵挂着,他们也想添上一片砖瓦。

情深义重

叶守魁向来是个重情重义的人,他的员工如是说,他的职业经理人如是说,他的友人更如是说。与叶守魁交谈多次了,他对于做过的善事只字不提,若要略知一二,只能通过旁人、熟人、友人,去挖掘相关的人和事。因为叶守魁做善事一向很低调,从来不会在人面前提起,只有通过当事人和知情者,才能听到令人感动的故事。

作者有幸请到叶守魁多年的好友周国其,当聊起以前的往事时,他声音十分响亮:"魁魁哥对我,不要说亲兄弟,比祖宗还好。"周国其为何说话说得这么绝,到底遇到过什么事,才会说出听起来如此夸张的话呢?

那是七八年之前的事,虽然已过去这么长时间了,如今说来他还如此激动,是因为周国其遭遇人生最绝望的时候,是叶守魁的出手相助,才帮他渡过了人生最大的难关。

37年前,周国其的一个表哥与叶守魁是好友,时常在一起玩,叶守魁由此认识周国其,两人多次相聚,慢慢地也成了朋友。"认识那一年,我22岁,他23岁。两个人相好是有缘分的,性格合得来,聊得开心。那时候,我已有对象了,他还是光棍一条。"周国其露出笑容。

有一次,叶守魁为了帮朋友出头露脸,与人发生了冲突,为了避免事态闹大,去了观海卫周国其的家躲避。周国其也是很重义气的人,正如他所说的,两人走在一起是有缘分的。叶守魁住在周国其家差不多有一个月,周国其天天买鱼做好菜招待,有时会到河里去抓鳗,做好吃的菜肴。

周国其到叶守魁家同样也受到礼遇,叶世安把他当儿子看待,看到周国其来了就会喊:"阿国来了,阿国来了。"显得特别亲热。哥俩自从认识到现在,一点隔阂都没有。成为朋友之后,他们各有各的事,不是经常在一起,但是遇到困难,都会互相帮助。

那时候,叶守魁已经做模具了,周国其专门收购农产品挣钱。周国其也像叶守魁一样,是个肯吃苦的人,做过喷雾机,也做过各类农具。有时收来的铁块,能用到模具上的,就会送到叶守魁那里。朋友之间,往往会想着朋友的事。

有一个夜晚,雨下得很大,周国其带着邻居大姐,开着摩托车行驶在马路上,迎面开来一辆大卡车,灯光太亮,交会之后,没看到停在车道上的卡车,直接撞到了卡车上,碰撞的一瞬间,他撞飞出去,坐在后面的一个邻居姐却直接撞到了车上。那时,他没知觉了,颈椎骨脱节,头转了180度,眼睛长到后面去了。邻居大姐脾脏撞碎,抢救无效不幸过世了。周国其后来转送到上海华山医院,两位老医生慢慢地把他的颈椎骨调整过来,医生对他老婆说,人要残疾了,要终身在床上了。意想不到的是,后来他会下床走动了,医生也觉得不可思议。

可是祸不单行。车祸之后,周国其肝脏坏了,可能与喝酒也有关系。"我开塑料厂,是做塑料颗粒的,打交道的客人多,喝酒应酬太多。"周国其说,当年叶守魁模具做得风生水起,他想比拼,想做得更大,白天做,晚上做,每天干得很累。宁波肝病医院诊断周国其肝硬化了,医生说,要保命只能换肝。

"那年,我50岁,换肝的时候,刚好儿子结婚,新房刚造好,家里还有50万元积蓄,换肝需要80万元,问亲朋好友借了20万元,但还差10万元,实在是没办法了。魁魁哥就拿钱来了,也不说这钱是借的,拿去用就行了。"其实,那个时候,叶守魁还没有从金融危机的冲击中缓过气来,生产经营离不开银行贷款。

"肝换好了,命是保住了。第二年,我朋友比较多,又去外面应酬。两年没喝酒,也两年没吃肉,当看见五花肉一次次在我眼前转来时,实在是嘴馋了,桌盘转过来一次,我就吃上一块,实在是太好吃了,一块又一块不停地吃,忘了医生的忠告。换肝的时候,胆囊是摘掉的,胆管还在,一次吃了这么多肉,油腻太大,堵住了胆管,痛得难受,只能到医院动手术,胆管放支架,可是支架一放好,胆管扩张了,油腻物一下子下去了,脾脏腐烂了,引起急性胰腺炎。按医生的说法,得了这种病,对换过肝的人就会危及生命,若是挽救,生还希望是二千分之一。"周国其对当年的情况记得十分清楚。

这可是人命关天啊!虽然只要有一丝希望,也得全力挽救。抢救的每一天医药费一万七,换血浆。血小板指数标准的是100—300,周国其只有1—2,"今天1,明天2,所有的医生劝我老婆,劝我姐夫,早点回去,如果继续治疗,会死在医院。住院28天的时候,算一下,一万七一天,28天,多少?这个时候,想借给我钱的人都知道,我已经到了死亡边缘,如果借我钱,以后是还不了了。"周国其对自己命悬一线时候的情形,是刻骨铭心的。亲戚朋友都知道了他的境况,借故不借钱了。

"我老婆对魁魁哥说,阿国要回来了,治不好了,钱也真的治得没了。

这时,兄弟出现了。魁魁哥问,到底还有没有希望,老婆说还有1%的希望。"周国其回忆着。

叶守魁得知好兄弟还有1%的希望治好,坚决动员继续治疗,钱用完了,他来出。为了救好友,汇往医院的钱,都是从牙膏口里挤出来的。叶守魁心里清楚,那个时候,他为了帮一个熟人渡过难关,答应提供银行贷款担保,结果却被吞去了2000万元。

在人类的历史中,人情交织的历史几乎占据了大部分。好多事成在人情上,也坏在人情上,温暖在人情上,也扭曲在人情上。叶守魁向来就是重情重义的人,2000万元就被套进了人情世故里。

那个时候,锦艺公司比2008年金融危机的时候还困难,流动资金快到了井水见底。就是山穷水尽,也得竭尽全力像已经用完的牙膏挤一挤,那时挤的是钱。他每天盯着财务,账面上一有资金就汇,今天有2万元就汇2万元,明天有3万元就汇3万元,连续一个星期,总共汇了20万元。

周国其正准备放弃治疗,老婆也觉得没希望,已经准备后事的时候,叶守魁在关键时候,让周国其点燃了生的希望。周国其血小板的指数终于动了起来,6,8,11……一天比一天在增加,但离生的希望还远,到这些钱快花完的时候,奇迹发生了,血小板一下子猛升到60多了,此后又降到了2,1,过了两天,又"嘣"地跳至70多,这一现象连医生也难以解释。

周国其如今还牢牢记得,血小板指数跳到70多的那天,刚好是住院的第31天,医生说,人不会死了,但还要治疗,第37天,血小板指数达到168。据医生说,这样的病例全世界没有先例。

"168这个数字,我这辈子都不会忘!"虽然事过好多年,周国其内心仍是非常激动,难怪他会说出"真的比祖宗还亲"这句话。

"魁魁哥的良心真的特别的好,很善良。回家以后至今,一点小毛病都没出现过。以前我的体质特别好。开工厂那个时候,508斤的模具,我两只手就能抬起来。除了一种控制药要一直吃下去。"周国其对这个比他大一岁的好友真得感激得没话说了。

周国其经过两次生死磨难,工厂是没法再开了。叶守魁知道好友现在的处境,想继续帮一帮,征求周国其同意后,把他安排到一个力所能及的岗位。"魁魁哥现在还在帮我,叫我在他的公司做事,而且工资出得比一般的高。"

"不不,他在给我做事,是在帮我。"叶守魁帮人很是低调,不论什么场合,若是别人不提起此事,他是从来不说的。他对待好友就这么一副热心肠。

资助老人

慈心为民,善举济世。宁波是一座处处充满爱的城市,无论在哪个角落,都会看到好人。人类的生活,是互助的生活,不单是要求和争夺。做善事不论大小,就像阳光雨露,温暖人心,慈润心田。

叶守魁举家从慈溪新浦镇浦沿村搬迁至滨海经济开发区已有10多年,但老家的一砖一瓦他仍牵挂于心。有一天,他在办公室见到了浦沿村书记和主任的时候,自然谈起老家的事情。当得知前些年因村委会管理不善,村里的"家底子"很薄弱,村委会想为百姓办些实事,缺乏资金,叶守魁就以儿子的名义为浦沿村捐助了15万元,为村里的老人添置了日间配菜大厅。

浦沿村主任岑利辉介绍,目前浦沿村共有3766人,老龄化较为严重,其中60岁以上的老人有800多人,70岁以上的老人有390多人,村委会正想着为老人做些实事,因资金紧张,只能通过"找人引资"的方法,以弥补投资的不足。眼下,浦沿村老年活动中心和日间养老照料中心正处于建造之中。叶守魁一家虽属城镇户口,但为共住一个村的老人做点好事的想法早就有了,只是前些年因村里的廉政风气不好,一直没有行动。如今,新的班子找上门来,就觉得有必要尽点社会责任。叶守魁做好事从来不愿意张扬,想到儿子是新浦镇人大代表,就以儿子的名义捐了15万元,为老人们建造一个日间配菜大厅。

在浦沿村日间养老照料中心看到,日间配菜大厅已经落成,占地面积130平方米,厨房电器、灶头需要添置,就餐的桌椅还需要采购,估计再过一段时间才能运作。村主任岑利辉说,全部完工后,村里就可以为60岁以上的老人提供服务了,老人需要送菜可以预先登记,老人如果愿意上门来就餐也可以,每餐标准10元,自己只需要付5元,民政局补贴5元。住在浦沿村的城镇居民户口的家庭中的老人如果需要,也可以提供服务。岑主任说,叶家虽然搬迁了,但仍为家乡的老人做善事,村委会表示衷心感谢。岑利辉还补充说,他们去叶兴公司的时候,得知叶总早就有了这个资助意向。村委会为了堵住以前发生的漏洞,对所有的投资去向非常透明,不论工程大小,都实行公开招标,严格控制工程质量。但他也表示,因上级主管部门人员的调动,给办事带来了影响,老人福利设施的建设要比预期慢一点。

在相处的几个月时间里,叶守魁从来不会谈自己做过的好事,倒是说起了他爷爷做善事的故事。他说:"一个人从小离不开家庭的教育,父亲跟我说起过,我爷爷有钱的时候,从农历十二月二十三日开始,到过春节之前,只要家门口遇见要饭的人,都会给一元银圆,让他回家过年。人多的时候,他们排着队拿银圆。小时候,我父亲跟我这样讲,做人要有慈爱的心肠,要多做善事。"叶守魁小时候,父亲经常会给儿子讲起爷爷的故事,一些邻居也会讲一些他爷爷的事。叶守魁出生的时候,爷爷早已去世,但听了故事,也知道爷爷是怎样一个人。他知道爷爷是一个经常做善事的人,做事诚实,十分看重做人的信誉,在当地,有很好的名声。

叶守魁至今还清楚记得,父亲曾对他说过,爷爷对父亲讲过,一个人有钱的时候应该怎样,没钱的时候应该怎样。如今,村委会正在为村民办善事,叶守魁早有的意向化为了行动。为公益事业做点贡献,为老人做点贡献,是一个企业家应尽的社会责任。当然,叶守魁不会这样说,但心里肯定在这样想。他可是对自己做过的好事从来不会说的人,这些故事,都只能从他的亲朋好友、共事员工那里听到。

第十三篇　休闲人生

　　人生舞台,绚丽多彩。生命不单是呼吸,更在于运动。认为一件事有意义,就要去做、去钻研。不成功只是暂时的,只要去努力,就一定能成功。

　　人之所以平凡,在于无法超越自己。一件看似平凡的事,要想做好,也离不开努力。

大卫农场

　　当你行进在慈溪市滨海经济开发区海丰路的时候,就会看到一个四岔路口朝东的一侧,两排金色的大字镶贴在锃亮的墙面砖上,宁波市叶兴汽车零部件有限公司十几个字光彩夺目,下面对应的是英文字母。当走进宽大的电动门,再跨入左侧的从不上锁的一道铁门后,映入眼帘的是一块经过加工的大石块,上面刻着四个大字:"大卫农场"。下面是DAWEI OF FARM。大卫是叶守魁的英文名,石头上的字是叶守魁写的,请做石匠的外甥刻上去的,魏碑体,深蓝颜色,字体秀气,笔锋有力,十分醒目。这里,就是叶守魁在厂区一角设计建设的一个家庭农场。

大卫农场一角

　　三四年前落成的叶守魁新家就在这个农场旁边。农场的前面是一个人工挖出来的呈方圆形的池塘,长约20米,宽10多米,石栏和绿化把整个池塘围了起来。在清澈的水面上,有近20只鸭子在游动。据女主人余云菊说,这些鸭子放养时都是雌性的雏鸭,如今个个都会下蛋了,鸭蛋用来做菜,招待来自世界各方的客人,也可以自己享受。地里种的紫色的茄子熟了,摘下来后,用削下来的残余喂鸭子。有一天,看到女主人把蔬菜的边角料倒向池塘水面的时候,十几只鸭子会快速地游来,嘎嘎嘎地叫个不停,争抢着水面上的食物。

　　当你走进农场之后,到处可听到潺潺的流水声,这是男主人专门设计的一个水循环净化系统,下文将做专门介绍。水池里的水比外面河道里看到的水要清澈得多,水的透明度比较高,水面上不断地有小鱼跳动,能听到轻微的"卟嚓"声。

　　行进在用网格状不锈钢板做护栏的走道上时,一只灰白大鹅一摇一摆地迎面而来,高高地抬着头,毫不惧人,嘎嘎地叫着,提醒你侵入了它的领地,你得赶紧从它的旁边绕过去,省得遭到它的攻击。走道旁边,不知有多少只灰白小兔到处在跳,还时不时地听到老母鸡发出的"咯咯"声。四周都能看到木质的家禽笼舍,奇怪的是,小兔子和鸭子有时会莫

201

名其妙地失踪,这是听女主人说的,估计是在夜深人静之时被外面钻进来的黄鼠狼拖走了。

整个农场宽50米到30米不等,最长处超过80米,面积约2亩大小,其中有一块地是公司的仓库,连接池塘的其中一条也是用人工开挖的河道,宽为五六米,长有二三十米。

叶兴公司长年客人不断,每当夜色来临之时,男主人有时会来到河边,进行拉网作业,当拉起放置在河道边的六个长长的网笼,你就可品尝到鲜美的河虾了。在池塘旁边,堆着扎网,什么时候想吃鱼,只要把扎网撒下去,就能抓到各种鱼。在池塘和河道里,他养殖了河虾、草鱼、鲤鱼、甲鱼、乌龟、黄鳝等,河道深有3米,池塘最深处约有4米。由于黄鳝在水池里不好打捞,男主人只能另想办法,专门挖了一个泥框养黄鳝。

新挖的黄鳝池旁,种下不久的美人蕉已开出鲜艳的花朵。男主人说,现在黄鳝池还不能使用,要经过一段时间观察,看水位变化如何,浸透点在哪里,再确定水池旁茭白种植的泥土的高度。他每做一件事总习惯做规划,实施之中观察十分细致,各个环节考虑周到,尽可能不留下缺陷。

有一天,男主人发现一棵3米多高的松树叶子发黄,赶紧叫人,专门做了一个高4米的支架,安装上四个喷水笼头,不定时地对着整个树喷洒自来水,尝试紧急救护。几天之后,树枝发黄没有丝毫变化,他请人把整棵树挖出来,发现底面球不够大,且与周边泥土有空隙,细根发不出来,终于知道树枝发黄不是因竭水,而是没有种好。无论遇到什么问题,叶守魁总是希望探索究竟。是啊,这是多年养成的习惯。

农场就是叶守魁的家园,他还在大门口旁种着铁皮枫斗,农场前面还摆放着广玉兰以及各种叫不上名的盆景。农场里麻雀很多,常在空中掠过,"叽叽喳喳"闹个不停。柏树、松树、竹子等植物散落农场四周,绿色点缀其中。

这里原来是海涂,时间一长,土壤会呈弱碱性。女主人说,一般蔬菜长不好,只种了一些宜生长的品种,如茄子、番茄等。于是男主人又想办法进行土壤改良,除了每年按季节撒两次化肥,翻翻土,还在围墙周边种上了黄豆。男主人说,黄豆会长根留群,有利于土壤增肥。男主人虽从小在农村长大,但属城镇户口,对种田是不在行的,搞农场的相关知识都是通过书籍获得的。

农场的池塘和河道是封闭的,为了能让里面的水长年保持清澈,男主人着实花了一番精力,对原先设计的水循环净化系统不满意,重新进行了改造。男主人没有学过这方面知识,为了重新做出设计规划,每天晚上看书到天亮,连续一个星期,把水净化原理的课程看了一遍。终于看明白水净化原理,并查阅网上资料,请教专家建议,设计了一个水净化系统。

从厚厚两叠设计规划书上看,男主人画了几十个平面图,做了两套方案,请专家选了一个方案,如此才确定改造方案。两条循环水道每条长都超过80米,单使用的鹅卵石重达70吨,对每条水道进行分段设计,鹅卵石段是最前面的一段,这段还细分为两段,最前面1米长的鹅卵石高于水面,正常情况会形成地衣藻,接下来是浮水植物(如浮萍、水葫芦等)段—挺水植物段—第二段鹅卵石段—硅藻土段—清水池,最后流入池塘。每天24小时从不间断,通过流量表计算,每条水道每天净化50吨水,20天时间把河道和池塘的2000吨水全部净化一遍。天气晴朗的时候,水的能见度超过0.8米。

太阳晒过的鹅卵石能在水里长出多细胞藻类,多细胞藻类能吸附水中的漂浮物和有害物质,而浮水植物可吃掉单细胞藻类,挺水植物则有净化水质功能。在叶守魁的公司办公室有一个金鱼缸,这可不是养金鱼的,而是用来做实验的。叶守魁说:"缸里的水已经8年没有换了,看看里面的水不换行不行。金鱼缸最下面是一层沙,沙上面铺了一层石头,水里有很小的虾,石头能长藻类,藻类能净化水质,小虾能吃藻类上的微生物。最下面沙上的沉淀物怎么办呢?我种了富贵竹,靠竹根吸收下面的污染物,水里放上属单细胞藻类的金鱼藻。"

现在看来水还是清的,男主人的这个实验是成功的。

此外，男主人还对水道上铺设的盖板做了实验，试一试盖板哪两边承受强度大。每个盖板边长都是50公分，中间有几个细长的孔，经过实验得知，其中两边承受力有230千克，比另外两边大50千克。

男主人确实是一个地地道道的工匠，早已养成了精雕细刻的习惯，做任何事情都特别注重细节，做一件事，不放过任何一个环节，遇到问题，不管白天黑夜，总是想弄个明白，就像他早期做模具的时候，遇到棘手的问题，宁愿三天三夜不睡觉，也要把问题弄明白。

在叶家吃饭大厅的屏风上，一眼就能看到上面贴着的二十四节气歌，每个节气，是什么日期，含义是什么，应季农作物是什么，宜吃什么，少吃什么，多吃什么，进补什么，注意什么，都清清楚楚地写着，还简要地写明每当一个季节来临时怎么做到食疗和养生。

男主人对自己做过的每一件事，如果不满意，总会想方设法地去改进。就像这个农场，开始觉得水质净化不够理想，就会去查找原因。原先想从水下种植眼子菜，种了几次没种活，查了原因之后才知道，眼子菜一般生长在水下2.5—3米之间，而池塘有四米深，再说草鱼多，长出来被草鱼吃了。本来出水管口加装类似三通的射流管，负压进水和进药水管连接，从中按环保的标准加一定量的明矾，后来觉得加明矾不够环保，就不采用了。

"我用的硅藻土和石英砂都是食品级的，价格特别贵。农夫山泉有点甜，为什么？我问过专家，原因就是矿泉水是经过石英砂和硅藻土流出来的。"男主人说，现在大卫农场池塘里的水从二级净化为一级，超过国家标准，去权威机构检测过，可以用来烧水喝。

在农场的建造过程中，也可从男主人的身上明显看到他父亲的影子。肯学好钻，做一件事一定要尽力做到满意为止。他通过勤学好问，刻苦钻研，从一点不懂至明明白白，就像他说女儿一样，他像他的父亲，也真像一个模子里刻出来一样。

健康养生

人生就是一个舞台,无论多长时间,终归有谢幕的时候。叶守魁自从学会雕刻,创办起"锦云轩",至今已有40个年头。他已经说过,再过三四年,他打算退休,过起休闲人生了。

谈起如何度过晚年生活,叶守魁说有几方面的打算。首先他想参考福达公司最原始的飞机设计,采用现代的新型材料,制造一架飞机,初步设计他已经做好了,要求能40码起飞。一般而言,客机起飞速度在200—300千米/小时,而滑翔机的起飞速度就要低得多了,大概60码差不多了。现在飞机跑道太长,他想采用鸟类羽毛展开的方式,充分运用空气动力学原理来降低小飞机的起飞速度,还可以紧急迫降。"现在这只是一个设想,自己想做一架玩,自己开,休闲用。在老年活动中心,让老人们一起锻炼,开动脑筋,预防老年痴呆。"叶守魁从小爱动脑筋,喜欢挑战,想出来的点子往往与众不同。

"我最喜欢每年到原始森林中生活一段时间。抽了这么多的香烟,去清洁一下肺部,呼吸新鲜的空气。说实话,国外我不太喜欢。辽宁的原始森林有300公里宽,现在缩短至200公里,所以老虎越来越待不住了。在那里,方圆几百平方公里没有工厂,进出都不方便。那里原始森林中间有一个农场叫新兴农场,离牡丹江100公里。我去的时候住在星星林场,本来每年去那里待10天左右,一是给肺净化一下,二是去挖野山参,只是没挖到。我知道长白山野山参,眼睛一瞥就知道,但辽宁同样有野山参。这是跟参农学的。这大概10多年前吧,我跟着参农走,挖到一棵给他多少钱。买来的野山参,给父亲、丈母娘吃过。"叶守魁念念不忘以前去辽宁过的野外生活。

2007年还是2008年之前,叶守魁记不清楚了,他曾每年去辽宁,大概坚持了三五年,每次去一星期左右,吃的完全是纯天然食品,他说,如果拿起沾有泥土的西红柿吃,也没有问题,因为没有一点污染。那里吃住几天,一点也不会肥肚子,这除了因为吃天然食品以外,与每天爬山运动有着直接关系。

叶守魁去辽宁还带着一个疑问:野山人参到底有多少,都长在什么地方?他是个习惯探究问题的人。市面上有那么多野山人参,究竟是从哪里挖掘出来的?真想知道个具体答案。实地考察之后,他才知道如今中国的野山参其实是太少了。现在市面上卖的野山参多为林下参,就是说是森林下面的参。虽说这种参也是野山参,但年龄没有大家过去通常所说的野山参老。参农会告诉叶守魁野山参的生长状况,如何挖参,林下参怎么样。有些参农是父亲早年去放蜂的时候结识的朋友,有些是他去了之后结识的朋友,如今那里靠挖参养家的人不多了,但差不多七成的参农的电话,叶守魁都保存在手机里。

有一次,叶守魁是带着妻儿一起去的,上山5天,每天爬山,今天上这个山,明天上那个山,到处寻觅野山参的踪影,去过好多地方,夹皮沟、秋皮沟,还有许多叫不出名称的地方。其余5天会朋友,围坐在一起,吃野菜野味,真正体验大自然带来的韵味。

那里的消费水平真的很低,低得你无法想象。那一次去林场除了一家三口人,还有一个陪同的朋友,晚上住宿,一个单人间,三个炕,四个人住一宿,总共只花了40元,而买来的野山参价格只是市面上的十分之一到五分之一。

"我退休之后,希望在原始森林能每次住上两三个月。跟老婆说起这事,她说不愿意去。她被那里的蚊子和各种各样虫咬怕了,皮肤上一旦被咬,淤清半年才褪。"叶守魁说,去那里交通很不便,每天只有一趟班车,去了之后只能在林场里过夜。

"初到林场,晚上睡不着,实在太静,电子钟嗒嗒响。风轻轻一吹,树叶哗哗声,非常清楚。"叶守魁说,那次住在星星林场,听他朋友说,晚上静得连狗都不叫的时候,你千万要关牢门窗,不要开灯。这个时候,猛兽来了,狗遇见了豹不敢叫。除了豹子,还有熊、老虎等野兽,而熊是会扒窗户的。

叶守魁现在已经做好了再次去辽宁爬山的准备,刚从国外买来了无人机,能飞2千米高,4千米远,想着再次尝试挖野山参。山上没有手机信号,他计划配备卫星电话,两只警犬。以前他迷路过一次,与两个参农一起上山,结果走丢了。参农路上看到野猪苓,一种名贵中药,挖了起来,叶守魁自管自地独自一人在山上走,结果迷失了方向。后来当地人告诉他,一旦迷路可用两种方法报警,一是用木头敲打树干,声音可传播几千米。还有一种是点火,那里有一种唯一可以用来点火报警的白桦树,能长至25米高,当靠近树叶点火的时候,会产生火光,却不会影响树的正常生长。

叶守魁已经在规划退休后的休闲计划,打算下次去新兴农场。辽宁有好多林场,他之前住过的地方有星星林场、福星林场。

"我对别墅不是太喜欢,因为旁边没有大片土地,如果我退休了,不在厂区了,我准备租一些土地来,种种田,这个我有点基础。我认为,庄稼人是最幸福的,脑力劳动占十分之一还不到。从身体健康来说,能经常晒太阳。"叶守魁说,他曾接触到一个骨科病房的护士长,新西兰人,她对他说过,如果不晒太阳,骨细胞不能再生、不能维持,钙吸收不够。后来他又咨询中国医生,得到同样的答案。年纪大了,钙吸收能力差了,但只要不放弃劳动锻炼,也能强身健体。10多年前,他想租土地,家里没同意。

"现在我准备退休了,想租些土地,用围墙围起来,几个进出口装上高清摄像头。种植的东西,都必须是有机的,24小时摄像监督,以保证这里种植的蔬菜百分百的有机。"叶守魁正在打造退休之后的梦想,而且已经付诸行动。他十分讲究绿色食品,也非常注重健康理念,他的晚年梦想,是一个运动之梦,健康养生之梦。

附录

叶守魁（1959.12.5——　　）人生备忘录

古代篇

熊旅（？—前591）

楚庄王，芈姓，熊氏，名旅，叶氏始祖沈诸梁高祖，春秋五霸之一。公元前614年，楚穆王去世，庄王熊旅即位，到公元前591年在位。

沈诸梁（前550—前470）

芈姓，沈尹氏，名诸梁，字子高，叶氏始祖。春秋末期楚国军事家、政治家。大夫沈尹戌之子，封地在叶邑（今河南叶县南旧城），自称叶公。

现当代篇

叶富盛（1893—1951年）

爷爷，慈溪新浦人，读过私塾，记忆力特强。新浦老街"叶大兴"水产行老板，也做过农产品等生意，曾创新浦外运之先河。

戚调珠（1893—1977年）

奶奶，慈溪逍林人，出身书香门第，清时秀才女儿，读过私塾，家庭主妇，会做传统家庭手工艺品。

叶世安（1929—2008年）

父亲，慈溪新浦人，浙江医学专门学校毕业（该学校是1912年中国人自己创办的，后与1945年创设的浙江大学医学院于1952年合并而成浙江医学院，1960年改名为浙江医科大学）。做过医生，患大病之后，搞起了家庭养殖业，终身酷爱钻研。

陈爱雪（1928—2012年）

母亲，象山石浦人，高中毕业，曾做过慈溪逍林区手工业局主办会计，生活非常节俭，深受传统文化影响。

余文焕（1923—1989年）

岳父，慈溪新浦人，出身富农家庭，初中毕业，为人谦和。

张雅娟（1923—2017年）

岳母，新浦胜北人，出身大户人家，读过私塾，家庭主妇，会做家庭手工活。

家庭篇

余云菊（1964-08-25—   ）

妻子，慈溪新浦人，出身大户人家，高中毕业，年轻时擅长绣花做衣，烧得一手好菜，是丈夫创业初期的好帮手。

叶清锐（1988-07-19—   ）

儿子，出生于慈溪新浦，宁波大学城市学院工商企业管理专业毕业，后去美国进修学术英语和项目管理，酷爱音乐，现正在上海音乐学院学习爵士乐。性情豪爽，富有自己的见解。

叶阳（1995-06-12—   ）

女儿，出生于慈溪新浦，17岁去美国读高中，现正在美国圣何塞州立大学读大四,工商管理专业,已在美国生活6年多。性格大方,形象甜美。

创业篇

(1979年,开始人生的第一次创业。之前虽学会了木匠活,也赚过钱,但真正的创业该从这一年算起。)

创办"锦云轩"雕刻社(1979-10-24慈溪新浦老街)

创办新浦锦艺模具制造厂(1984-12-12慈溪新浦)

创办新浦锦艺汽车配件厂(2002-12-18慈溪新浦)

创办慈溪锦艺汽车零部件有限公司(2004-05-24慈溪崇寿)

创办宁波市叶兴汽车零部件有限公司(2015-07-31慈溪滨海经济技术开发区)

企业和个人获得过的荣誉:

中国出口信用保险公司AA级大客户(2014年)

慈溪市成长潜力型企业(2014年、2015年)

慈溪市重点培育企业(2015年)

浙江名牌产品(2015年)

宁波市高成长企业(2015年)

慈东滨海区十强企业(2015年、2016年、2017年)

慈溪市工程技术中心(2016年)

甬商发展研究会副会长单位(2016年)

浙江十大最具创新因子的企业(2018年)

宁波市十佳潜力企业(2018年)

国家高新技术企业(2018年)

2017年获得PCT国际专利1项,目前共计拥有发明专利3项,实用新型专利12项,外观设计专利3项。

跋

　　工匠蕴藏着深刻的含义,诚实、坚定、一丝不苟,都是工匠精神的具体体现。瑞士工匠通过对每个零件、每道工序的精心打磨、专心雕琢,打造出了名表品牌,这种用心制造产品的态度,其实体现的就是我们中华民族千百年传承下来的工匠精神。在工匠的眼里,只有对产品质量的精益求精,对完美的孜孜以求,这种凝聚专一的工作态度体现的正是工匠精神。

　　如果从小生活在一个纯粹的商人家庭,光是想着如何去赚钱,就不会有我现在的企业。凭借工匠精神,打造出高品质的产品,才能赢得客户的信赖。

　　我父亲书法特别好。从我懂事起,就知道父亲刻印章刻得特别好。父亲与小叔的一次对话我至今还记得。小叔说,刻印章赚不了多少钱,把字刻出来就行了,为何为了一元两元钱,一笔一画刻得那么仔细?父亲回答说,刻章是难以赚大钱,但既然做了这件事,就得尽力去做好,刻印章也是一种艺术的追求。父亲刻一枚印章会比别人花更多的时间,刻出来的字笔锋清晰强劲。来拿印章的人,看到印章刻得那么漂亮,总会露出满意的笑容。父亲一丝不苟的做事态度,赢得了周边人的赞赏,生意做得特别的好。那时,我虽年纪还小,但知道父亲是靠认真赢得了大家的信赖。

随着年龄的增长,我感悟到一个道理,父亲生意这么好,靠的就是一种对工作认真的态度,靠的是父亲追求完美的一种精神。我学木匠的时候,深受父亲的影响,总想着如何把东西做得让自己更满意;学雕刻的时候,我的师傅与我的父亲有同样的理念,引导我如何去追求艺术的完美,这一理念一直影响着我这辈子做事的风格。当时,模具上精细的字只能用手工来雕刻,没有先进的设备可以替代。师傅反复对我说,你学雕刻,就是工匠,你要成为真正的工匠,就要懂得如何去追求艺术的完美,虽然雕刻好赚钱,但不可光想着赚钱,你多花一小时多花一天没有关系,你要把雕刻的东西看成你的作品,你要去尽自己的能力,刻出自己更满意的作品,工匠就要有精益求精的态度,追求的是艺术的完美。不论是父亲的教诲,还是师傅的教导,我的理解是,工匠所呈现的是这种做事的理念,正是现在我们国家所提倡的工匠精神。

我学会浮雕后,能雕出银圆一样的效果。那时,师傅教得厉害,我也学得厉害。师傅教导我,如果要发财,只有工业和商业才来钱快,我们雕刻虽然也能赚钱,但别忘了自己是一个匠,别人赚36元一个月,我们赚360元也不是难事,应该满足,千万不可放弃追求艺术完美的那种精神。这一理念一直影响着我。现在做企业,我对做的每一件事情都很认真,只要能做得更好,就不会放弃努力。

假如说,在企业生产中的规定,这里不能放东西就是不能放东西,这个产品左手去拿,右手就不能拿,这是国外的定制定位精细化管理。其实,这是国外学了我们的工匠精神,学了我们中华民族祖先的精细的东西,做任何一件事情,不能忽视每一个细节。2017年,我们公司在评估中比较成功,是慈溪20个牛企中的第三名。我们有一系列美国的业务,靠的是实打实,也是一步一步脚踏实地走出来的。美国人很忌讳中国人,但对我没有顾虑。

从2美分的小零件开始,虽然赚不了几个钱,但是我还是很认真地去做。生意是一点一滴地做出来的，没有小的开始，没有尝试性的合作，别人是不放心把大零件给我的，别人给我小零件，其实是对我的考验。零件虽然小，我跟大零件一样对待，如果发现哪个地方不对，就一定不会放过，毕竟我学过雕刻、模具，对精细度的要求，早就养成了习惯，结果我把这个产品做得非常好，产品运到美国，一直没有出现过质量问题，从生产到项目结束，没有出过一个次品。通过产品，美国人信任了我，其实是中国的工匠精神征服了美国人。此后，订单一点点多起来了，大部件也来了。

汽车行业有个开发流程，其中包括了测试过程。多年的经历告诉我，测试过程需要人去跟踪，会去验证，这样才能保证产品的品质。我该怎么做，该用什么材料，就得按部就班地去严格执行。

特斯拉与我合作初期，规模还很小，别人还不愿意与它合作。我是这样想的，凡事从小开始，订单少的时候也要很认真地去做，订单多了，也很认真地去做，客户要求提高了，我也想方设法地去提高质量。这里，我要感谢公司的研发团队，他们都是高材生。为了服务好客户，我们想办法去探索。特斯拉要求产品达到国际最高标准，生产线国内没有，我们请了俄罗斯、美国的专家，协助我们研发。我们达到要求以后，为了做得更好，调整了流水线的设计，重新研发再提高，现在技术水平超过了国际最高等级。我们研发的成果，获得了中国的专利和国际权威机构认证的国际PCT专利。

回想到2007年与特斯拉的第一个合作项目，我们根据特斯拉的设计制造出来了，我们用最快的速度做出来了。特斯拉看到，其他合作企业没有那么快的反应，没有那么快把产品做出来，由此打下了信任的基础，他们知道我们研发新产品速度快、技术好。从这以后到2009年，特斯拉研发整车的时候，下了很多单子给我们。当然，他们的高级工程师来过很多次，看我们是怎么研发的，怎么生产的，看我们的实力究竟强不强。特斯拉遇到难题，我们会想方设法去帮助他们解决，有时发现特斯拉的设计缺陷，我们会提出改正建议，由此更加赢得了客户的信任。后来，我们成了特斯拉十大供应商之一。在与特斯拉合作与研发的过程中，我们有很多设想，比如电池包的冷却系统，我们帮特斯拉设计管路走向，第一根冷却管的样品是我们研发的，也做了出来，只是运费太高，特斯拉无法承受。我们帮人帮到底，把生产技术教给了特斯拉，让他们自己去做。所以，他们很信任我们的研发团队和开发技术。新能源汽车科技含量高一点，一辆车有2000多个零部件，我们研发过的有350多个，单是特斯拉的零部件，就有200多个。我们之所以有这么多的业务，是因为客户看到了我们的精神。

昨天美国与中国发生了贸易摩擦，汽车行业肯定受其影响。美国总统特朗普是商人，商人以商业思维为主导，治理国家不一定是最好的。特朗普提高关税，其实对美国来说没好处，表面上收了很多钱，其实损害了美国企业的利益。我们出口特斯拉的零部件到美国，增加了25%关税，这25%关税加到我们身上，我们不会做，企业亏本去做是犯罪，所以这个费用要特斯拉来缴，特斯拉缴了以后，也不能亏本去卖车。昨天，特斯拉的售后服务经理打电话告诉我，贸易摩擦开始后，特斯拉的车在中国大约涨价20%。特斯拉只能涨价，以要回前期多付的成本，这就造成了恶性循环。我们既是特斯拉的供应商，又是特斯拉的客户，因为我们买了特斯拉的车。那么这样一来，美国的亏损在什么地方呢？特斯拉的车涨了，中国人愿不愿意买？一辆原价88万元的特斯拉汽车，涨价以后就是100多万元了，一辆原价30万元的国内车价格还是不变，价差大了，特斯拉的竞争力削弱了，跟其他进口汽车相比也是一样道理。这等于说，美国政府在扼杀特斯拉，特斯拉会产生风险。至于特斯拉会怎么做，当然会想办法，但现在这个状态，特斯拉很危险。

市场环境发生了变化，我们开始考虑调整今后的规划。做电动车不是特斯拉一家独大，在欧洲瑞典有一家国际最大的做电池包的公司，已经约定本月底到我这里来洽谈合作事项。因为该公司的一些高管来自特斯拉，以前打过交道。贸易摩擦之后，预计特斯拉的业务会减少，我们有时间做瑞典的东西，也该做好准备，业务转向欧洲，欧洲的电池包技术水平不会低于美国。这样一来，欧洲企业打败特斯拉的可能性存在，对我们来说，解除了后顾之忧。这涉及电池包里面的一个核心技术——电路集成板的生产。这个产品，全世界是我们公司第一家开始生产的，前后生产了不同规格集成板有70款，算得上是最有权威的一家生产企业。中国现在强大了，美国政府的这种做法，我们国家是有能力对付的。我认为，美国政府增加关税的做法，目的是想打击中国的高端产业，打击"中国制造2025"，想引进我们这种高端技术的企业到美国办厂，避免关税，让我们去那边赚钱。从商业的角度，这样做能赚更多的钱，但我首先是个中国人，是有爱国精神的人，我要为中国做贡献，不会中美国政府的计谋，去美国造生产基地。我们的工匠精神不属于美国，只属于我们中国。

叶守魁

2018年7月7日

后　记

　　本来是不打算写这个后记的，因为书的主人翁现在写好了《跋》，但后来恰遇中美真的发生了贸易摩擦，被叶守魁的爱国精神所感染，于是我不由自主地写下了这个后记。

　　美国发起的贸易摩擦，给中美贸易造成了明显的影响。作为汽车零部件生产企业，叶兴公司第一轮就面临挑战。叶守魁作为投资人，制订了应对方案，并邮发给美国的20多家相关公司包括子公司。

　　据8月1日发布的相关信息，美国政府计划从9月1日起对汽车零部件进口关税上调至25%，叶兴公司明确做出回应，该公司不会承担这项费用，也没有钱去承担美国政府上调的关税，会在产品中加收美国上调的税额开票给相关美国公司。但同意美国公司开源节流的方法，目前叶兴公司以CIF底特律或CIF洛杉矶为美国公司供货，叶兴公司可以取消美国仓库，为美国公司节省6%产品成本，但前提是美国公司自行负责清关的费用和货物运输。

　　8月8日，宁波市人大组织慈溪滨海技术开发区的企业家举行了一场座谈会，倾听企业家对贸易摩擦的看法。会上，叶守魁谈了自己的想法。

　　"我认为美国发起的贸易摩擦仅仅是个幌子,特朗普想把中国的高科技企业弄到美国去,这是美国政府的真正目的。当今,美国政府怕三件事,一是人民币国际化,二是'一带一路',三是'中国制造2025'。如果美国不采取行动,七八年后,美国的高端竞争力跟不上中国了。产生贸易摩擦,表面上看,现在许多企业去美国,给什么什么优惠,如果说某一天,美国又出一个政策,你是无法抗拒的。我们应该爱国。加了关税,也该由美国企业承担。如果说,我不去美国,美国的核心技术中国能生产,是中国的骄傲。我们企业必须爱国,裤腰带紧不要紧,我们不上美国的当。美国加25%,中国加50%,美国加50%,中国加100%,贸易摩擦中国不能退让。你不要就不要,中国人有积蓄,能吃苦,美国是超前消费,用的东西多是中国制造,如果说,真正断绝了贸易关系,美国不出3个月就乱套了。美国人没有积蓄,吃不起苦。"叶守魁是个中国的工匠,更懂得工匠是有国度的。

　　叶守魁在座谈会上实话实说,就事论事。他表态说:"政府有力量支持我们企业,那是最好了。如果没有力量支持,我也是爱国的,叶兴公司哪怕勒紧裤腰带,也有能力闯过去的。叶兴公司刚与欧洲公司谈了合作意向,可以向欧洲方向发展。除了美国,难道与其他国家不能做生意了?!

　　"叶兴公司发函给美国公司说,加关税与你们企业没关系,是美国政府的事。美国政府加关税25%或50%,跟我没关系,关税加多少,我们产品加多少。如果我这样加有错,你找特朗普先生。现在叶兴公司给一个降低成本的方案,把美国的仓库关闭,中间的支出让利给美国公司,清关你们麻烦一点,你们去做。如果说不行,我不给你供货,我生意少做一点也行。

　　"美国20多家公司都已经收到我们的方案,其中1家公司不同意。不同意我就停止供货,其余的还没有表态。"

　　特斯拉作为叶兴公司的10多年合作伙伴,也是叶兴公司的最大客户,曾客气地回复过叶兴公司,说是能否在优化工艺上想想办法,以降低产品成本。叶兴公司是含有较高技术的汽车零部件生产商,叶守魁作为当家人,对产品开发精益求精,已经到了吹毛求疵的地步,生产环节的潜力早已挖了又挖,哪里还能在生产工艺上做文章。叶守魁是个雕刻大师,完美是他终身的追求目标,他绝不允许以次充好,偷工减料,对产品质量严格把关,把每一件产品当作艺术品看待。现在要想从生产环节上降低成本,唯一的办法只有关闭美国仓库,他绝不会把公司迁移至美国。因为叶守魁是个爱国的工匠,他前面已经说过,中国的工匠精神只能属于中国。中国造就的工匠不属于美国,只能属于中国。

本书执笔人　阿兰

2018 年 8 月 9 日